VERMEHRUNG VON TERRARIENTIEREN · SCHILDKRÖTEN

VERMEHRUNG VON TERRARIENTIEREN

SCHILDKRÖTEN

Hans-Werner Rudloff

URANIA-VERLAG
LEIPZIG · JENA · BERLIN

Wissenschaftlicher Koordinator des Gesamtwerkes »Vermehrung von Terrarientieren«:
Dr. sc. D. Schmidt

Seite 2: Sternschildkröte *(Geochelone elegans)*

Vermehrung von Terrarientieren. – Leipzig;
Jena; Berlin: Urania-Verlag
Schildkröten / Hans-Werner Rudloff. –
Zeichn.: Hasso Seyferth. – 1. Aufl. – 1990.
155 S. : 120 Ill. (z.T. farb.)
ISBN 3-332-00345-3

ISBN 3-332-00270-8

Bisher erschienen:
Band »Schlangen« ISBN 3-332-00269-4
Band »Echsen« ISBN 3-332-00321-6

ISBN 3-332-00345-3

1. Auflage 1990

Urania-Verlag Leipzig · Jena · Berlin, 1990
Lektor: Annette Bromma
Zeichnungen: Hasso Seyferth
Reihengestaltung: Horst Adler
Typographie: Marion Krahmer
Gesamtherstellung: Grafische Werke Zwickau GmbH
Printed in Germany

Best.-Nr.: 6543676

E. M. Lange

Inhalt

»Wir müssen ... der Vermehrung unserer Pfleglinge eindeutig den Vorrang vor der bloßen ›Haltung‹ geben und dabei kooperieren, wie das vor allem für die Terraristik bald eine Lebensnotwendigkeit wird.«

H. G. PETZOLD

Vorwort

»Die Heimtierhaltung ist ein ernstzunehmender Erziehungsfaktor. Sie nimmt in dem Maße an Bedeutung zu, in dem sich eine verstädterte Menschheit der Natur entfremdet.«

Diese Worte des bekannten Verhaltensforschers Konrad Lorenz umreißen die komplizierten Zusammenhänge von Natur, Kultur und Gesellschaft bei der Expansion der künstlichen Umwelt und Reduzierung des natürlichen Lebensraumes von Pflanze und Tier. Die zunehmende Verstädterung und die damit wachsende Sehnsucht nach der Natur führen dazu, daß immer mehr Menschen versuchen, Pflanzen und Tiere in ihr Heim einzubeziehen. Die Beschäftigung mit diesen Lebewesen, die damit verbundene Verantwortung und der sich daraus ergebende Wissenszuwachs nutzen der Persönlichkeitsentwicklung des einzelnen und öffnen den Weitblick für die mannigfaltigen Probleme in unserer Umwelt. Das wachsende Interesse an der Heimtierhaltung, wie es vor allem in vielen Industrieländern zu beobachten ist, macht auch vor den sonst oft geschmähten Reptilien und Amphibien nicht halt. Die Beschaffung dieser Tiere erfolgt meist durch den Fang von Wildtieren, ihre kontinuierliche Vermehrung stellt noch die Ausnahme dar. Dieses Verhältnis zu verändern, ist das Hauptanliegen des Buches.

Viele Arten sind durch Veränderungen in den natürlichen Biotopen zunehmend gefährdet. Das hat terraristische Organisationen verschiedener Länder veranlaßt, die Vermehrung der in den Terrarien bereits vorhandenen Arten und die begrenzte Einführung für die Vermehrung geeignet erscheinender Arten zur Devise ihrer Arbeit zu erheben. Bei engagierten Terrarianern hat sich so ein generelles Umdenken vollzogen. Neben der Pflege ist mehr und mehr auch die Vermehrung der Tiere in Terrarien in den Mittelpunkt der Bemühungen gerückt. Eine Fülle von Erfahrungen und Erfolgen liegt inzwischen vor.

Diese Arbeit über die Vermehrung von Schildkröten stellt einen Teil eines vierbändigen Werkes dar, das sich mit der Haltung und Pflege von Terrarientieren vorrangig unter dem Aspekt ihrer Vermehrung beschäftigt. Neben dem Schildkrötenband werden selbständige Bände über die Vermehrung von Schlangen, Echsen und Lurchen erarbeitet. Die Autoren, selbst langjährige Terrarianer, wenden sich mit ihrer Arbeit sowohl an den terraristischen Anfänger als auch speziell an den Fortgeschrittenen. Durch ähnliche Gestaltung sollen die vier Bände zwar ihre Zusammengehörigkeit ausweisen, gleichzeitig aber, entsprechend der Ambition ihrer Autoren, auch selbständige, in sich geschlossene Publikationen darstellen.

Wir danken an dieser Stelle allen Terrarianern, die uns durch direkte Unterstützung halfen oder durch die von ihnen übermittelten Erfahrungen zum Entstehen dieses Werkes beigetragen haben.

Unser Dank gilt auch dem Verlag und seinen Mitarbeitern, die uns bei der Erarbeitung der Manuskripte unterstützten und die Herausgabe aller Bände ermöglichen.

Die Autoren

Schildkröten – eine urtümliche Tiergruppe

Entgegen der leider auch heute noch bei vielen Menschen verbreiteten Abneigung vor Reptilien und Amphibien stellen die Schildkröten eine Ausnahme dar. Sie flößen weder Furcht noch Abscheu ein und werden von vielen Menschen sogar als ideale Kinderspieltiere angesehen. Wenig bekannt ist die Tatsache, daß Schildkröten die urtümlichsten noch lebenden Landwirbeltiere (Amniota) unseres Planeten sind. Ihr Ursprung liegt am Anfang des Erdmittelalters. Leider gibt es nur wenige fossile Funde von ihnen, und diese vermitteln auch nur ein sehr lückenhaftes Bild.

Die erste bekannte Schildkröte stammt aus der Trias *(Triassochelys dux)*. Gefunden wurde sie im Halberstädter Keuper. Sie hatte schon den gleichen Grundbauplan der heutigen Schildkröten und ähnelt ihnen verblüffend. Das auffälligste Merkmal, der Panzer, blieb über 200 Millionen Jahre nahezu unverändert. Allerdings waren die Schildkröten zu keiner Epoche sehr artenreich, auch nicht als die Evolution vor etwa 100 Millionen Jahren die abenteuerlichsten Sauriergestalten hervorbrachte und dann im großen Sauriersterben vergehen ließ.

Die Blütezeit der Schildkröten lag anscheinend im Mesozoikum. Einige Riesenformen lebten jedoch noch im späten Tertiär. Aus dem Miozän wurde in Indien die riesige *Megalochelys atlas* bekannt, deren Panzer 2 bis 3 m lang gewesen sein mag. Aus dem Pleistozän von Queensland fand man Reste eines Schildkrötenschädels von 58 cm Breite. Den Panzer schätzt man auf 5 bis 6 m Länge.

Die Schildkröten haben somit die Zweckmäßigkeit ihres Bauplanes bewiesen, sonst hätten sie

Beschilderungsschema des Schildkrötenpanzers (nach Wermuth/Mertens)
Rückenpanzer (Carapax): 1 Nackenschild (Praecentrale), 2 Randschild (Marginale), 3 Wirbelschild (Centrale), 4 Rippenschild (Laterale), 5 Zwischenschild (Supramarginale), 6 Schwanzschilder (Postcentralia)
Bauchpanzer (Plastron): 7 Kehlschild (Gulare), 8 Armschild (Humerale), 9 Brustschild (Pectorale), 10 Achselschild (Axillare), 11 Zwischenschild (Inframarginale), 12 Bauchschild (Abdominale), 13 Hüftschild (Inguinale), 14 Schenkelschild (Femurale), 15 Afterschild (Anale), 16 Zwischenkehlschild (Intergulare)

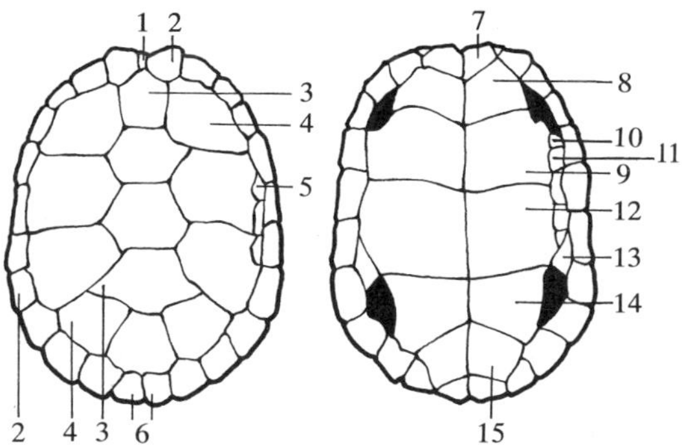

Halsberger (Cryptodira)

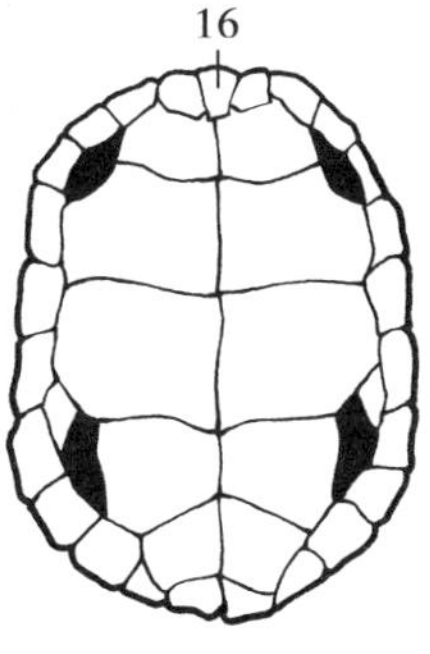

Halswender (Pleurodira)

alle diese Erdepochen nicht so erfolgreich überleben können. Erstaunlich ist dabei die Tatsache, daß manche Gruppen (Sumpfschildkröten) erst jetzt große Mannigfaltigkeit entwickeln und trotz des phylogenetisch so ehrwürdigen Alters offenbar noch längst nicht das Ende ihrer Evolution erreicht haben.

Heute unterscheiden wir etwa 340 geographische Schildkrötenformen. Man unterteilt sie in zwei Ordnungsgruppen, denen 13 Familien mit etwa 220 Arten angehören.

Die beiden Ordnungsgruppen sind die Halsberger (Cryptodira) und die Halswender (Pleurodira). Auffälligster Unterschied besteht in der Bewegungsmöglichkeit der Halswirbelsäule. Die Halsberger können den Hals unter den Panzer in die Leibeshöhle einziehen, den Halswendern ist es dagegen nur möglich, den Kopf seitlich unter den Panzerrand zu schieben. Beide Gruppen haben dementsprechend völlig unterschiedlich gebaute Halswirbel.

Da die Aufspaltung sehr frühzeitig in der Schildkrötenevolution stattgefunden hat, sind weitere Unterschiede auch im Bau des Schädels und des Beckengürtels festzustellen. Mannigfaltigkeit im Bau des Panzers ist ein Merkmal der Halsberger. Zu dieser Gruppe gehören die Weichschildkröten wie auch die maritime Lederschildkröte. Reduzierungen der Bauchpanzer sind häufig *(Chelydra, Macroclemys, Claudius, Staurotypus, Sternotherus)*, aber auch zusätzliche Rückenpanzerschilder (Supramarginalia) sind zu beobachten. Die Beschilderung der Halsberger hingegen ist sehr einheitlich. Ihr Bauchpanzer besteht stets aus sechs symmetrisch angeordneten Hornplatten und einem asymmetrischen Zwischenkehlschild. Der Rükkenpanzer besitzt bei keiner Halswenderart zusätzliche Zwischenschilder (Supramarginalia). Lediglich das Nackenschild (Nuchale oder Praecentrale) ist variabel. Es fehlt bei den Pelomeduseschildkröten völlig, bei der südamerikanischen Schlangenhalsschildkröte der Gattung *Hydromedusa* ist es nach hinten versetzt.

Vom Aussterben bedroht

Weltweit ist etwa ein Drittel aller Schildkrötenarten unmittelbar vom Artentod bedroht. Dies ist kein natürliches Aussterben der »letzten lebenden Fossilien«, sondern ausschließlich auf die Einflüsse des Menschen zurückzuführen. Und dies, obwohl wir Menschen die Schildkröten doch als sympathische, interessante Tiere betrachten.

Der Widerspruch wird offenbar, wenn wir die Ursachen für die Gefährdung der Schildkröten beleuchten: Vernichtung der natürlichen Lebensräume und Raubbau. Um für ersteres ein drastisches Beispiel zu zeigen, brauchen wir nicht an ferne Gestade zu reisen. Bei uns in Mitteleuropa waren Sumpfschildkröten *(Emys orbicularis)* durchaus keine Seltenheit. Noch vor 150 Jahren wurden, wie alte Akten beweisen, große Mengen der Sumpfschildkröten gefangen und als Fastenspeise oder billiges Fleisch für Mägde und Knechte verkauft. Dadurch allein jedoch starben die Sumpfschildkröten bei uns nicht aus. Es waren die großen Veränderungen, die die industrielle Revolution mit sich brachte. Eine der Folgen war die Umgestaltung ganzer Landstriche. Es wurden Flüsse begradigt, Sümpfe trokkengelegt, Bruchwälder abgeholzt und Tümpel verfüllt. Die Landwirtschaft wurde intensiviert. Großflächige Monokulturen, Ausbau der Melioration, Intensivhaltung der Nutztiere und Einsatz hochwirksamer Chemikalien konnten unseren Schildkrötenpopulationen nicht mehr schaden, denn sie waren fast unbemerkt erloschen. Bescheiden sind die Restbestände, die in Mitteleuropa verblieben sind.

Ungehemmter Raubbau ist eine weitere Ursache für den Artentod der Schildkröten. Die Massenvermarktung der Seeschildkröten und die Ölgewinnung aus ihren Eiern sei hier erwähnt. Beträchtlichen Anteil am Rückgang der Schildkröten hat auch das Fangen von freilebenden Tieren als Urlaubssouvenir oder als Kaufhausware.

Schildkröten sind zu den wahren Märtyrern

der »Tierliebe« geworden, kein Heimtier hat so hohe Mortalitätsraten erreicht. Obwohl sie zu den ausgesprochen langlebigen Tieren gehören, überlebt kaum 1% eines Importes das erste Jahr. Eine traurige Bilanz!

Um die Artenvielfalt der Schildkröten zu erhalten, sind sofortige Maßnahmen notwendig. Einige der Forderungen sind bereits in vielen Ländern durchgesetzt, andere erst in Ansätzen zu erkennen. Dabei ist jeder Schritt abzuwägen. Forderungen, wie eine Rekultivierung großer Landstriche, um geeignete Biotope und Schutzgebiete aus urbar gemachter Erde herzustellen, sind ebenso unrealistisch wie Forderungen extremer »Naturschützer«, die jede Tierhaltung aus moralischen Gründen ablehnen. Man kann keine Landschaft in ihren Urzustand zurückversetzen, auf ihre Nutzung verzichten und die Nebenwirkungen der Industrialisierung aufheben. Es ist ebenso verkehrt, aus »Naturschutzgründen« Restpopulationen in siechenden Schutzgebieten verkümmern zu lassen, statt helfend einzugreifen.

Unsere Forderungen lauten:

- generelles Tötungsverbot von wildlebenden Schildkröten,
- generelles Sammelverbot von Schildkröteneiern für gewerbliche und private Zwecke,
- generelles Fangverbot wildlebender Schildkröten für gewerbliche und private Zwecke, sofern keine genehmigte und kontrollierte Entnahme mit der festen Absicht zur Zucht besteht,
- intensive Erforschung der Biologie der Schildkröten,
- Schaffung ausreichend großer Schutzgebiete unter wissenschaftlicher Kontrolle,
- Einrichtung und Betrieb von Farmen in den Schutzgebieten, um Eier abzusammeln, zu inkubieren, Jungtiere aufzuziehen und in einer geeigneten Größe auszuwildern,
- Ausschreibung von Forschungsaufträgen, die eine kontinuierliche Zucht von Schildkröten in menschlicher Obhut zum Ziel haben,
- Einbeziehung engagierter Schildkrötenzüchter in diese Vorhaben,
- Reaktivierung schwacher Wildpopulationen durch Auswilderung im Terrarium gezogener, autochthoner Formen.

Nur ein Zusammenspiel aller Aktivitäten kann den Artentod der Schildkröten aufhalten. Es sind Maßnahmen der Regierungen genauso notwendig wie private Initiativen. Der Pfleger von Schildkröten trägt eine hohe Verantwortung. In der Zukunft sollten der Besitz und die Haltung geschützter Tierarten nicht von kommerziellen, sondern ausschließlich von fachlich-moralischen Interessen bestimmt werden.

Die Schildkröte in Kultur und Mythos

Viele Menschen unseres Kulturkreises halten Schildkröten für äußerst stumpfsinnige Tiere. Die beschauliche Lebensweise, die Langsamkeit und Bedächtigkeit bei der Bewegung und Nahrungsaufnahme, das Fehlen auffälliger Raubtierinstinkte, die stimmliche Unbegabtheit und scheinbare Schmerzunempfindlichkeit der europäischen Landschildkröten haben ihnen diesen Ruf eingebracht.

Wesentlich anders verhält es sich bei vielen Naturvölkern. In Südamerika gilt die Schildkröte fast durchweg als freundliches, intelligentes Wesen, das natürlich auch mystische Kräfte besitzt. In Asien werden die Schildkröten verehrt. Im tierfreundlichen Buddhismus ist sie das Symbol der Unsterblichkeit, im Hinduismus sogar die zweite Inkarnation des Gottes Vishnu. In China gilt sie als Ordner der Welt, die Beschilderung als mystischer Bauplan. Ihr wird Langlebigkeit, Beständigkeit, Ausdauer, Glück und Gesundheit zugeschrieben. In Japan verkörpert sie wegen ihres auffälligen Balz- und Kopulationsverhaltens das Symbol der Geilheit.

Viele dieser Deutungen entstanden aus den ethologischen Eigenheiten und Sinnesleistungen der Schildkröten.

Sinnesleistungen

Geruchssinn

Sehr gut entwickelt ist der Geruchssinn. Er ist in erster Linie zum Auffinden der Geschlechtspartner und des Futters wichtig. Landschildkröten leben vorzugsweise so in der Deckung von Pflanzen, daß sie viele Futtermittel erst dann sehen können, wenn sie direkt darauf stoßen. Gärende, überreife Früchte, Pilze und andere Lekkerbissen ziehen die Tiere durch ihren Geruch an. Da auch Kot und Aas gefressen werden, kann man an solchen Stellen Anhäufungen von Schildkröten beobachten.

In Bulgarien wurden bei Freilandstudien mehrere europäische Landschildkröten in einer unwegsamen Felsspalte beobachtet, die sich gemeinsam an den Innereien eines abgestürzten Schafes gütlich taten.

Das Futter wird vor dem ersten Zubeißen immer erst gründlich berochen. Auch Artgenossen werden bei einem zufälligen Zusammentreffen olfaktorisch (geruchlich) geprüft. Auf dem Wege einer Duftspur finden sich zur Paarungszeit die Geschlechter zusammen. Dies alles funktioniert bei den Wasserschildkröten ebensogut. Die Tiere können auch unter Wasser ausgezeichnet riechen. Man kann im Terrarium an kleinen Schwebstoffen deutlich beobachten, wie das Wasser durch Bewegungen des Mundbodens oder Kauen durch die Nase gestrudelt wird. Der ausgezeichnete Geruchssinn ermöglicht den Tieren, selbst im trüben Wasser den Partner oder sogar im Schlamm verborgene Futterpartikel aufzufinden.

Gesichtssinn

Das Auge der Schildkröten ist farbtüchtig, bei den Wasserschildkröten ist die Empfindlichkeit in den tieferen Frequenzen sogar höher als beim Menschen. Dies ermöglicht eine gute Sicht unter Wasser, und die Schildkröten können aus dieser Position heraus sogar potentielle Feinde über dem Wasserspiegel erkennen.

Feinde oder Futter werden aus relativ großer Entfernung erkannt, im Terrarium auch bestimmte Gegenstände und Handlungen der Pfleger, die auf eine nahe Fütterung schließen lassen. So kann die Plastikschüssel mit dem Futter in der Hand einen Bettelreflex auslösen. In größeren Freilandanlagen zeigen Wasserschildkröten normalerweise Fluchtverhalten, sobald sich eine Person nähert. Betritt sie aber den zur Fütterung bestimmten Platz, kommen die Tiere bettelnd angeschwommen.

Orientierungs- und Heimfindungssinn

Schildkröten haben in der Natur ein sehr großes Revier, das sie genau zu kennen scheinen. Feldbeobachtungen dazu sind äußerst schwierig und liegen deshalb nur selten vor. Als ausgesprochene Individualisten ohne engere soziale Bindungen scheint jedes Tier seine »eigenen Wege« zu gehen. Bei genauerer Betrachtung kann man feststellen, daß jede Schildkröte einen Tagesrhythmus hat, der sich der jeweiligen Klima- und Futtersituation anpaßt. Vielfach sind feste Wechsel zu beobachten. Der Lebensraum eines Tieres ist sehr groß und kann etliche Kilometer betragen. So suchen trächtige Europäische Sumpfschildkröten-Weibchen *(Emys orbicularis)* aus dem Aleppo-Sumpf an der südöstlichen Schwarzmeerküste Bulgariens den 0,5 bis 2 km entfernten Fuß des Strandsha-Gebirges auf, um dort ihre Eier abzulegen. Dabei werden eine Straße und ein Ackerbaugebiet überquert. Besonders erstaunliche Leistungen erbringen mit diesem Sinn die Meeresschildkröten, die über Tausende Kilometer ihre Nistplätze immer wieder aufsuchen.

Temperatursinn

Wie bei vielen anderen Reptilien als poikilotherme (wechselwarme) Tiere ist der Temperatursinn als Lebensnotwendigkeit hoch entwikkelt. Mit Hilfe dieses Sinnes werden die eigene Körpertemperatur ebenso wie Bodentemperaturen zur Eignung von Eiablagestellen erfaßt. Eng damit ist auch das Feuchtigkeitsempfinden gekoppelt, das sowohl die richtigen Ruhe- und Überwinterungsplätze finden läßt als auch die Eigrubenfeuchte ermitteln hilft.

Gehör

Obwohl ein Trommelfell sichtbar ist, scheint die Hörfähigkeit begrenzt zu sein. Das Ohr selbst hat nur eine eingeschränkte Funktionsfähigkeit, während die Schalleitung über den Körper gut funktioniert. Somit nehmen Schildkröten mit diesem seismischen Sinn Erschütterungen, wie das Nahen eines Menschen, recht gut wahr und reagieren entsprechend. Dabei werden nur die tiefen Frequenzen ausgewertet, da die Empfindlichkeit der Wahrnehmung mit steigender Frequenz abnimmt.

Schmerzempfindlichkeit

Sie ist nicht besonders hoch entwickelt. Größte Verletzungen werden mit stoischer Ruhe ertragen. Dennoch kann man beobachten, daß selbst leichteste Berührungen des Panzers mit entsprechenden Reaktionen beantwortet werden.

Stimmlich sind Schildkröten unbegabt. Einige Landschildkrötenmännchen stoßen zwar bei der Kopulation pfeifende bis grunzende Laute aus, die aber mit einer echten Lautäußerung zum Zwecke der Verständigung untereinander nichts gemeinsam haben und lediglich mechanisch durch die Kopulationsbewegung entstehen.

Soziales Verhalten

Ein stark entwickeltes soziales Verhalten besitzen Schildkröten nicht. Obwohl sie ausgesprochene Individualisten sind, schließen sich manche Arten trotzdem zu lockeren Verbänden zusammen. Besonders deutlich wird dies, wenn Seeschildkröten zur Eiablage in Massenankünften bestimmte Sandstrände aufsuchen. Sie legen Tausende Kilometer zurück und treffen fast gleichzeitig dort ein. Küstenbewohner Zentralamerikas nennen diese Massenwanderung »Arrivada« (Ankunft). Am Küstensaum warten die männlichen Schildkröten auf die von der Eiablage zurückkehrenden Weibchen, um sie erneut zu begatten. Bedingt durch diese Synchronität können die potentiellen Eiräuber und Freßfeinde der frisch geschlüpften Schildkröten nicht alle Gelege vernichten, und ein kleiner Prozentsatz der Meeresschildkrötenbabys erreicht unbeschadet das Meer.

Ähnliche Synchronität entwickeln die Schienenschildkröten *(Podocnemis)*. Sie legen auf bestimmten Sandbänken des Amazonas-Orinoko-Flußsystems ihre Eier ab.

In Zeiten, wo der Mensch die Bestände noch nicht zügellos ausraubte, regulierte die Massenablage gleichzeitig die Populationsstärke. Wuchs sie an, behinderten sich die Weibchen gegenseitig bei der Eiablage und beschädigten beim Ausheben ihrer Eigrube dort schon vorhandene Gelege. Innerhalb eines kleinen Territoriums scheinen sich die Tiere auch gegenseitig zu kennen und sogar eine Rangordnung auszubilden. Jeder Schildkrötenpfleger kann beobachten, daß neu in eine Gruppe hinzugesellte Tiere erst einmal gründlich von allen »Alteingesessenen« berochen und inspiziert werden. Dabei verhalten sich die »Neuen« meist passiv. Das Interesse wird um so größer, je artverwandter die Tiere sind. Will man einzeln gehaltene Tiere zur Paarung zusammenbringen, ist deshalb stets das Weibchen zum Männchen zu setzen. Das Weibchen ist dann das passive Tier, und eine Kopulation wird wahrscheinlicher.

In der Natur hat man bei Feldbeobachtungen eine Gruppenbildung bei Schmuckschildkröten *(Chrysemys)* festgestellt. Während bei *Chrysemys scripta scripta* 3 bis 4 Tiere zusammenleben, kann die Gruppe bei der Rotwangenschmuck-

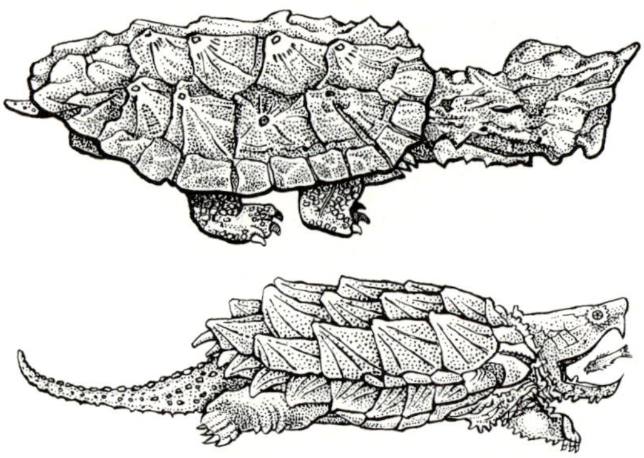

Mimikry der Fransenschildkröte *(Chelus fimbriatus)*; »Köderfalle« der Geierschildkröte *(Macroclemys temmincki)*

schildkröte *(Chrysemys scripta elegans)* bis zu 20 Individuen umfassen. Bei Gefahr warnen sich die Tiere gegenseitig. Der Fluchtreflex eines Tieres breitet sich schlagartig über die gesamte Population aus.

Das Alpha-Tier einer Schildkrötengesellschaft ist meist das aggressivste, körperstärkste Männchen. Es kann unter Terrarienbedingungen auch in Freilandbehältern so dominieren, daß kein Artgenosse im Wasser mehr geduldet wird. Ein solches Tier sollte man aus der Gruppe entfernen, da eine erfolgreiche Paarung und Nachzucht nicht mehr möglich ist und durch Beschädigungskämpfe Tierverluste wahrscheinlich werden.

Schildkröten können aber auch mit anderen Tieren zusammen leben. Ein Fall von Synözie (einseitiger Symbiose) ist aus dem Zoo Zürich bekannt geworden. Dort lebte eine Karettschildkröte *(Caretta caretta)* mit einem Schiffshalterfisch *(Echeneis)* zusammen. Der Fisch ernährte sich von den Futterresten der Schildkröte und benutzte sie als »Transportmittel«. Es ist jedoch nicht beobachtet worden, ob der tadellose Panzer der Meeresschildkröte vom Fisch geputzt wurde.

Eine echte Symbiose entwickelte sich zwischen einer Indischen Klappenweichschildkröte *(Lissemys punctata punctata)* und einem Küssenden Gurami *(Helostoma temmincki)*. Der Gurami kam beim Verfasser zusammen mit anderen beschädigten, von einem Händler aussortierten Zierfischen als Futter zu der Weichschildkröte. Er blieb als einziger übrig, und die fehlende Schwanzflosse regenerierte sich langsam. Zur großen Überraschung putzte der Fisch später die Schildkröte sehr intensiv. Dieses Verhältnis baute sich so weit aus, daß die Schildkröte den Fisch zum Putzen herausforderte. Dazu streckte die Weichschildkröte unter Wasser die Extremitäten weit heraus und hielt die Schwimmhäute gespreizt. Die kleinen Hautteilchen, die sich permanent von der Oberhaut lösen, wurden vom Fisch abgeraspelt und gefressen. Der Lederpanzer der Schildkröte bekam ein spiegelglattes, glänzendes Aussehen. Hautprobleme traten nie auf, obwohl die Weichschildkröte stets ohne Bodengrund gehalten wurde. Beide Tiere gediehen prächtig, bis durch einen Stromausfall mit massiver Abkühlung im Katastrophenwinter 1978/79 der Gurami einging. Besonders bemerkenswert ist die Tatsache, daß die Tiere aus geographisch getrennten Biotopen stammen, sich in der Natur also nie begegnet wären.

Mimikry ist bei Schildkröten nicht selten. Es ist stets eine Anpassung in Form und Farbe an die Umwelt.

Hautzipfel, bizarre Panzergestalt und Färbung lösen die Fransenschildkröte *(Chelus fimbriatus)* in ihrer Umwelt so stark auf, daß sie kaum wahrgenommen werden kann.

Einmalig in der Tierwelt ist die Köderfalle der Geierschildkröte *(Macroclemys temmincki)*. Auf deren Zunge sitzt ein auffällig gefärbter, wurmförmiger Fortsatz, der aktiv bewegt werden kann. Da der Körper durch Mimikry getarnt ist, betrachten Fische diesen »Scheinwurm« als Futter und schwimmen in den geöffneten Rachen. Die Kiefer schließen sich blitzschnell. Der gesamte Mechanismus erinnert an eine beköderte Mausefalle.

Haltung im Terrarium

Ein Terrarium ist ein vom Menschen geschaffener, künstlicher Lebensraum. Die Tiere sind den dort herrschenden Verhältnissen ohne Ausweichmöglichkeiten unterworfen. Leider werden aus Unkenntnis oder Bequemlichkeit immer wieder gravierende Unterbringungsfehler gemacht. In einer Kiste unterm Küchenherd ist eine Landschildkröte zum Tode verurteilt. Die Minimalansprüche der Schildkröten sind bedeutend höher. Nur wenige kleinwüchsige Arten können ohne entscheidende Platzopfer in einer kleinen Wohnung gehalten werden. Je größer und vielgestaltiger ein Terrarium ist, je weniger Schildkröten einer Art pro Flächeneinheit zusammen leben müssen, um so besser werden die Bedingungen für das Individuum, und um so pflegeleichter ist die Anlage.

Das gemächliche Tempo der Landschildkröten verleitet oft zu der Annahme, daß es nicht sonderlich bewegungsfreudige Tiere sind. Tatsache ist, daß die artgerechte Haltung von Landschildkröten in der Wohnung zu den kompliziertesten Problemen der Terraristik gehört und auch erhebliche Platzansprüche mit sich bringt, weil die Tiere viel und weit laufen wollen.

Jedes Terrarium muß vielfältige Aufgaben erfüllen. Es bildet nicht nur den geometrisch abgegrenzten Raum, den man den Tieren zur Verfügung stellt. Zur artgerechten Haltung muß ein den Tieren zusagendes Mikroklima mit tages- und jahreszeitlichen Schwankungen geschaffen werden. Temperatur, Luft- und Bodenfeuchtigkeit müssen ebenso wie Beleuchtungsstärke und Tageslänge den Bedürfnissen der dort gehaltenen Schildkröten entsprechen. Da in dieser Beziehung die Ansprüche weit divergieren, kann man in einem Terrarium bestenfalls Schildkröten einer Klimazone zusammen halten. Wichtig ist zur Gesunderhaltung auch die Hygiene im Behälter. Land- und Wasserteil sind oft zu reinigen. Belüftungseinrichtungen ermöglichen den notwendigen Gasaustausch.

Der Innenraum und die Einrichtung des Behälters müssen den Insassen außerdem Versteck- und Sonnenplätze bieten sowie die artgerechte Balz, Paarung und Eiablage ermöglichen. Bei der Installation der notwendigen technischen Anlagen achte man darauf, daß diese sowohl für die Tiere als auch für den Menschen keine Unfallquelle darstellen. Daß ein Terrarium auch ästhetische Gesichtspunkte erfüllen sollte, sei am Rande vermerkt.

Freilandanlagen

Für einige Schildkrötenarten sind Freilandterrarien die günstigste Form der Haltung. Meist wird die Anlage vom Frühjahr bis Herbst je nach Wetterlage genutzt. Im Winter hält man die Tiere entsprechend ihrer Herkunft kühl im Keller oder im beheizten Zimmerterrarium. Neben ausreichender Bewegungsfreiheit, direkter Sonnenbestrahlung und frischer Luft kann im Frei-

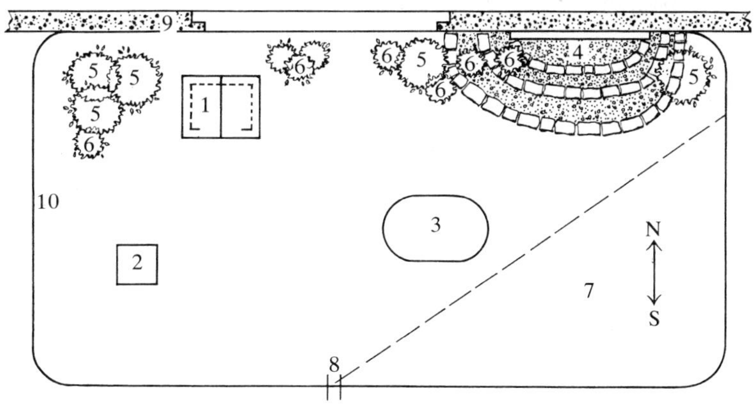

Freilandanlage für Landschildkröten
1 Schutzhaus, 2 Futterplatz, 3 Badebecken, 4 Eiablagehügel, 5 halbhohes Buschwerk, 6 niedriges Buschwerk, krautige Pflanzen, 7 Futterpflanzenanbau (mit zeitweiser Absperrung), 8 Entwässerung (tiefste Stelle), 9 Hauswand, 10 Umfriedung

Kombinierte Freilandanlage für Sumpf- und Landschildkröten mit integriertem Gewächshaus

landterrarium ein biologisches Gleichgewicht aufrechterhalten werden. Das vermindert den Pflegeaufwand beträchtlich. Voraussetzung ist dabei, daß die Anlage nicht überbesetzt wird. Freilandanlagen sollten möglichst nah zur Wohnung gelegen sein, da dies Beobachtung und Pflege erleichtert. Baut man die Anlage direkt an das Haus an, entfällt ein Teil der Einfriedung. In Südlage angebracht, bringt dies durch Wärmereflexion und Wärmespeicherung erhebliche Klimavorteile mit sich. Man wählt in jedem Fall den sonnigsten und wärmsten verfügbaren Standort.

Unser Freilandklima genügt nur den Wärmeansprüchen der nördlichsten Schildkrötenarten. Deshalb ist jeder Zugewinn an Wärme wichtig. Die nötigen Schattenplätze werden später durch die Bepflanzung, Einrichtung und Umfriedung geschaffen. Lockere, leichte Sandböden unterstützen die Aufstockung der Wärme. Bei schwerem Lehmboden sollte der Grund ausgehoben und eine Drainage geschaffen werden. Anschließend füllt man mit sandigen Böden auf. Die Umfriedung verhindert einen Ausbruch der Schildkröten aus der Anlage und erschwert einen Einbruch von Raubzeug und Ratten. Bei stark grabenden Schildkröten *(Agrionemys, Gopherus, Terrapene)* muß die Einfassung ein tiefgründiges Fundament erhalten (etwa 1 m). Der Verlauf der Abgrenzung ist fließend, möglichst ohne winklige Ecken zu gestalten. In den Winkeln und Ecken häufen sich Kletterversuche. Maschendraht oder weitmaschige Metallgitterzäune sind ungeeignet. Sie werden von den Tieren nicht als Hindernis erkannt und akzeptiert, stellen einesteils eine Unfallquelle dar, sind aber zugleich selbst von den so behäbig erscheinenden Landschildkröten zu überklettern. Massive, glatte Wände sind geeigneter. Man sollte auch den späteren Pflegeaufwand und die Witterungsbeständigkeit bedenken. Geeignetes Material sind Holzpallisaden, Eternitplatten, Drahtglas, Polyesterplatten sowie Mauerwerk von Naturstein bis zur Stampfbetonschüttung. Als Höhe genügt bei glatten Wänden die dreifache Panzerlänge. Rauhe Natursteinwände gestaltet man besser mit Überhang oder überstehender Abdeckung. Schildkröten klettern besser als vielfach angenommen wird. Landschildkröten besiedeln Steilhänge, die einen ungeübten Wanderer in Schwierigkeiten bringen können. Wasserschildkröten steigen im Biotop auf der Suche nach exponierten Sonnenplätzen sogar auf Bäume. Trotzdem ist die Sicherung der Anlage vor Raubzeug das größere Problem. Großen Schaden können Ratten, Katzen und Marder, bei Jungschildkröten auch Krähen, Raubvögel und sogar Hühner anrichten. Gegen Vögel ist eine Aufzuchtanlage gut durch ein überspanntes Netz zu schützen. Sehr wirkungsvoll ist auch gespannter Draht in einem Abstand von 30 bis 40 cm. Theoretisch könnten die Vögel zwar in die Anlage einbrechen, aber das Hindernis schreckt sie wirksam ab. Gegen Ratten, Katzen und Marder hilft nur ein elektrischer Weidezaundraht auf der Außenseite der Umfriedungskrone.

Hat die Anlage ein tiefgründiges Randfundament oder sind schwere Böden vorhanden, ist für eine gute Entwässerung zu sorgen. Ein geeigneter Abfluß an der tiefsten Stelle der Umrandung sorgt dafür, daß sich die Freilandanlage nach starkem Gewitterregen nicht in einen Morast verwandelt.

Futterplatz
1 abnehmbares Dach, 2 Rohr, 3 eingegossenes Standrohr, 4 Betonestrichplatte, 5 flache Futtertröge

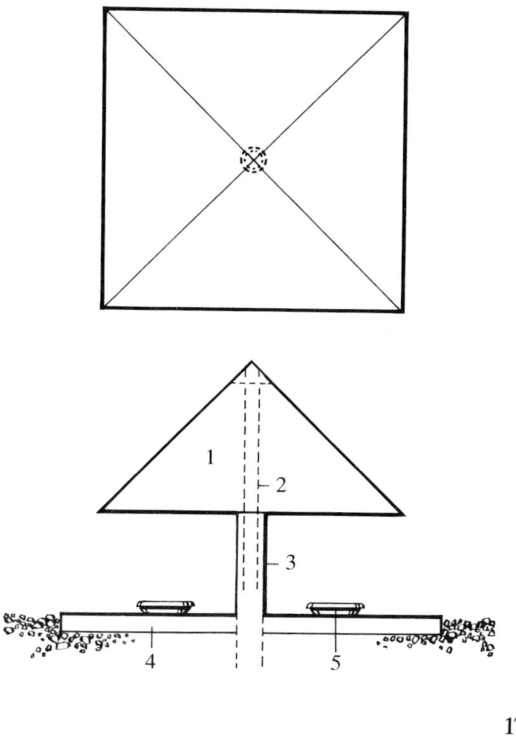

Freilandterrarien für Landschildkröten gemäßigter Klimate

In Terrarien dieser Bauart können alle *Testudo*-Arten erfolgreich gehalten und vermehrt werden. Das Umfriedungsfundament muß tiefgründig sein (etwa 1 m), da diese Schildkröten gut graben. Für eine mittelgroße Landschildkröte rechnet man mit einem Platzbedarf von 2 bis 5 m^2. Sollen sich die Tiere weitgehend selbst versorgen und ist im Terrarium ein Anbau von Futterpflanzen möglich, muß eine Mindestfläche von 30 m^2 pro Tier eingeplant werden. Die Futterpflanzen sind an feuchteren, schattigen Stellen der Freilandanlage auszusäen. Da sie meist sofort abgeweidet werden, ist für ständigen Nachschub zu sorgen. Man ist gut beraten, wenn man einen Teil der Anlage absperren kann. Je nach Wetterlage erholen sich die Pflanzen rasch und stehen dann den Landschildkröten als Zusatzfutter zur Verfügung. Das Hauptfutter erhalten sie an einem festen Futterplatz. Dieser Platz muß überdacht sein, da sonst die Sonne das Futter schnell vertrocknen läßt oder Regen Fäulnis und Schimmelbildung hervorruft.

Die Futterstelle ist peinlich sauber zu halten. Man legt hier einen glatten Betonestrich als Bodengrund an. Am Futterplatz konzentrieren sich die Tiere. Neben der Futteraufnahme wird hier auch besonders oft Kot abgegeben. Dies kann zur gefährlichen Selbstinfektion führen. Gleiche Kriterien der Hygiene sind an das Wasserbecken zu stellen. Auch hier ist Sauberkeit höchstes Gebot. Landschildkröten trinken selten. Wenn sie aber ihren Durst löschen, trinken sie so gewaltige Wassermengen, daß der Darm regelrecht durchgespült wird. Deshalb sorgt man bei fest eingebauten Wasserbecken für einen Abfluß. Aus Polyesterharzen kann man auf einer Gipsform geeignete Wasserbeckeneinsätze herstellen. Sie sind besonders leicht und beständig. Nach der Entleerung kann man den Kunststoffeinsatz herausheben und reinigen.

Grundsätzlich sind die Wasserbecken so zu konstruieren, daß die Schildkröten in jeder Richtung durch das Becken laufen können. Keine Seite darf so steil oder glatt sein, daß sie von den Tieren nicht erklommen werden kann.

Schildkröten sind hartnäckig. Eine einmal gewählte Richtung wird beibehalten, und so kann schon eine Steilkante ein Ertrinken der Tiere programmieren. Die tiefste Stelle kann der Panzerhöhe des größten Tieres entsprechen. Die kleineren Tiere durchwandern das Wasserbecken am Bodengrund bis zu einer ihrer Größe angemessenen Stelle. Schwimmen im eigentlichen Sinne können Landschildkröten nicht. Nur kranke, abgemagerte Tiere haben so viel Auftrieb, daß sie auf dem Wasser schwimmen.

Landschildkröten benötigen Schatten- und Übernachtungsplätze. Natürliche Gegebenheiten sind Buschwerk und selbstgegrabene Höhlen. Von diesen Möglichkeiten machen die Tiere besonders dann Gebrauch, wenn die Anlage Teil eines hügeligen Geländes mit Steinterrassen und lockerem Boden ist. Dieses Gelände ist zwar ideal, aber man muß beim Bau der Anlage die Terrassensteine untereinander durch Betonvermauerung verbinden, soll ein gefährliches Abrutschen vermieden werden. Bei ebenem Gelände und festerem Boden wird man auf ein Unterschlupfhaus kaum verzichten können. Günstig erwiesen sich Holzbauten, da diese in der Nacht oder bei Wetterstürzen nicht so schnell auskühlen. Den Eingang gestaltet man nur so hoch, daß das größte Tier ungehindert in das Schutzhaus kriechen kann. Der Eingang zum Schutzhaus soll zur Südostseite zeigen. Der Innenraum wird mit Stroh, Heu oder Laub ausgepolstert, der Boden unter dem Haus ausgehoben. Die entstandene Grube füllt man entweder mit einem Laub-Sand-Gemisch oder mit Strohlagen aus. Da das Haus keinen festen Boden erhält, können sich die Tiere bei schlechtem Wetter darunter tief eingraben. Man wird nur selten ein Tier beobachten können, das diese Möglichkeit nicht regelmäßig nutzt. Hat man keine bessere Überwinterungsmöglichkeit, können Landschildkröten der gemäßigten Klimate auch in der Anlage überwintern. Dazu sollte man die Grube unter dem Schutzhaus etwa 1 m tief ausgraben und dann mit dem Überwinterungssubstrat auffüllen. Nachdem sich alle Tiere verkrochen haben, wird auch das Haus gut abgedeckt. Ein Schutz gegen Ratten ist hierbei besonders wichtig, beispielsweise durch Überspannen mit Maschendraht. Günstiger ist die Überwinterung der Schildkröten jedoch außerhalb der Freianlage in einem geeigneten Keller, weil man die Tiere hier auch regelmäßig überprüfen kann.

Um eine optimale Voraussetzung zur Zucht zu schaffen, legt man in der Freianlage einen Eiablageplatz an. Vor der Eiablage wandern die Tiere unruhig im Terrarium umher. Sie prüfen die Temperatur und die Feuchte des Bodens. Die Eier werden an der feuchtwärmsten Stelle deponiert. Genaue Beobachtung der Tiere zeigt an, welche Stelle bevorzugt wird, oftmals ist es eine Südhanglage. Man kann auch einen Sandhügel anlegen, der durch Torfbeimischung genügende Feuchtigkeit erhält. Schildkrötengelege sind

Schutzhaus
1 Schutzhaus (Holz mit Strohbedeckung), 2 Mauerwerk, 3 engmaschiges Drahtgeflecht, 4 Drainage, 5 Füllung (Laub-Sand-Stroh-Gemisch), 6 gewachsenes Erdreich, 7 Fundament

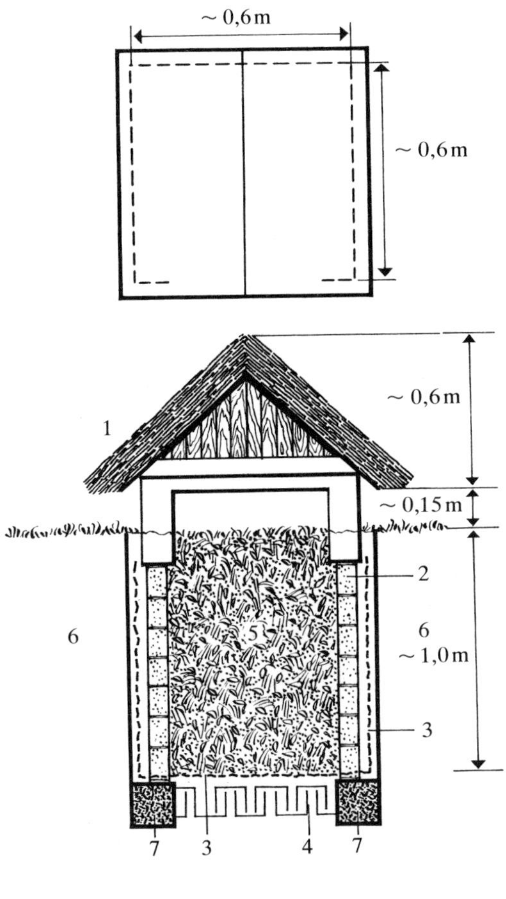

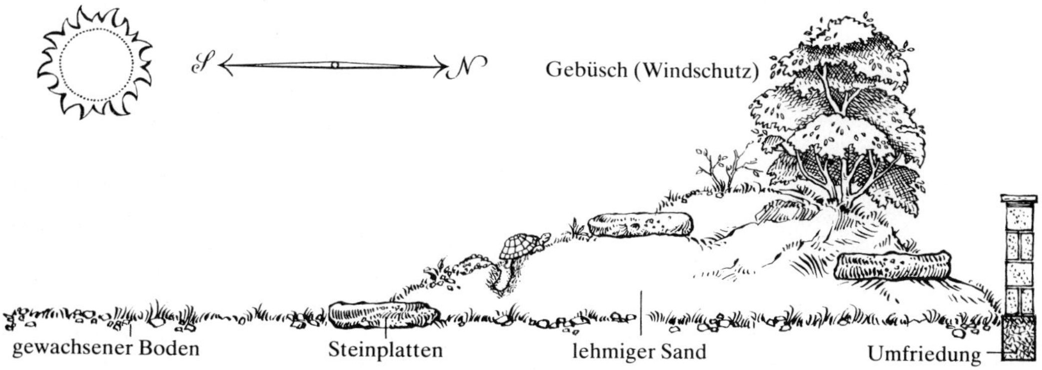

Eiablagehügel

nach Beendigung der Ablage hervorragend getarnt, und so ist das Auffinden der Eier oft das größte Problem. Findige Terrarianer haben viele Rezepte entwickelt, um die Weibchen an einem bestimmten Platz ablegen zu lassen. Wird die Anlage relativ trocken gehalten, kann eine eingegrabene, mit einer Entwässerung versehene und mit günstigem Substrat gefüllte Plastikwanne sinnvoll sein. Weicht das Bodenmilieu deutlich ab, kann diese Stelle unwiderstehlich auf die trächtigen Weibchen wirken. Die Bepflanzung ist sorgfältig zu planen. Giftige Pflanzen (Oleander, Herbstzeitlose, Rhizinus) haben in einem Landschildkrötenterrarium nichts zu suchen, freßbare Zierpflanzen (Sedum, Steinbrech, aber auch Rosen) oder zu zarte Pflanzen werden meist so geschädigt, daß sie nicht ausdauern. Geeignet sind harte, krautige, bodenständige Pflanzen sowie halbhohes Buschwerk. Den Rand der Anlage innerhalb der Umfriedung benutzen Tiere häufiger als Wechsel. Hier erübrigt sich eine Bepflanzung.

Freilandanlage für Landschildkröten tropischer Trockenklimate

Landschildkröten tropischer Trockenklimate sind im Hochsommer gut im Freiland zu halten, wenn man sie langsam an die Bedingungen gewöhnt. Da die Anlage nur bei schönem, trockenem Wetter genutzt wird, braucht sie nicht allzu groß zu sein. Problematisch sind plötzliche Wetterverschlechterungen und die Sicherung der Anlage vor Raubzeug. Solche Anlagen werden im Prinzip ähnlich gebaut wie die für Landschildkröten der gemäßigten Klimate. Besonderes Augenmerk ist jedoch auf die Einrichtung des Schutzhauses zu lenken. Oft wird ein solches Freilandterrarium mit einer Teilverglasung sowie Zusatzheizungen versehen werden müssen. Auch die Einbeziehung eines Gewächshauses in die Anlage ist möglich. Die Tiere lernen schnell, eine kleine Tür, die sich selbständig schließt (Gummilappen), zu benutzen. Gute Erfahrungen liegen bei *Geochelone pardalis, Geochelone sulcata* und *Geochelone elegans, Kinixys belliana, Chelonoides chilensis* sowie den Riesenschildkröten *Megalochelys gigantea* und *Chelonoides elephantopus* vor. In den USA werden Gopherschildkröten unter ähnlichen Bedingungen im Freiland gehalten.

Freilandanlage für Sumpfschildkröten gemäßigter Klimate

Ein Teich im Garten ist der Wunschtraum vieler naturverbundener Menschen. Tatsächlich ist eine durchdachte, gut ausgeführte Sumpfschildkrötenfreilandanlage ein Juwel gartenarchitektonischer Gestaltung. Eine solche Anlage findet auch bei Mitmenschen Zuspruch, die keine besonderen Beziehungen zu Schildkröten entwikkelt haben. Der Platz hierfür sollte großzügig bemessen werden. Für eine mittelgroße Sumpfschildkröte benötigt man etwa 1 m^3 Wasservolumen. Bei stark besetzten Becken muß das Wasser häufiger gewechselt werden, und auch der Pflanzenwuchs wird stark in Mitleidenschaft gezogen. Probleme bekommt man im Hochsommer auch mit der Temperaturangleichung des Frischwassers, denn wo nimmt man mehrere Kubikmeter angewärmtes Wasser her? Genügend große Wasserbecken gewährleisten ein biologisches Gleichgewicht, das sowohl die Ästhetik des Freilandterrariums fördert als auch den Pflegeaufwand minimiert. Ein Bewuchs mit Sumpf- und Wasserpflanzen läßt trotz räuberischer Lebensweise der Schildkröten eine reichhaltige Kleinfauna im und am Wasser aufblühen. Bald stellen sich Libellen, Wasserläufer und Gelbrandkäfer ein. Schaden können sie unter den Sumpfschildkröten nicht anrichten.

Auch diese Terrarien legt man in vollsonniger Lage an. Die Umfriedung entspricht der für Landschildkröten. Allerdings sollte die Einfassung stets überständig sein, da viele Wasserschildkröten noch besser klettern können. Auf tiefgründige Fundamente kann verzichtet werden. Der Landteil sollte das Wasserbecken vollständig umschließen. Er kann am Süd-, Ost- und Westufer schmal sein, das Nordufer hingegen erhält den größten Sonnenanteil. Hier befinden sich Sonnen- und Eiablageplätze. Günstig ist, wenn das Gelände nach Norden weiter ansteigt. Dies heizt den Boden zusätzlich auf und läßt die Weibchen mit großer Wahrscheinlichkeit ihre Eier dort ablegen. Große, schattenspendende Anpflanzungen sollten deshalb am Nordufer unterbleiben.

Bevor man an den Bau des Wasserbeckens herangeht, studiere man Fachliteratur und befrage Fachleute, um unnötige Mühe und Kosten zu sparen. Grundsätzlich müssen alle Wände für die Tiere erreichbar sein und einen Neigungswinkel haben, der ihnen ein bequemes Laufen ermöglicht. Sollen die Tiere im Freiland überwintern, muß die Tiefe des Teiches 1 m betragen. An den flach in eine Mulde auslaufenden Uferrändern können sich Sumpfpflanzen ansiedeln. Gut lassen sich Teiche gestalten, deren Boden terrassenförmig abfällt. Während im Flachwasser Sumpfpflanzen wachsen, kann man in der tieferen Terrasse eine Schilfzone anlegen und in der Mitte Seerosen einsetzen. Da viele Sumpfpflanzen starke Ausläufer bilden und einen erheblichen Wurzeldruck entwickeln, ist es günstiger, geeignete Pflanzenkübel zu verwenden. Dies erleichtert auch die frostsichere Überwinterung der Pflanzen im Keller und eine gründliche Reinigung des Teiches.

Folienteiche

Sie sind sehr schnell herzustellen und bei sorgfältiger Verarbeitung jahrelang haltbar.

Eine Grube wird mit Sand ausgekleidet, geschlichtet und mit Folienbahnen – sehr haltbar ist dicke PVC-Weichfolie – ausgelegt, die man miteinander verschweißt. Der Uferbereich wird sorgfältig mit behauenen Steinen oder Betonplatten abgedeckt, da durch direktes Sonnenlicht die Folie schnell zerstört werden kann. Eingeschwemmter Kies verschließt die Fugen, kann aber auch durch die Kapillarwirkung Wasser entziehen. Diese Stellen müssen jährlich gewartet und auf ihren Zustand überprüft werden. Folien sind gegen den Wurzeldruck der Wasserpflanzen widerstandsfähig, die Trittfestigkeit ist jedoch mangelhaft. Wenn zu Reinigungs- und Wartungszwecken diese Teiche betreten werden müssen, kann die Folie brechen. Ein weiterer Nachteil ist die glatte Oberfläche, die sowohl den Tieren als auch dem Pfleger Schwierigkeiten bereiten kann.

Betonteiche

Betonteiche erfordern einen hohen Aufwand an Material und Arbeitszeit. Oft entstehen schon kurz nach der Fertigstellung Risse, die sich nicht reparieren lassen, und auch der Abriß bereitet Schwierigkeiten. Besser ist es, auf den Selbstbau von Betonteichen zu verzichten. Hat man sich jedoch aus gestalterischen Gründen trotzdem zum Bau eines Betonteiches entschlossen, konsultiere man unbedingt Fachleute.

Die Grube ist sorgfältig mit Ölpapier oder dünnen Folienbahnen auszulegen. Stahlgeflechte im Beton nehmen die bei Eisdruck entstehenden Zugkräfte auf. Der Beton sollte in sehr gleichmäßiger Mischung (Fertigbeton) mit entsprechenden Zuschlagstoffen hergestellt wer-

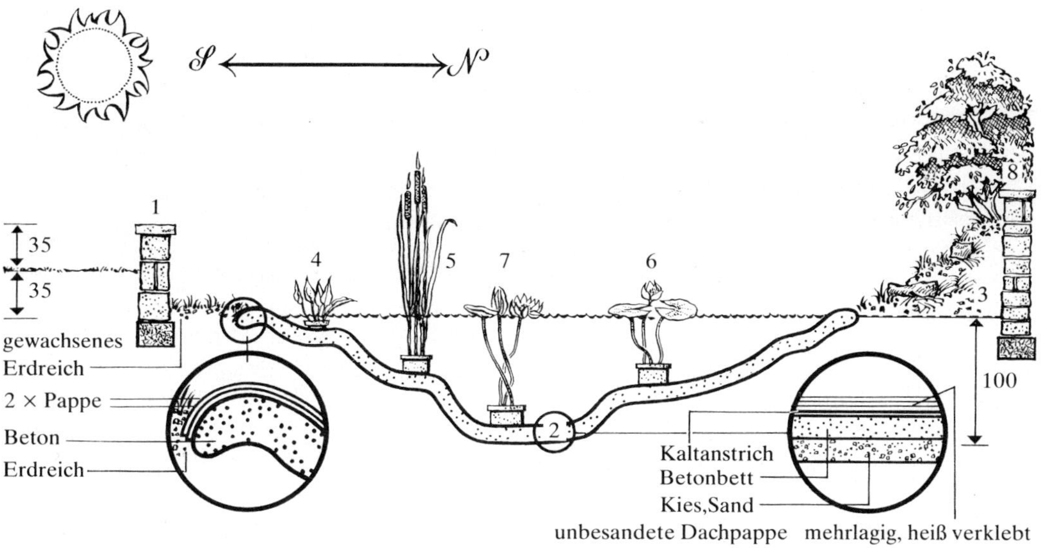

Freilandterrarium für Wasserschildkröten (Pappteich im Betonbett)
1 Umfriedung, 2 Wasserbecken, 3 Eiablagehügel, 4 Sumpfpflanzen, 5 Schilf, 6 kleine Teichrose, 7 große Teichrose, 8 Buschwerk (Windschutz)

den. Der Guß darf nicht in Etappen, sondern sollte zügig auf einmal vorgenommen werden. Das ausgeformte Becken wird nach dem Glätten und »Anziehen« vorsichtig besprengt. Später wird es abgedeckt und regelmäßig gewässert. Keinesfalls darf der Beton schnell abbinden und austrocknen. Bei einer Wandstärke von 25 bis 30 cm sollte das Becken je nach Witterung etwa 2 Wochen vor der ersten Füllung so behandelt werden. Nach der ersten Füllung ist das Wasser nochmals zu wechseln, ehe man die Tiere und Pflanzen einsetzen kann.

Dachpappteiche

Sie haben eine lange Tradition. Schon kurz nach der Jahrhundertwende wurden solche Teiche für die gewerbliche Fischproduktion verwendet und blieben über Jahrzehnte völlig dicht. Sie werden ähnlich wie Folienteiche angelegt. Die Stöße verklebt man mit Heißbitumen. Der Rand in Höhe der Wasserlinie ist nicht so anfällig wie der der Folienteiche. Trotzdem sollte auch hier eine gute Uferbefestigung angelegt werden. Eine notwendige Reparatur bereitet keine Schwierigkeiten. Sollte einmal ein Loch in der Pappe sein, so erhitzt man etwas Bitumen und gießt es hinein. Die Pappe muß allerdings an dieser Stelle sauber und trocken sein. Anschließend kann sofort wieder Wasser aufgefüllt werden. Gegen Wurzeldruck ist die Dachpappe stärker anfällig als Folie. Man pflanzt kräftige Wasserpflanzen wie Schilf und Seerosen besser in Kübeln an. Die Trittfestigkeit ist mangelhaft, die Rutschgefahr jedoch geringer als bei Folienteichen. Durch die schwarze Farbe des Bitumens und der Pappe erwärmt sich die Flachwasserzone sehr schnell.

Pappteiche im Betonbett

Ein Pappteich im Betonbett ist die geeignetste Form des Wasserbeckens im Freilandterrarium. Es genügt eine 8 bis 10 cm dicke Magerbetonschicht (1 : 7) als Untergrund für den Pappteich, um eine gute Trittfestigkeit und ausreichende Festigkeit gegen Wurzeldruck herzustellen. In die Betonwanne klebt man die Dachpappe wie beim einfachen Pappweiher ein. Um eine gute Bindung zwischen Unterbeton und Pappe herzustellen, ist der Unterbeton nach dem vollständigen Abbinden und Austrocknen vor dem Verlegen der Pappe mit Kaltbitumen sorgfältig einzustreichen.

Bepflanzung des Teiches

Die Haltbarkeit der Bepflanzung ist vom Besatz abhängig und wird zum Leidwesen vieler Schildkrötenfreunde auch durch die Tiere geregelt. Pfleger von Schmuckschildkröten wissen bald, wie viele Pflanzen von ihren Pfleglingen gefressen werden. Auch *Mauremys*-Arten vertilgen große Mengen von Pflanzen. Die Europäische Sumpfschildkröte dagegen läßt fast alle Pflanzen aufkommen.

Als Sumpfpflanzen kommen besonders einheimische Arten (Naturschutz beachten!) in Betracht. Sie sind aus Wasserpflanzengärtnereien leicht beschaffbar und gedeihen bei unserem Klima am besten. Sie bauen viele Abbauprodukte der Tiere ab und sind deshalb unverzichtbar. Für sehr große Becken eignen sich Rohrkolben *(Typha)*, Schilf *(Phragmites)*, Simsen *(Scripus)* und Binsen *(Juncus)*. Kleiner bleibt der Igelkolben *(Sparganium)*, Kalmus *(Acorus)*, Sumpfcalla *(Calla)*, Fieberklee *(Menyanthes)*, die Segge *(Carex)*, Sumpfdotterblume *(Caltha)* und Blutweiderich *(Lythrum)*. Ein Sumpfschwertlilienbusch *(Iris pseudacorus)* ist sehr dekorativ.

Freischwimmende Schwimmblattpflanzen beschatten das Wasser stark. Auf Schwimmfarne und Froschbiß verzichten wir besser, weil diese sehr stark wachsen. Wasserlinsen werden jedoch von vielen Schildkrötenarten gern gefressen und sollten dann regelmäßig eingebracht werden. Tropische Schwimmpflanzen, z.B. die Wasserhyazinthe *(Eichhornia)* mit ihren wundervollen Blütenständen, bieten reizvolle Blickpunkte. Auch die Muschelblume *(Pistia)* eignet sich gut, zumal sie ungern von Schildkröten gefressen wird. Deshalb muß man die Bestände regelmäßig auslichten. Die einheimische Wassernuß *(Trapa)* ist zwar sehr dekorativ, doch stellen die Früchte durch ihre Widerhaken eine Unfallgefahr für die Schildkröten dar. Auch durch die Krebsschere *(Stratiodes)* kann es zu Unfällen bei den Tieren kommen.

Als bodenwurzelnde Schwimmblattpflanzen eignen sich Seerosen und ihre Zuchtformen (*Nuphar* und *Nymphea*) sowie die Seekanne *(Nymphoides)*. Unterwasserpflanzen halten sich meist sehr schlecht. Nur Wasserpest *(Elodea)* und Hornkraut *(Ceratophyllum)* haben echte Lebenschancen.

Fleißige Helfer

Auf einige Kleinlebewesen kann man kaum verzichten. Jeder Freilandteich erstickt in kurzer Zeit in Algen, wenn man keine Gegenmaßnahme ergreift. Wasserflöhe filtrieren fleißig die Algen aus dem Wasser und sind zugleich Nahrungsquelle für unsere Schildkröten. Auch Muscheln sind Filtrierer. Die große Teichmuschel filtert pro Stunde etwa 40 bis 50 l Wasser. Alle verdaubaren Schwebstoffe werden aufgefangen, abgestorbene Pflanzenstoffe und Algen vertilgt. Zur Plage werden sie in Schildkrötenanlagen nicht, da sie ein willkommenes Futter für die Tiere darstellen. Ebenso werden von den Sumpfschildkröten Wasserwanzen, Wasserkäfer, Libellenlarven, Mückenlarven und andere Insekten und Würmer gejagt, so daß eine Massenvermehrung nicht zu befürchten ist.

Plagegeister

Schildkröten haben im Teich nur wenige Feinde. Egel gehören aber dazu. Man sollte die Wasserpflanzen vor dem Einsetzen gründlich daraufhin untersuchen, da ein späterer Massenbefall nur schwer zu bekämpfen ist. Gelegentlich werden Schildkröten auch von Karpfenläusen befallen.

Dem Terrarianer bereiten Algen üble Erfahrungen. Es sind zwei verschiedene Algengruppen, die uns wenig Freude machen. Die sogenannte Wasserblüte wird durch unglaubliche Mengen mikroskopisch kleiner Blau- und Grünalgen verursacht. Das Wasser gleicht dann einer grünen Brühe. Unterwasserpflanzen werden durch Lichtentzug stark geschädigt. Meist erscheint die Wasserblüte einige Wochen nach dem Wasserwechsel. Die beste Bekämpfungsmethode ist also kein erneuter Wasserwechsel, sondern das Einsetzen großer Mengen von Wasserflöhen (Daphnien). Auf den Zusatz von Kupfersulfat zum Wasser sollte man wegen der Vergiftungsgefahr verzichten. Abhilfe kann eventuell ein Ansäuern (Torfextrakt, Salz- oder Phosphorsäure) des Teichwassers schaffen. Man senkt den ph-Wert auf 5,5 bis 6.

Fadenalgen werden zur Plage, wenn sie meterlang wuchern. Dann können sie auch zur Gefahr für die Schildkröten werden. Unter dem Wasserspiegel verfangen, ertrinken dann selbst große, starke Tiere. Die Fadenalgen lassen sich mechanisch gut entfernen. Man dreht einen Rechen in die Polster hinein und zieht die Algen an Land. Eine Ansäuerung des Wassers kann auch hier zum Erfolg führen.

Freilandterrarien für tropische Wasserschildkröten

Vielen tropischen Wasserschildkröten bekommt in den Hochsommermonaten ein Freilandaufenthalt meist sehr gut. Hierzu sollte man aber kleine, gut kontrollierbare Behälter verwenden. Eine großzügige Freilandanlage würde bei Wetterstürzen das Auffinden der Tiere erheblich erschweren. Geeignet sind kleine, teilverglaste Miniteiche mit einem Wasserinhalt von etwa 1 bis 3 m^3. Deckt man diese Anlagen mit Frühbeetfenstern ab, kann man die Tiere auch über Nacht in dieser Anlage halten und muß nicht so oft störende Eingriffe vornehmen. Da in einem solchen Miniteich das biologische Gleichgewicht kaum aufrechtzuerhalten ist, muß das Wasser regelmäßig gewechselt werden, wozu man am besten gleich bei der Konstruktion einen festen Abfluß vorsieht. Ein Landteil ermöglicht eventuelle Eiablagen.

Auch auf einem Balkon lassen sich Land- und Wasserschildkröten saisonbedingt gut halten. Die Größen-, Platz- und Pflegeverhältnisse entsprechen denen der Zimmerterrarien. Auf eine Glasabdeckung sollte man verzichten, um den Tieren die wertvolle UV-Sonnenstrahlung zukommen zu lassen.

Zimmerterrarien

Behälter für Landschildkröten

Damit die Tiere die ihnen jeweils zusagenden optimalen Bedingungen finden können, sollte das Terrarium möglichst lang sein. Neben einer kühl-trockenen bieten wir eine warm-trockene, warm-feuchte und kühl-feuchte Ecke an. Die

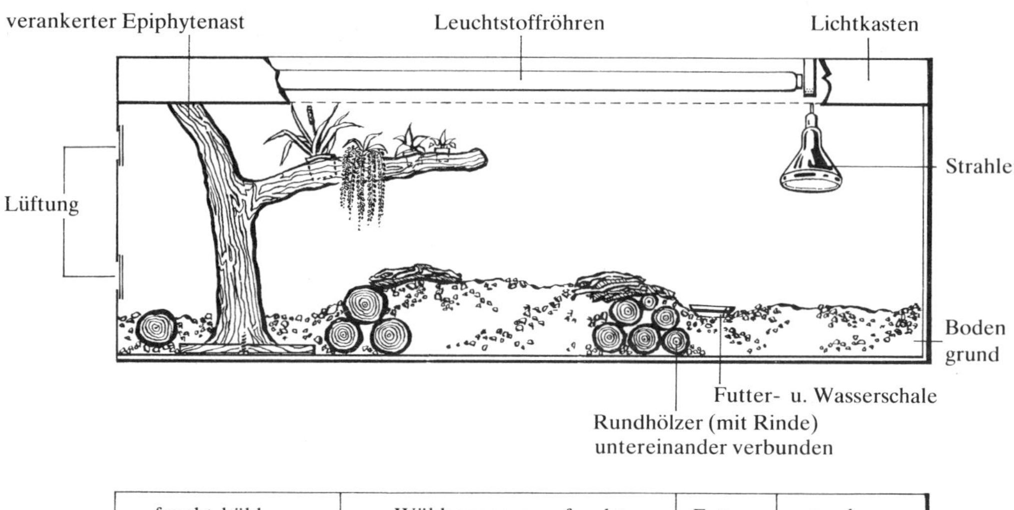

Zimmerterrarium für Landschildkröten

feucht-kühl bis trocken-kühl	Wühlzone: warm-feucht Ruhe- u. Eiablageplätze	Futter Wasser	trocken-warm

Tiere suchen sich selbst das richtige Milieu aus. Den Bodengrund wählen wir möglichst hoch. Einesteils werden die beträchtlichen Exkrementmengen gut aufgesaugt und lassen sich anschließend leicht entfernen, zum anderen kann nur so die richtige Bodenfeuchtigkeit erhalten werden. Gut geeignet ist ein Torf-Sand-Gemisch. Durch den niedrigen pH-Wert halten sich Bakterien schlecht. Nadelwalderde oder staubfreie Hobelspäne unbehandelter Weichhölzer erfüllen den gleichen Zweck.

Wasserbehälter müssen leicht zu reinigen sein. Sind sie fest installiert, sollten sie über einen Abfluß verfügen. Ein oder mehrere Strahler schaffen die Sonnenplätze. Die Versteckplätze muß man kühler halten. Man kann hohl aufliegende Rindenstücke ebenso anbieten wie fest eingebaute Höhlen. Diese Plätze hält man auch etwas feuchter. Der Futterplatz wird an zentraler Stelle, nicht aber direkt unter einem Strahler angebracht, da das Futter sonst schnell verdirbt. Zusätzliche Bodenheizungen dürfen nie die gesamte Fläche erfassen. Eine kühlere Ecke mit tiefem Bodengrund ist wichtig zur Aufrechterhaltung eines günstigen Mikroklimas. Der feucht-warme Platz mit tiefem Bodengrund wird als Eiablageplatz genutzt. Man erkennt, daß in kleineren Behältern diese Bedingungen nur schwer zu schaffen sind. Die Terrarienrückwand ergänzt die Einrichtung. Man kann hier, unerreichbar für die Tiere, Pflanzenmulden oder einen Epiphytenstamm anbringen und so auch unser ästhetisches Empfinden befriedigen. Pflanzen im Terrarium verbessern das Mikroklima und sind somit für ihre Insassen wichtig.

Terrarium für Landschildkröten tropischer Regenwälder und Feuchtgebiete

Einige Landschildkrötenarten haben sich diesen besonderen Bedingungen angepaßt. Allen gemeinsam ist ein hohes Wasserbedürfnis. Manche sind sogar zur teilweise amphibischen Lebensweise übergegangen. Sie haben im Futterspektrum einen deutlich erhöhten Anteil an animalischer Nahrung. Fasten- und Ruheperioden werden kaum eingelegt. Während einige Arten sich noch im relativ trockenen Landschildkrötenterrarium pflegen lassen *(Geochelone elegans, Kinixys homeana, Indotestudo elongata)*, stellen andere höhere Ansprüche *(Chelonoides carbonaria, Chelonoides denticulata)*. Starke Bindung an Gewässer zeigen die Stachelrand-Gelenkschildkröte *(Kinixys erosa)*, die Hinterindische Landschildkröte *(Manouria impressa)* und die Braune Landschildkröte *(Manouria emys)*. Der Bau und Betrieb von Zimmerterrarien mit hohem Feuchtigkeitsgehalt ist problematisch. Auf eine sehr gute Isolation der elektrischen Anlagen sowie der Holzteile gegen die permanente Feuchtigkeit ist besonders zu achten. Die notwendigen großen, flachen Wasserbecken sollten leicht zu reinigen sein, da die Tiere das Wasser sehr stark verschmutzen. Probleme hat man auch mit einer ständig beschlagenen Sichtscheibe. Starke Lüftung würde zwar ein Beschlagen verhindern, senkt aber die Luftfeuchtigkeit. Praktikabel ist eine schwache Belüftung im unteren Frontscheibenbereich.

Haltung von vorwiegend terrestrisch lebenden Sumpfschildkröten

Einige Schildkrötenarten aus der Familie der Sumpfschildkröten (Emydidae) leben vorwiegend terrestrisch. Während die Carolina-Dosenschildkröte *(Terrapene carolina)* noch recht anpassungsfähig in der Haltung ist, leben andere amerikanische Dosenschildkrötenarten *(Terrapene ornata)* in trockenen, ja sogar in wüstenhaften Biotopen *(Terrapene nelsoni)*. Parallele Entwicklungen zur terrestrischen Lebensweise finden wir bei den südostasiatischen Scharnierschildkröten *(Cuora)*, der Indischen Dornschildkröte *(Pyxidea mouhoti)* sowie bei den amerikanischen und asiatischen Erdschildkröten *(Rhinoclemys, Geoemyda, Melanochelys, Heosemys)*. Einige dieser Sumpfschildkröten sind Regenwaldbewohner. Dies muß bei der Haltung berücksichtigt werden. Viele haben auch ihre Nahrung der Lebensweise angepaßt, sie fressen gern pflanzliche Kost wie Pilze, Beeren und süße Früchte. Vor dem Bau eines Behälters für terrestrisch lebende Sumpfschildkröten studiere man genau die klimatischen Gegebenheiten ihres Vorkommens. Man beachte auch, daß viele dieser Arten auf dem Lande fressen und manche sogar schwimmunfähig sind.

Aquaterrarien

Dies sind die typischen Behälter für einen Großteil der Wasserschildkröten. Meist werden sie in Glasklebetechnik ausgeführt. Der Landteil kann sich an der hinteren Seite oder an einer der Breitseiten anschließen. Wegen einer rationellen Raumausnutzung haben sich jedoch Aquaterrarien mit eingehängten Landteilen durchgesetzt. Bei dieser Technik muß man beachten, daß der Wasserraum unter dem Landteil nicht zur Falle für die Tiere wird und auch dem Pfleger zugänglich ist. Viele Schildkröten lieben diese Unterwasserverstecke. Sind sie zu eng und klein, können sich die Tiere darunter verklemmen und ertrinken. Obwohl trächtige Schildkrötenweibchen ihre Eier auch in kleinen Landteilen ablegen, wenn Substrat, Temperatur und Feuchtigkeit ihren Bedürfnissen entsprechen, sollten diese trotzdem nicht zu klein gewählt werden. Ist eine Mehrfachbesetzung des Aquaterrariums vorgesehen, werden trächtige Weibchen durch sich sonnende Mitbewohner gestört und legen die Eier dann oft im Wasser ab. Günstig ist es in diesem Falle, den Landteil in einen Ablagebehälter und eine »Sonnenstrecke« zu unterteilen. Der Strahler wird über der Sonnenstrecke angebracht. Sie liegt zudem direkt am Ausstieg. Vielfach wird der Ausstieg mit dem Flachwasserbereich auch als Schlafplatz von den Tieren genutzt. Die Sonnenplätze und der Aus-

Aquaterrarium im Wohnzimmer des Autors

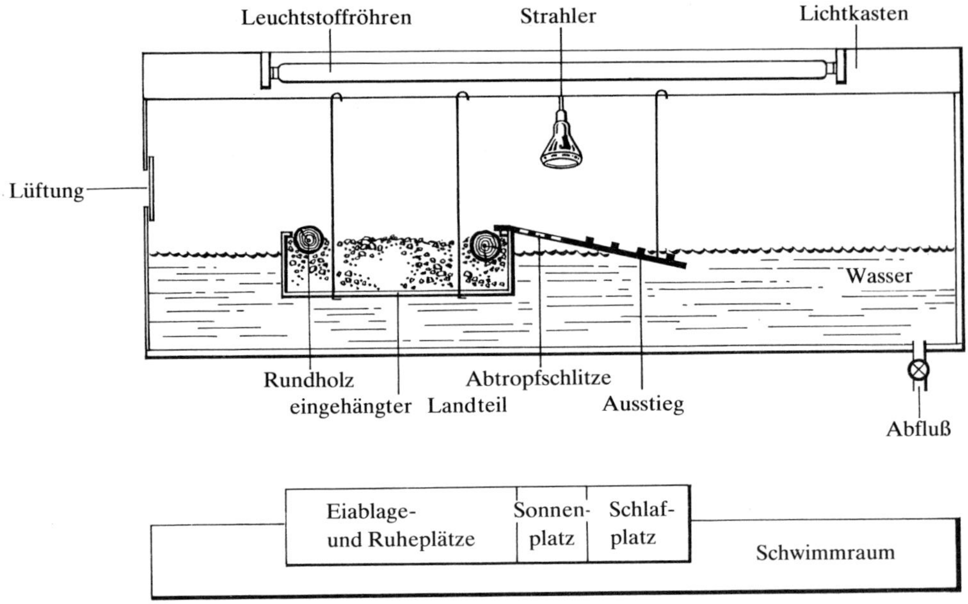

Aquaterrarium mit eingehängtem Landteil

stieg müssen eine rauhe, griffige Oberfläche haben. Selbstverständlich bedarf es hier keines Bodensubstrates. Vor dem Einstieg zum Ablagebehälter kann man noch Schlitze oder Löcher anlegen, damit kein Wasser in den Ablagebehälter geschleppt wird. Die Tiefe des Ablagebehälters sollte mindestens der Panzerlänge des größten Weibchens entsprechen, die Länge und Breite der zweifachen Panzerlänge.

Das Wasserbecken ist großzügig zu bemessen, so daß genügend Raum für Balz und Paarung zur Verfügung steht. Dies vermindert gleichzeitig auch den Pflegeaufwand. Dekorationsmaterialien im Unterwasserraum müssen so angebracht werden, daß sich die Tiere nicht darunter verklemmen können. Es ist günstig, wenn durch die Dekoration der Behälter in mehrere Teile gegliedert wird. Dadurch können sich schwächere Tiere oder nicht paarungsbereite Weibchen den Nachstellungen stärkerer Mitbewohner besser entziehen. Den Luftraum kann man entsprechend dem ästhetischen Empfinden durch einen Epiphytenstamm mit Bepflanzung aufwerten. Die Dekoration muß für die Tiere unerreichbar sein.

Aquarien

In einfachen Aquarien ohne Landteil kann man Jungtiere oder adulte Männchen vollaquatiler Wasserschildkröten unterbringen. Den Wasserstand wählt man so hoch, daß die Tiere problemlos die Wasseroberfläche erreichen können. Diese Art der Haltung ist notwendig, wenn unverträgliche vollaquatile Arten aufgezogen werden. Dazu gehören einige Weichschildkrötenarten *(Trionyx)*, Schlammschildkröten *(Kinosternon, Claudius, Staurotypus)*, Schnappschildkröten *(Chelydra)* und junge Meeresschildkröten.

Winterruhe

Schildkröten gemäßigter Klimate bedürfen im Zusammenhang mit den klimatischen Bedingungen ihres Vorkommens einer Winterruhe (Hibernation). Während man darauf bei sehr jungen Tieren im Interesse einer zügigen Entwicklung noch verzichten kann, ist die Ruhepe-

Schildkrötenzuchtanlage in einem Kellerraum

riode zur Fortpflanzung und zur weiteren Gesunderhaltung eine Notwendigkeit. Die Dauer und Intensität der Hibernation ist artabhängig. Sie ist bei nordafrikanischen Arten, Schildkröten aus den südlichen USA, dem südlichen Südamerika und südlichen Australien nur angedeutet. Es genügt, wenn die Temperatur und die Beleuchtungsdauer über 6 bis 10 Wochen im Winter abgesenkt werden. Schildkröten aus Europa, Mittel- und Ostasien, den nördlichen USA und Kanada überwintert man 3 bis 5 Monate bei Temperaturen von 4 bis 8°C. Eine Überwinterung im Freiland ist möglich, wenn geeignete Maßnahmen getroffen werden. Vorzuziehen ist jedoch eine kontrollierte Hibernation in frostfreien Kellerräumen. Zur Einstimmung auf die bevorstehende Winterruhe werden die Temperatur und die Beleuchtungsdauer gleichmäßig innerhalb einer Woche auf den Endwert gesenkt. Im Zusammenhang mit einem genetisch fixierten Programm werden die Tiere schon längere Zeit vor der Winterstarre ihren Stoffwechsel und die Bewegungsaktivität eingeschränkt haben. Landschildkröten badet man vor dem Einsetzen in die Überwinterungskiste in lauwarmem Wasser. Sie geben dann Kot ab und trinken ausdauernd. Dieses sollte jedoch entgegen der üblichen Praxis nicht mehrfach wiederholt werden, da sonst der Darm regelrecht ausgespült wird und während der Hibernation Darmerkrankungen möglich werden. Nach dem Bad werden die Tiere gut abgetrocknet. Anschließend wird der Panzer mit Babyöl eingerieben. Die Überwinterungskiste muß an einer Seite und am Deckel mit Lüftungsschlitzen versehen sein, die mit Drahtgaze oder Streckmetallstreifen vor Schadnagern gesichert werden. Sie wird etwa 25 cm tief mit erdfeuchtem Laub unbehandelter Bäume gefüllt, worüber noch eine 10 cm hohe Heu- oder Strohschicht gepackt wird. Binnen weniger Tage vergraben sich die Tiere selbständig im Substrat, wenn sie gesund und kräftig sind. Unruhiges Umherwandern trotz tiefer Temperaturen muß den Pfleger zur Vorsicht mahnen! Es kann ein Anzeichen für eine Krankheit sein. Außerdem kommt es nicht selten vor, daß adulte Weibchen nochmals im Herbst Eier gebildet haben, die jedoch nicht mehr abgelegt werden konnten. Deshalb sollte eine Trächtigkeitsuntersuchung erfolgen. In beiden Fällen muß die Winterruhe abgebrochen werden. Erst nach der Behandlung der Krankheit oder Ablage der Eier und Erreichen des Normalgewichtes kann die Winterruhe erneut eingeleitet werden. Wasserschildkröten können im Freiland verbleiben, wenn der Teich eine Mindesttiefe von mehr als 1 m aufweist. Im Spätherbst pumpt man dann das Wasser ab und reinigt den Teich von den organischen Abfallstoffen. Anschließend füllt man Frischwasser auf. Der belastete Bodenschlamm kann durch die bakterielle Tätigkeit ein drastisches Absinken des im Wasser gelösten Sauerstoffs bewirken, wenn eine geschlossene Eisdecke einen Gasaustausch verhindert. Sicherer ist auch bei Wasserschildkröten eine Hibernation im Keller. Sie können sowohl in Wasserbecken als auch im feuchten Substrat wie die Landschildkröten überwintert werden. Bei der Hibernation im Wasser setzt man etwas Kochsalz zu, um das osmotische Druckgefälle zu mindern. Überwinternde Schildkröten kontrolliert man anfänglich täglich, später nur noch aller 2 bis 3 Wochen. Die Störungen sollten sich dann auf ein Mindestmaß beschränken. Es genügt Sichtkontakt, vergrabene Tiere werden im Substrat belassen. Das Substrat feuchtet man regelmäßig mit einem Wäschesprenger nach. Im Frühjahr zeigen die Tiere durch aufflammende Aktivitäten an, daß sie die Hibernation beendet haben. Man erhöht die Temperatur im Überwinterungsbehälter durch Installation einer Glühlampe, die man am ersten Tag nur eine Stunde einschaltet und dann jeden Tag eine Stunde länger brennen läßt. Nach einer knappen Woche werden die Schildkröten in ein Zimmerterrarium, Gewächshausanlage oder in eine teilverglaste Freianlage umgesetzt, die eine artgerechte Balz und Paarung gestatten.

Ernährung

Der Nahrungs- und Wasserbedarf ist bei den einzelnen Schildkrötenarten sehr unterschiedlich. Man kann die Tiere aber in einige Ernährungsgruppen einordnen.

Landschildkröten ernähren sich vorwiegend vegetarisch (herbivor), Wasserschildkröten vorwiegend animalisch (carnivor), die meisten Schildkröten sind Gemischtköstler (omnivor). Reine Vegetarier gibt es wenige. Nahrungsspezialisten wie die Lederschildkröte, die sich von Quallen, oder einige Landschildkröten aus dem südlichen Afrika der Gattungen *Homopus* und *Psammobates*, die sich von sukkulenten Pflanzen ernähren, kommen aus verschiedenen Gründen kaum für die Pflege in Gefangenschaft in Betracht.

Hauptnahrungsmittel der Landschildkröten sind krautige Wildpflanzen, Blatt- und Wurzelgemüse sowie süßes Obst. Im Terrarium reicht man als Kraftfutter auch gekochte Quetschkartoffeln, Reis, Graupen und Haferflocken. Baby- und Kleinkinderfertignahrung sind ein gutes Beifutter in den Wintermonaten, wenn Grünzeug knapp und teuer wird. Unerläßlich ist die Zufütterung von tierischem Eiweiß. Fettes Fleisch darf nicht gegeben werden, da Fett nicht verdaut wird. Quark, Geschabtes vom Rind, frischtote Mäusebabys, kleingeschnittene Innereien, aber auch Würmer, Schnecken, Insektenlarven und Fisch können den Speiseplan anreichern und ergänzen. Je vielseitiger die Fütterung, desto weniger Mangelerscheinungen sind zu erwarten. Manche Landschildkröten fressen auch Fertigfutter für Hunde und Katzen. Den Anteil an tierischem Eiweiß sollte man jedoch bei adulten Schildkröten begrenzen, da sich bei den Tieren Gicht oder andere Stoffwechselstörungen einstellen können.

Hauptnahrungsmittel der Wasserschildkröten ist tierisches Eiweiß. Natürliche Futtermittel sind Kleinkrebse (Wasserflöhe, Bachflohkrebse), Wasserinsekten und deren Larven, Würmer, Schnecken und Süßwasserfisch. Beim Selbstfang von Lebendfutter sind die Natur- und Artenschutzbestimmungen zu beachten. Aus diesem Grunde verfüttern wir auch keine Lurche und deren Quappen.

In der Gefangenschaftshaltung bieten wir den

Tieren als Sättigungsgrundlage mageres Säugerfleisch, Schlachtinnereien, nestjunge Labormäuse, Fisch, Geflügelklein, Fertigfutter für Hunde und Katzen sowie Pellets aus der gewerblichen Fischaufzucht an. Vorsicht ist bei Leber und Seefisch geboten. Von beiden wertvollen Futterarten (Vitamin-Mineralstoff-Gehalt) verfüttern wir nur kleinere Mengen als Zufutter, da die Schildkröten sonst Durchfall bekommen können. Pflanzliche Zukost ist bei vielen Wasserschildkrötenarten unerläßlich. Es werden Stücke von süßem Obst, krautige Wildpflanzen, Blatt- und geschnittenes Wurzelgemüse ebenso gern gefressen wie Wasserpflanzen (Wasserhyazinthen, Wasserlinsen). Der Anteil pflanzlicher Kost ist nicht nur artspezifisch, sondern auch individuell verschieden. Eine ausreichende Versorgung mit Vitaminen, Mineralstoffen (Kalk) und Spurenelementen ist zur erfolgreichen Haltung und Vermehrung von Schildkröten unerläßlich. In der rohen, natürlichen Frischnahrung sind alle wichtigen Vitamine enthalten. Da sie aber nur begrenzt zur Verfügung steht, können wir mit Multivitamingaben aus der Veterinärmedizin (Präparate aus der Geflügelzucht vorziehen!) die Nahrung aufwerten (siehe Abschnitt Vitamine). Das Futter muß auch Kalk enthalten. Natürliche Kalkträger sind zerstoßene Eierschalen, Sepia-Schale, Knochen- und Garnelenschrot, Schnecken, aber auch Regenwürmer. Kalkpräparate aus der Human- und Veterinärmedizin können in die Nahrung eingearbeitet werden. Schabefleisch ist als Basis geeignet.

In letzter Zeit hat sich für Schildkröten Gelatinefutter durchgesetzt. Sein Einsatz ist sehr zeitsparend, wenn man viele Tiere zu versorgen hat. Die Mischungen lassen sich sehr gut auf die Bedürfnisse der Tiere abstimmen, und der Zusatz von komplexen Vitamin-Mineralstoff-Mischungen ist problemlos. Dieses Gelatinefutter läßt sich auch portionsweise einfrieren. Man stellt eine Futtermischung aus vielfältigen Grundfuttermitteln her, reichert diese mit Mineralstoffen und Vitaminen an und bindet die Mischung mit Speisegelatine.

Landschildkrötenfutter stellt man nach folgendem Rezept her: Alle pflanzlichen Zutaten werden warm abgewaschen und anschließend abgetrocknet. Wildkräuter (Löwenzahn, Wegerich, Klee), entkerntes Obst (Pflaumen, Kirschen, Birnen) und Gemüse (Möhren, Kohl, Tomaten) werden zu einem Brei püriert. Im Winter können gekochte Kartoffeln, gekochter Reis, Graupen und Haferflocken den Futterbrei strekken. Aus Schabefleisch, Herzmuskelfleisch, Leber, Quark, Fisch, Garnelenschrot und Wasserflöhen (frischtot oder getrocknet) stellt man mit dem Mixstab ebenfalls einen Brei her, der etwa 20 % der Gesamtmasse entspricht. Beide Teile werden unter Zusatz des Vitamin-Mineralstoff-Gemisches zusammengerührt. Die Gelatine bereitet man nach der Packungsvorschrift zu, dosiert aber höher. Man benötigt für einen Liter Futterbrei etwa 40 g Speisegelatine. Während der Quellzeit wärmt man das Futtergemisch auf etwa 40 °C an. Nach Hinzufügen der vorgequollenen Gelatine muß der Futterbrei nochmals kräftig durchgerührt werden. Dann wird der Brei in Plastikbehälter eingefüllt. Diese Formen können gleich die Portionsgröße bestimmen. Es ist möglich, hierzu Eiswürfelbereiter oder auch die Kunststoffeinsätze von Pralinenkästen zu verwenden. Erst nachdem das Futter vollständig abgekühlt und die Gelatine erstarrt ist, wird es den Formen entnommen. Unverbrauchtes Gelatinefutter läßt sich im Kühlschrank einige Tage, im Froster einige Wochen bei einer Mindesttemperatur von −18 °C aufbewahren. Es muß aber gut verschlossen werden, da es sonst stark austrocknet.

Für Wasserschildkröten wird der tierische Futteranteil wesentlich erhöht. Der Hauptanteil wird aus möglichst magerem Süßwasserfisch (mit Köpfen, Schuppen, Gräten), Hackfleisch und Herzmuskelfleisch, Geflügelinnereien (Herz, Magen, Leber), Wasserflöhen, Garnelenschrot, etwas Rinderleber und Quark hergestellt. Etwa 30 % der Gesamtmasse wird aus pflanzlichen Stoffen gebildet. Da Wasserschildkröten im Wasser fressen, ist der Anteil der Gelatine zu erhöhen, um die Bindung stabil zu halten. Man benötigt für einen Liter Futterbrei etwa 60 g Speisegelatine.

Die angegebenen Rezepte können beliebig abgewandelt werden. Problematisch ist nur die Festigkeit des Gelatinefutters und die Lagerfähigkeit. Wird die Masse nach dem Erstarren eingefroren, muß der Auftauvorgang langsam geschehen. Man kann am Abend die Futterportion dem Tiefkühlschrank entnehmen und im Gemüsefach des Kühlschrankes auftauen lassen. Dann bleibt die Gelatinebindung stabil.

Die tägliche Futtermenge hängt von vielen Faktoren ab und kann deshalb nicht pauschal festgelegt werden. Man füttert lieber etwas öfter, aber kleine Portionen. Das Futter muß in wenigen Minuten gefressen werden. Verfettete Schildkröten schreiten nicht zur Fortpflanzung und bieten auch keinen ästhetischen Anblick. Landschildkröten benötigen größere Futtermengen als Wasserschildkröten, da das Futter in der Regel nicht so kalorienreich ist und vornehmlich aus Ballaststoffen besteht. Saisonfresser unter den Landschildkröten müssen in ihrer Aktivitätszeit sogar regelrecht im Futter stehen. Sie nehmen in wenigen Wochen oder Monaten nahezu die gesamte Jahresnahrungsmenge auf und können nur durch diese Reserven Trocken- oder Winterruhezeiten überbrücken. Auch Jungtiere benötigen für ihre Entwicklung ein ausreichendes, qualitativ hochwertiges Nahrungsangebot. Sie sind täglich zu füttern, während erwachsene Wasserschildkröten nur jeden zweiten bis dritten Tag Futter erhalten.

Landschildkröten brauchen regelmäßig Trinkwasser. Stammen sie aus Trockengebieten, genügt ein wöchentliches Baden in lauwarmem Wasser. Meist wird nicht nur ausgiebig getrunken, sondern auch der Kot abgesetzt. Macht man dieses zur Gewohnheit, spart man viel Mühe und Arbeit bei der Behälterhygiene. Tropischen Landschildkröten aus Wald- und Feuchtgebieten und terrestrisch lebenden Sumpfschildkröten muß ständig eine Trink- und Bademöglichkeit angeboten werden. Das Wasserbecken sollte einen Abfluß besitzen, da man das Wasser täglich wechseln muß.

Einige Nahrungsspezialisten, wie die Lederschildkröte und die südafrikanischen Landschildkröten der Gattungen *Homopus* und *Psammobates*, wurden schon vorgestellt. Vor der australischen Küste haben sich Seeschildkröten auf die dort häufig vorkommende hochgiftige Würfelqualle *(Chironex fleckeri)* spezialisiert. Obwohl das Nesselgift so stark ist, daß es innerhalb weniger Minuten nach Kontakt einen Menschen töten kann, sind die Schildkröten dagegen immun. Durch den starken Rückgang der Schildkröten hat sich in den letzten Jahren die Würfelqualle so stark vermehrt, daß viele Badestrände während der Sommermonate unbenutzbar geworden sind, bis sich die Quallen bei fallenden Temperaturen von den Stränden zurückziehen. Dies sei nur am Rande vermerkt, denn auch andere Seeschildkröten, die auf Tintenfische oder Meeresalgen geprägt sind, werden kaum in Privathand gehalten.

Einige Wasserschildkröten filtern regelrecht das Wasser nach Kleinkrebsen durch. Sie pumpen den Hals durch Saugschnappen auf und pressen dann das Wasser zur Nase hinaus. Zurück bleiben dann die Kleinlebewesen. Spezialisiert sind auf diese Kleinkrebsnahrung die amerikanische Sumpfschildkröte *(Emydoidea blandingi)*, aber auch einige Weichschildkröten *(Lissemys)*. Weiterentwickelt wurde dieses Saugschnappen von der Matamata *(Chelus fimbriatus)*. Sie lauert mit ihrem bizarren, gestaltauflösenden Körper am Grunde der Gewässer auf Fische, die durch das plötzliche Aufreißen des Maules mit dem entstehenden Sog regelrecht in den Schlund hineingestrudelt werden. Diese Tiere lassen sich nur schwer auf tote Nahrung umstellen. Die Geierschildkröte *(Macroclemys temmincki)* lockt dagegen mit einem wurmförmigen Gebilde auf der Zunge, das zuckend bewegt wird, Fische an. Nimmt ein Fisch diesen Köder an, schließt sich der Kiefer blitzschnell. Die Geierschildkröte frißt aber in Gefangenschaft ebenso gut totes Futter. Auf Lebendfutter ist man dagegen bei der Zackenerdschildkröte *(Geoemyda spengleri)* angewiesen. Sie erbeutet als terrestrisch lebende Sumpfschildkröte Würmer, Schnecken und sogar Jungmäuse. Totes Futter nimmt sie nur, wenn man den Futterbrokken bewegt.

Maritime Mollusken, Garnelen und Seefisch sind das Hauptfutter der Diamantschildkröte *(Malaclemys)*.

Wasserschnecken sind die natürliche Nahrung vieler Sumpfschildkröten. Starke Bindung an dieses Futter haben die Malayen-Sumpfschildkröte *(Malayemys subtrijuga)*, aber auch die Großkopfschildkröte *(Platysternon megacephalum)* entwickelt.

Hoher pflanzlicher Anteil in der Nahrung ist bei einigen Wasserschildkröten zu finden. Die Dachschildkröten *(Kachuga)*, die Chinesische Streifenschildkröte *(Ocadia sinensis)*, aber auch die Schmuckschildkröten *(Chrysemys)* sind typische Vertreter.

Die Kieferform deutet auf die Hauptnahrungsquelle hin. Hakenschnäbel verraten den Ansitzjäger. Räuberische Wasserschildkröten haben scharfe, ebene Kiefernschneiden. Fressen sie auch zähe Wasserpflanzen, sind diese gezähnelt. Schneckenfresser brauchen breite Kauleisten, um die Gehäuse zu knacken. Die Lederschildkröte *(Dermochelys coriacea)* hat einen Doppelhakengreifschnabel und eine Maulauskleidung mit Hornzotten, um Quallen und andere schlüpfrige Nahrung greifen zu können. Landschildkröten besitzen kurze Schnäbel mit breiten Kauleisten, um harte Pflanzenteile zu zerbeißen.

Vitamine

Vitamine sind organische Verbindungen, die für den Organismus in kleinsten Mengen lebensnotwendig sind. Sie werden im allgemeinen nicht oder nur ungenügend im Körper selbst gebildet. Die Synthese der Vitamine oder deren Vorstufen erfolgt meist in Pflanzen oder durch Mikroorganismen. Herbivore Schildkröten erhalten die meisten der Vitamine durch frische, abwechslungsreiche Pflanzenkost, carnivore Tiere durch die inneren Organe, besonders aber durch die Leber der Futtertiere, da diese auch als Vitaminspeicher fungiert.

Vitamin A (Axerophol, Retinol) wird nur in tierischen Organismen aus den in Pflanzen vorkommenden Vorstufen (Provitamin), den Carotinen, gebildet. Hauptsächlich wirkt es als antiinfektiöses Vitamin, Wachstums- und Epithelschutzvitamin. Eine typische und häufige Mangelerscheinung bei Schildkröten ist die Entzündung der Harderschen Drüse (Nickhautdrüse des Auges), deren Sekret den Augapfel befeuchtet und schützt. Bei einer akuten Entzündung mit ödematiös geschwollenen Augenlidern verabreicht man eine einmalige intramuskuläre Vitamin A-Injektion in die Hinterschenkel, und zwar 100 000 IE/kg Körpermasse. Überdosierungen sind problematisch und wirken toxisch. Es ist zu beachten, daß in der Leber Überschüsse an Vitamin A gespeichert werden und es bei mehrmaligen Überdosierungen zu einer Summierung kommt. Steht genügend Vitamin A oder carotinhaltige Frischnahrung zur Verfügung, kann auf eine zusätzliche Verabreichung gänzlich verzichtet werden. Im Winter jedoch spielt die mangelnde Stabilität dieser Verbindungen eine wichtige Rolle. Gelagertes Grünfutter und Kunstfuttermischungen enthalten nur noch wenige Prozent der Ausgangswerte.

Besonders viel Carotin ist in Gemüsepaprika, Karotten, Hagebutten, Spinat und Luzerne, aber auch in vielen grünen Pflanzen enthalten. Reiche Quellen an Vitamin A stellen Lebertran, aber auch Fisch- und Säugerleber, rote Mückenlarven, rote Daphnien und Eigelb dar.

Das Vitamin ist wärmeunempfindlich und fettlöslich.

Die *Vitamine der B-Gruppe* haben für die Schildkröten eine hohe Bedeutung. Viele Einzelbausteine werden durch die Mikroorganismen des Dickdarmes zwar selbst gebildet, aber nicht immer in ausreichendem Maße dem Körper zur Verfügung gestellt. Deshalb ist beson-

Tab. 1: Provitamin A (Carotin)-Gehalt frischer Gemüse und Wildkräuter in mg/100 g

Kulturgemüse		Wildkräuter	
Rotkohl	5	Gänseblümchen	160
Weißkohl	7	Huflattich	250
Chinakohl	13	Bärenklau	360
Rosenkohl	67	Vogelmiere	383
Kopfsalat	130	Weidenröschen	490
Chicoree	215	Taubnessel	539
Mangold	590	Wegmalve	606
Feldsalat	650	Brennessel	740
Grünkohl	680	Wilde Malve	940
Karotten	2000	Rotklee	1156

ders bei Störungen der Darmflora (z. B. nach einer Antibiotika-Behandlung) eine zusätzliche Zufuhr über die Nahrung notwendig. Alle Einzelbausteine sind wasserlöslich und nur von geringer Stabilität. Überdosierungen können toxisch wirken.

- Vitamin B_1 (Aneurin, Thiamin): Es ist im Tier- und Pflanzenreich weit verbreitet und übt wichtige Stoffwechselfunktionen aus. Bei Mangel führen die daraus resultierenden Stoffwechselstörungen zu Schäden im zentralen Nervensystem. Das Vitamin hat einen »Gegenspieler«, das Enzym Thiaminase. Es wird durch sie in seine Komponenten gespalten und somit unwirksam. Die Thiaminase kommt besonders in Karpfenfischen vor (Karauschen). Bei reichlicher Verfütterung ist deshalb der erhöhte Vitamin B_1-Bedarf zu berücksichtigen.
- Vitamin B_2 (Lactoflavin, Riboflavin): Es ist in vielen tierischen und pflanzlichen Futterstoffen zu finden, besonders in Hefen, in Nieren und Fischmehl. In geringen Dosen wird das Vitamin durch die Bakterienflora des Darmes gebildet. Die Speicherfähigkeit ist relativ niedrig, und es muß ständig über die Nahrung zugeführt werden. Bei Mangel treten Störungen im Zellstoffwechsel auf, die sich bei Jungtieren in Wachstumsstörungen äußern.
- Vitamin B_6 (Adermin, Pyridoxin): Auch dieses Vitamin ist in vielen Schildkrötenfuttermitteln enthalten. Wir finden es in grünen Gemüsen, Hefen und inneren Organen. Das Vitamin spielt für den Eiweißstoffwechsel eine wichtige Rolle. Ein Mangel führt zu Einschränkungen des Wachstums, Blutarmut, Leberverfettung sowie Fortpflanzungsstörungen. Unter üblichen Ernährungsverhältnissen treten aber kaum Mangelerscheinungen auf.
- Nicotinsäureamid (Niacinamid): Es ist in Früchten, Gemüse, grünen Pflanzen sowie Innereien von Schlachttieren enthalten und nimmt eine zentrale Stellung bei der biologischen Oxidation ein. Ein Mangel führt zu tiefgreifenden Stoffwechselstörungen, was sich in Schleimhautentzündungen, Darmerkrankungen und Hautschäden äußert.
- Pantothensäure: Besonders reichlich ist sie in Hefen, Getreidekleie, Sojabohnenmehl, Innereien, aber auch in Muskelfleisch enthalten. Ein Mangel führt zu Störungen des Zellstoffwechsels. Es kommt zu entzündlichen Veränderungen an den Schleimhäuten, Anfälligkeit für Infektionen, Hautveränderungen und Fortpflanzungsstörungen. Die Schlupffähigkeit der Jungtiere ist stark herabgesetzt, sie bleiben in den Schalen stecken.
- Biotin: Es ist in Spuren in allen Schildkrötenfutterstoffen enthalten. Biotin beeinflußt den Einbau von CO_2 in organische Verbindungen. Mangelerscheinungen sind in der Praxis unbekannt und können nur dann auftreten, wenn das Biotin durch seinen Gegenspieler Avidin (in rohem Eiklar enthalten) gebunden wird.
- Cholin: Es ist Bestandteil vieler Futtermittel und hat für den Stoffwechsel der Fette sowie für das Nervensystem große Bedeutung. Bei ausreichender Zufuhr von Methionin, Folsäure und Vitamin B_{12} können die Tiere das Cholin selbst bilden. Besonders in der Wachstumsperiode muß es reichlich zur Verfügung stehen.
- Folsäuren: Sie sind in Grünfutterpflanzen und in der Leber zu finden. Die Folsäuren beteiligen sich am Kohlenstoff-Stoffwechsel und sind gemeinsam mit dem Vitamin B_{12} für die Blutbildung und Synthese von Nucleinsäuren wichtig. Folsäure wird auch durch die Mikroorganismen im Darm gebildet. Ein Mangel ist daher selten und kann nur nach Verabreichung von Sulfanilamiden durch Schädigung der Darmflora beobachtet werden.
- Vitamin B_{12} (Erythrotin, Cyanocobalamin): Die B_{12}-Gruppe besteht aus zahlreichen Verbindungen ähnlicher chemischer Struktur, die sich jedoch in ihren Wirkungen wesentlich unterscheiden und deshalb zwei Wirkungsgruppen bilden. Vitamin B_{12} hat Einfluß auf den Eiweißstoffwechsel sowie auf die Mikroorganismen des Darmes. Es kommt in Pflanzen nicht vor, wird aber durch zahlreiche Mikroorganismen gebildet. Reiche Quellen sind Leber, Fischmehl, Käse und Quark. Bei Mangel führt es zu Fortpflanzungsstörungen, Herabsetzung der Schlupffähigkeit und Wachstumsstörungen.

Vitamin C (Ascorbinsäure) können die Schildkröten im Gegensatz zum Menschen selbst synthetisieren. Das Vitamin ist in vielen Pflanzen und Innereien sowie Muskelfleisch enthalten. Mangelerscheinungen sind deshalb unbekannt.

D-Vitamine sind fettlöslich und weitgehend hitzebeständig. Sie bestehen aus einer Reihe von Einzelbausteinen, von denen das Vitamin D_3 große Bedeutung für Schildkröten besitzt, da es den Kalkstoffwechsel regelt. Durch den Panzer ist bei Schildkröten die kalktragende Körpermasse im Verhältnis zum Gesamtkörper größer als bei anderen Wirbeltieren. Das Vitamin D_3 (Calciferol) wird aus dem in der Nahrung enthaltenen Cholesterol über 7-Dehydrocholesterol im Körper unter Einwirkung des UV-Anteils im Sonnenlicht gebildet. Deshalb steht es bei vielseitiger Fütterung und Freilandaufenthalt genügend zur Verfügung. In der Leber der Schildkröten kann es gespeichert werden.

Tab. 2: Mineralstoffgehalt frischer Gemüse und Wildkräuter in mg/100 g

Kulturgemüse	Ca	P	K
Chicoree	26	26	192
Rosenkohl	31	83	411
Rotkohl	35	30	266
Feldsalat	35	49	421
Kopfsalat	37	33	224
Chinakohl	40	–	202
Weißkohl	46	28	227
Mangold	103	39	376
Grünkohl	212	87	490
Wildkräuter			
Löwenzahn	50	68	680
Vogelmiere	80	54	680
Schlangenknöterich	100	74	580
Weidenröschen	150	94	450
Gänseblümchen	190	88	600
Wilde Malve	200	95	450
Huflattich	320	51	670
Bärenklau	320	125	540
Brennessel	630	105	410

Die D-Vitamine ermöglichen die Resorption von Calcium und Phosphaten im Darm und fördern die Verkalkungsvorgänge im Knochen. In der Wachstumsperiode der Schildkröten ist der Bedarf deshalb besonders hoch. Ausfallerscheinungen (Rachitis) sind besonders bei Wachstumsschüben zu beobachten. Natürlich müssen gleichzeitig mit dem Vitamin auch Calcium und Phosphor zur Verfügung stehen, wobei beide Mineralstoff-Komponenten im Verhältnis 2 : 1 vorliegen sollten. Ein schwerer und oft begangener Fehler in der Therapie gegen rachitische Erscheinungen (weicher und deformierter Panzer) ist die Gabe von Vitaminen ohne Erhöhung der Mineralzufuhr. Steht Kalk nicht ausreichend über die Nahrung zur Verfügung, wird körpereigener Kalk aus dem Knochen gelöst, und die rachitischen Erscheinungen werden verstärkt.

Vitamin E (Tokopherol) ist in pflanzlichen und tierischen Futtermitteln zu finden, besonders aber in grünen Pflanzenteilen. Das Vitamin ist fettlöslich und wärmeunempfindlich, aber im Futter nicht lange haltbar. Schildkröten können dieses Vitamin jedoch sehr lange speichern. Vitamin E stabilisiert das Vitamin A. Es besteht deshalb eine Bindung zwischen ihnen. Das Vitamin E hat vielfältige Wirkungen auf den Organismus, wobei unter anderem die Genitalorgane, Muskel- und Bindegewebe und das Zentralnervensystem beeinflußt werden.

Prophylaxe und Therapie von Vitamin-Mangelerscheinungen

Prophylaktische Vitamingaben sind bei Schildkröten angebracht, wenn sie nicht im Freiland gehalten werden können und (im Winter) die Auswahl der Futtermittel eingeschränkt ist. Bei Freilandhaltung verabreicht man im Frühjahr zu Beginn der Paarungszeit ein Multivitaminpräparat. Bei Zimmerhaltung sollten die Tiere häufiger geringe Vitamingaben erhalten. Man verabreicht als Injektion ein Multivitaminpräparat AD_3EC 0,5 ml/kg Körpermasse monatlich. Wenn es wasserlöslich ist, kann es auch über das Trinkwasser gegeben werden. Unerläßlich sind besonders bei tagaktiven, sonnenliebenden

Schildkrötenarten gleichzeitige UV-Bestrahlungen und eine ausreichende Mineralstoffzuführung (zerstoßene Sepiaschalen, gemahlene Hühnereischalen oder anderes kalkhaltiges Zusatzfutter).

Wird ein Kombinationspräparat (Mineralstoff-Vitamin-Gemisch) verwendet, sollte eine gleichzeitige Verabreichung von Vitaminpräparaten unterbleiben, da Vitamin A, D_3 und B meist in den Kombinationspräparaten enthalten sind. Zur Prophylaxe von Mineralstoffwechselstörungen haben sich besonders Mineralstoff-Vitamin-Kombinationspräparate aus der Geflügelzucht bei Schildkröten gut bewährt. Sie können gut dosiert in die Nahrung eingearbeitet werden. Da es ein weites Spektrum an Vitaminen und Mineralstoffen sowie Spurenelementen abdeckt, kann bei vorsichtiger Dosierung keine Mangelkrankheit entstehen. Neben den üblichen Bestandteilen enthalten manche auch Kaliumjodid, so daß auch Schilddrüsenstörungen durch Jodmangel, die bei Schildkröten besonders schwer zu diagnostizieren sind, vermieden werden können. Jod kann auch über das Trinkwasser gegeben werden. Man fertigt eine Kaliumjodid-Stammlösung von 200 mg/l H_2O an und reichert 1 Liter Trinkwasser mit 1 ml der Lösung an.

Therapie von Vitamin-Mangelerscheinungen:

Vitamin A	100 000 IE/kg Körpermasse (KM), einmal, evtl. nach 6 Wochen wiederholen
Vitamin B 1	10 mg Thiaminhydrochlorid/kg KM, einmal pro Woche
Vitamin B-Komplex	0,5 ml/kg KM, einmal pro Woche
Vitamin D_3	0,1 ml + 10 ml Calciumborogenat/kg KM, einmal
»Ursovit AD_3EC«	0,5 ml/kg KM, einmal pro Woche

Tierbeschaffung

Wohl der größte Teil der Schildkröten wechselt durch Kauf oder Tausch den Besitzer. Der Selbstfang von Schildkröten wird immer einen Ausnahmefall darstellen. Da viele Schildkrötenarten unter Schutz stehen, beachte man sehr gewissenhaft die gesetzlichen Bestimmungen! Geschützte Arten (siehe Anhang) dürfen nur gehandelt, getauscht und gehalten werden, wenn die Tiere vor Inkrafttreten der Bestimmungen importiert wurden oder aus späteren Nachzuchten mit gültigen Zertifikaten staatlicher Einrichtungen (CITES-Papiere für Appendix I und II) stammen. Bei wertvollen Arten ist man gut beraten, wenn ein schriftlicher Kaufvertrag abgeschlossen wird. Es sollte auch hier der Grundsatz gelten, daß der Verkäufer eine Garantiezeit von 3 Monaten gewähren muß. Verendet das gekaufte Tier in dieser Zeitspanne, und kann der Käufer durch einen Sektionsbefund nachweisen, daß das Tier schon vor dem Kauf Schädigungen aufwies, die diese Entwicklung nach sich zogen, erhält der Käufer Ersatz oder den Kaufpreis zurück.

Besser ist es, gleich beim Kauf auf den Gesundheitszustand der Tiere zu achten. Wasserschildkröten müssen einwandfrei schwimmen und tauchen können. Auf den Rücken gelegt, drehen sich gesunde Tiere schnell in die Normallage zurück. Geschwollene oder eingefallene Augenpartien, dünne Hinterschenkel und Durchfall lassen auf schwere Krankheiten oder Innenparasiten schließen. Die Tiere müssen geräuschlos atmen und dürfen keinen Schleim an den Nasenlöchern zeigen. Der Panzer soll hart und glatt sein. Panzer und Weichteile werden auf Nekrosen oder weißliche Pusteln untersucht. Alte, ausgeheilte Verletzungen des Panzers und der Gliedmaßen sind meist unerheblich und beeinträchtigen die Tiere nicht.

Gleich nach dem Erwerb sollte man, sofern man noch andere Reptilien pflegt, eine strenge Quarantäne einhalten und Kotproben auf Amöben und andere schädliche Innenparasiten untersuchen lassen.

Leider bietet der zoologische Fachhandel nur sehr selten für den Anfänger geeignete Arten an. Immer wieder kommt es zu Massenimporten einiger Schildkrötenarten wie der Vierzehenschildkröte *(Agrionemys horsfieldi)* oder der Schmuckschildkröte (*Chrysemys*-Arten). Beide genannten Arten stellen hohe Pflegeansprüche. So wundert es kaum, daß die Mortalitätsrate über 98 % im ersten Jahr liegt. Schildkröten sterben langsam, und dieser Prozeß beginnt oft schon an dem Tage, an dem sie der Natur entnommen wurden.

Vorzuziehen ist aus diesen Gründen der Kauf beim Züchter oder bei Züchtergemeinschaften. Die Bestände sind meist frei von Krankheiten, man kann die Haltungsbedingungen beim Züchter mit den eigenen Möglichkeiten vergleichen und erhält gratis wertvolle Hinweise. Gut gepflegte Nachzuchttiere sind in jedem Fall frischgefangenen Wildtieren vorzuziehen. Zum kurzfristigen Transport der Tiere sind derbe Stoffbeutel günstig. Sie dürfen aber nicht feucht sein, da sie sonst luftundurchlässig werden können. Wasserschildkröten sind vor dem Einpacken abzutrocknen. Für einen längeren Transport oder Versand eignen sich Holz- oder Plastikbehälter mit Lüftungsschlitzen und innerer Auspolsterung. Als Auspolsterung haben sich Schaumgummilagen bewährt, organische Materialien sind weniger geeignet.

Wenn eine Schildkröte verendet

Hin und wieder wird auch bei bestmöglicher Pflege eine Schildkröte verenden, so bedauerlich dies auch sein mag. Der verantwortungsbewußte Tierpfleger wird in Anbetracht der Tatsache, daß Schildkröten kostbare und vom Aussterben bedrohte Kriechtiere sind, einen frischtoten Kadaver nicht einfach wegwerfen. Dies gilt besonders für Wildfänge mit bekanntem Fundort. Sie sind unbedingt einer weiteren wissenschaftlichen Bearbeitung zuzuführen. Aber auch häufig gehaltene Schildkrötenarten, ohne Angaben zur Herkunft, sollten Naturkundemuseen oder anderen daran interessierten Instituten angeboten werden, da sie als Präparate noch gute Dienste leisten können. Solche Anschauungsobjekte fehlen noch in vielen schulischen Lehrmittelsammlungen. Letztlich benötigen auch Biologiestudenten und angehende Präparatoren Übungsobjekte. Da Schildkröten für all diese Zwecke keinesfalls getötet werden sollten, ist die Weitergabe der verendeten Tiere Verpflichtung!

Der Kadaver muß jedoch bis zur Weitergabe an genannte Einrichtungen möglichst gut erhalten werden. Um Zeit zu gewinnen, frostet man den Tierkörper ein. Dazu zieht man Kopf und Extremitäten weit aus dem Panzer heraus. Das Maul wird geöffnet und durch etwas Knüllpapier in dieser Lage fixiert. Ein Zurückgleiten der Beine und des Halses kann man durch Umwickeln mit Papier oder Zellstoffstreifen verhindern. Damit die Krallen die Verpackung nicht durchstechen, werden sie ebenfalls umwickelt. Anschließend verpackt man den so vorbereiteten Kadaver mehrfach in völlig dichte Plastikbeutel, die jeweils weitestgehend luftdicht verschlossen werden. In den äußeren Beutel legt man einen Zettel, auf den man den wissenschaftlichen Namen, den Fundort, das Geschlecht des Tieres und Name mit Adresse des Pflegers schreibt. Nützlich können noch weitere Angaben zum Tier sein. Es interessieren auch Daten zum Alter des Tieres, die Todesursache oder bei Nachzuchten der Fundort der Eltern.

Vermehrung oder Zucht?

Obwohl sich das Wort »Zucht« eingebürgert hat, wird meist nicht gezüchtet, sondern vermehrt. Bei einer Vermehrung ist das Hauptanliegen lediglich die Erhöhung der Individuenzahl. Dabei unterliegen die Elterntiere keiner besonderen Auswahl. Es ist nur wichtig, daß sie größenmäßig zusammenpassen und ein gewisses Maß von Verträglichkeit besitzen. Aus ersten zufälligen Fortpflanzungsereignissen kann die Vermehrung später relativ problemlos gelingen, wenn der Halter die notwendigen Voraussetzungen für die Tiere bereitstellt. So anerkennenswert diese Bemühungen sind, letztlich kann die Vermehrung nicht befriedigen; es muß gezüchtet werden! Zucht setzt ein Ziel auf angestrebte Formen voraus, die durch Auswahl der Elterntiere mit ihrem genetischen Potential geschaffen werden. Die meisten Zuchtziele richten sich auf dem Menschen zusagende Mutanten der Wildformen aus. Hierbei ist also das eigentliche Ziel, die Wildformen zu verändern. Das Zuchtziel kann aber auch sein, Wildformen zu erhalten und alle auftretenden Mutanten auszusondern. Auf diese Aufgabe sollten alle unsere Bemühungen gerichtet werden. Natürlich stehen wir erst am Anfang der Entwicklung, aber unser Ausgangsmaterial hat noch ein Potential, das diese Möglichkeit zuläßt. Wir müssen unsere Arbeit darauf konzentrieren, die Wildformen in ihrer Ursprünglichkeit zu erhalten. Dies gelingt nur, wenn der Züchter konsequent alle Jungtiere mit genetischen Schäden und Veränderungen nicht züchterisch weiterverwendet.

Natürlich treten ungewollte Veränderungen auf. Durch das Ausschalten der natürlichen Auslese werden in der Gefangenschaft andere Mechanismen wirksam. Es setzen sich jene Jungtiere durch, die eine hohe Verträglichkeit gegen Verschmutzung, einseitiges Futter, Abflachung der Reizeinflüsse und andere im Terrarium herrschende Faktoren besitzen. Perspektivisch wird dies sicher auch über Generationen im Terrarium gezogene Schildkrötenarten verändern und eine spätere Auswilderung in die freie Natur erschweren.

Die Mehrzahl der Schildkrötenarten ist in der Natur durch Raubbau und massive Biotopveränderungen vom Aussterben bedroht. Ein Artenschutz kann nur wirksam werden, wenn die Grundansprüche und Fortpflanzungsmechanismen der zu schützenden Art vollständig bekannt sind. Diese Zusammenhänge sind sehr komplex, und ihre Erforschung stellt eine weitere Hauptaufgabe der Terraristik dar. Bekämpfen wir den Artentod durch Zucht unserer Tiere, die dann später unter wissenschaftlicher Kontrolle und im Einklang mit den zuständigen Naturschutzbehörden schwachen Wildpopulationen nach Sanierung des Biotops zugesellt werden können. Verantwortungsbewußte Naturschützer arbeiten längst mit engagierten Tierzüchtern zusammen, um den Artentod der Amphibien und Reptilien erfolgreich zu verhindern und die in der Gefangenschaft erworbenen Erkenntnisse bei den Wildpopulationen sinnvoll anzuwenden.

Männchen oder Weibchen?

Sexualdimorphismus

Ein sicheres, eindeutiges Erkennen des Geschlechts von Schildkröten bereitet oftmals Schwierigkeiten. Bei Jungtieren ist dies besonders schwer, da äußere sichtbare primäre Geschlechtsmerkmale fehlen und die sekundären Merkmale noch nicht ausgebildet sind. Der Penis, das Begattungsorgan der Männchen, liegt tief verborgen in der Kloake und wird nur bei Begattungsversuchen ausgestülpt. Manchmal kann man durch Manipulation den Penis eregieren. Man hält dazu das Tier senkrecht mit dem Kopf nach oben und drückt vorsichtig Kopf und

Vordergliedmaßen in den Panzer. Durch diesen Druck wird die Analregion ausgestülpt, der Eingeweidedruck in dieser für Schildkröten unnatürlichen Lage verstärkt die Wirkung. Wird jetzt ein Kegelstumpf in der Kloake sichtbar, handelt es sich um ein männliches Tier (s. Abb.). Weibchen stülpen manchmal die Klitoris, ein dem Penis ähnliches, aber viel kleineres Gebilde aus. Dies alles gelingt nur, wenn die Tiere bei diesen Handhabungen völlig ruhig bleiben. Deshalb sollte man die Tiere nach weiteren Merkmalen untersuchen. Adulte Schildkröten besitzen oft sekundäre Geschlechtsmerkmale, die aber gattungs- und artspezifisch sind.

Ein wichtiger Anhaltspunkt ist die relative Schwanzlänge und Schwanzwurzelbreite. Hat man mehrere Tiere einer Art zum Vergleich, wird dieses Merkmal augenfällig. Während die weiblichen Schildkröten nur ein kurzes Stummelschwänzchen mit geringer Schwanzwurzelbreite besitzen, überragt der Schwanz der Männchen weit den hinteren Panzerrand. Die Kloake ist bei den weiblichen Tieren meist nahe der Schwanzwurzel, bei männlichen Schildkröten in Höhe oder hinter dem Panzerrand in Richtung Schwanzende angeordnet. Oftmals ist das Schwanzende der Männchen hinter der Kloake spatelförmig abgeflacht oder mit einem Endnagel versehen (Abb. S. 39). Die Proportionen des Panzers liefern weitere Anhaltspunkte. Der Panzer männlicher Schildkröten ist meist flacher und kantiger, so daß bei gleicher Länge der

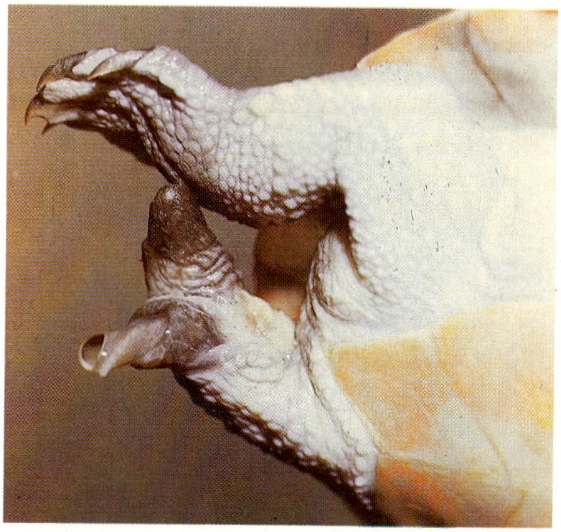

Ein durch Manipulation herausgedrückter Penis einer Halswenderschildkröte

Rauminhalt geringer ist. Kiele und Vertebralhöcker treten deutlicher hervor. Der Bauchpanzer ist bei vielen adulten männlichen Schildkrötenarten konkav gedellt, während bei weiblichen Tieren das Plastron plan oder leicht konvex geformt ist. Einige Landschildkrötenarten entwikkeln im männlichen Geschlecht aus verlängerten Kehlschildern des Bauchpanzers regelrechte Rammsporne. Sie werden sowohl bei der Balz als auch zu Kommentkämpfen eingesetzt. Diese Kehlsporne findet man bei den Gopherschildkröten *(Gopherus)* und Schnabelbrustschildkröten (*Asterochelys yniphora* und *Chersina angulata*). Sie sind weiterhin bei der Spornschildkröte *(Geochelone sulcata)*, den Gelenkschildkröten *(Kinixys)*, der Spaltenschildkröte *(Malacochersus tornieri)* und der Braunen Landschildkröte *(Manouria emys)* zu finden.

Die Männchen adulter Schildkröten haben längere und dickere Schwänze. Die Kloake befindet sich meist hinter dem Carapaxrand. Die Bilder zeigen Männchen (links) und Weibchen (rechts) der Indischen Sternschildkröte *(Geochelone elegans)*.

Sekundäre Geschlechtsmerkmale

Merkmal	♂ ♀	bei
relative Schwanzlänge Kloakenabstand zum Bauchpanzer	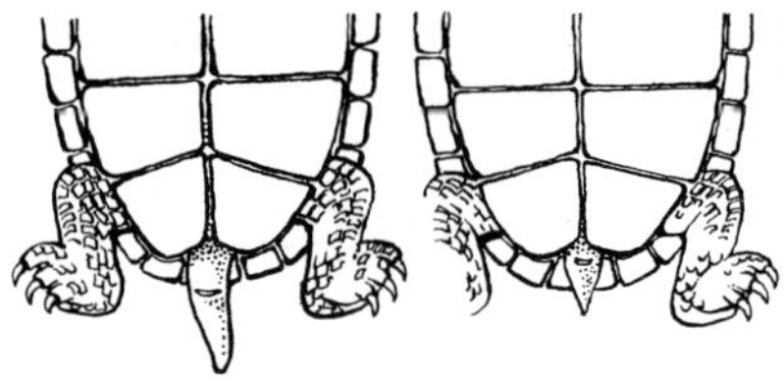	fast allen Arten
Panzerproportionen ♂ kleiner, kantiger, geringeres Volumen Bauchpanzer konkav gedellt	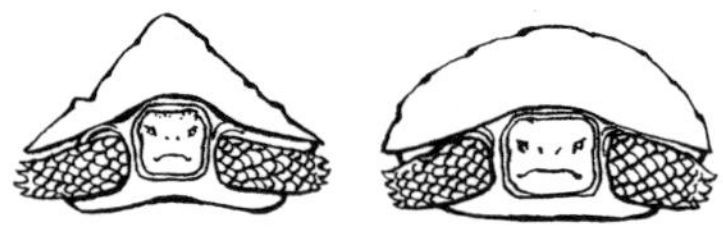	vielen Sumpfschildkröten
Kehlsporne des Bauchpanzers	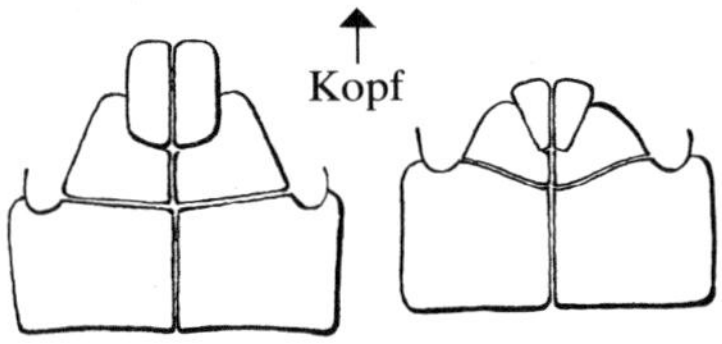	einigen Landschildkröten
Kopulationspolster an den Kniekehlen der Hinterbeine	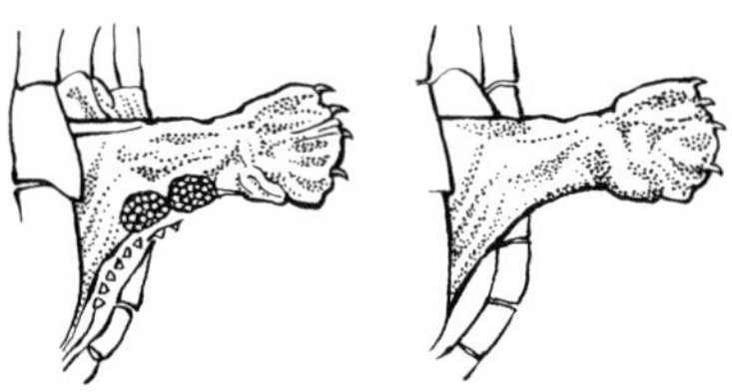	einigen Kinosternidae Staurotypidae
Krallen der Vorderbeine	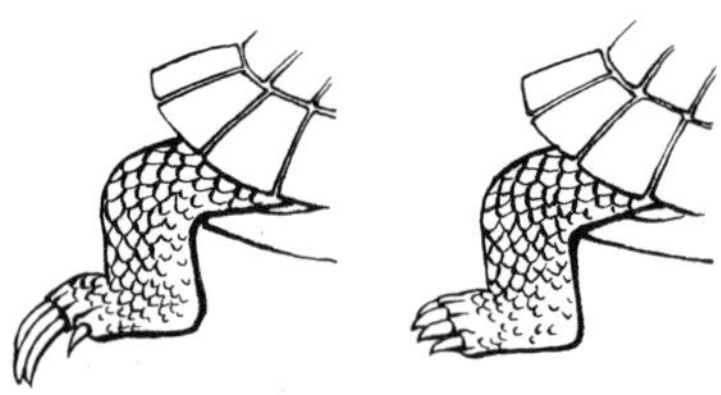	allen *Chrysemys, Graptemys*

Bei etlichen Schildkrötenarten werden die Weibchen erheblich größer als die Männchen. Besonders wird dies bei den Höckerschildkröten *(Graptemys)*, den Dachschildkröten *(Kachuga)*, den meisten Weichschildkröten (Familie Trionychidae), den Langhalsschildkröten *(Deirochelys)* und den Salzsumpfschildkröten *(Malaclemys)* sichtbar. Freilandmessungen ergeben bei Höckerschildkröten geschlechtsspezifische Maximalpanzerlängen im Verhältnis von 1 : 3 zugunsten der Weibchen *(Graptemys barbouri)*. Während die männlichen Dornrandweichschildkröten *(Trionyx spiniferus)* maximal 23,5 cm Panzerlänge erreichten, waren Weibchen mit 40 cm Panzerlänge keine Seltenheit.

Bei anderen Schildkrötenarten ist dies ebenfalls zu beobachten. So sind auch bei vielen Vertretern der Sumpfschildkröten *(Emys, Clemmys, Mauremys)* sowie bei Flußschildkröten *(Callagur, Batagur, Orlitia)*, Halswenderschild-

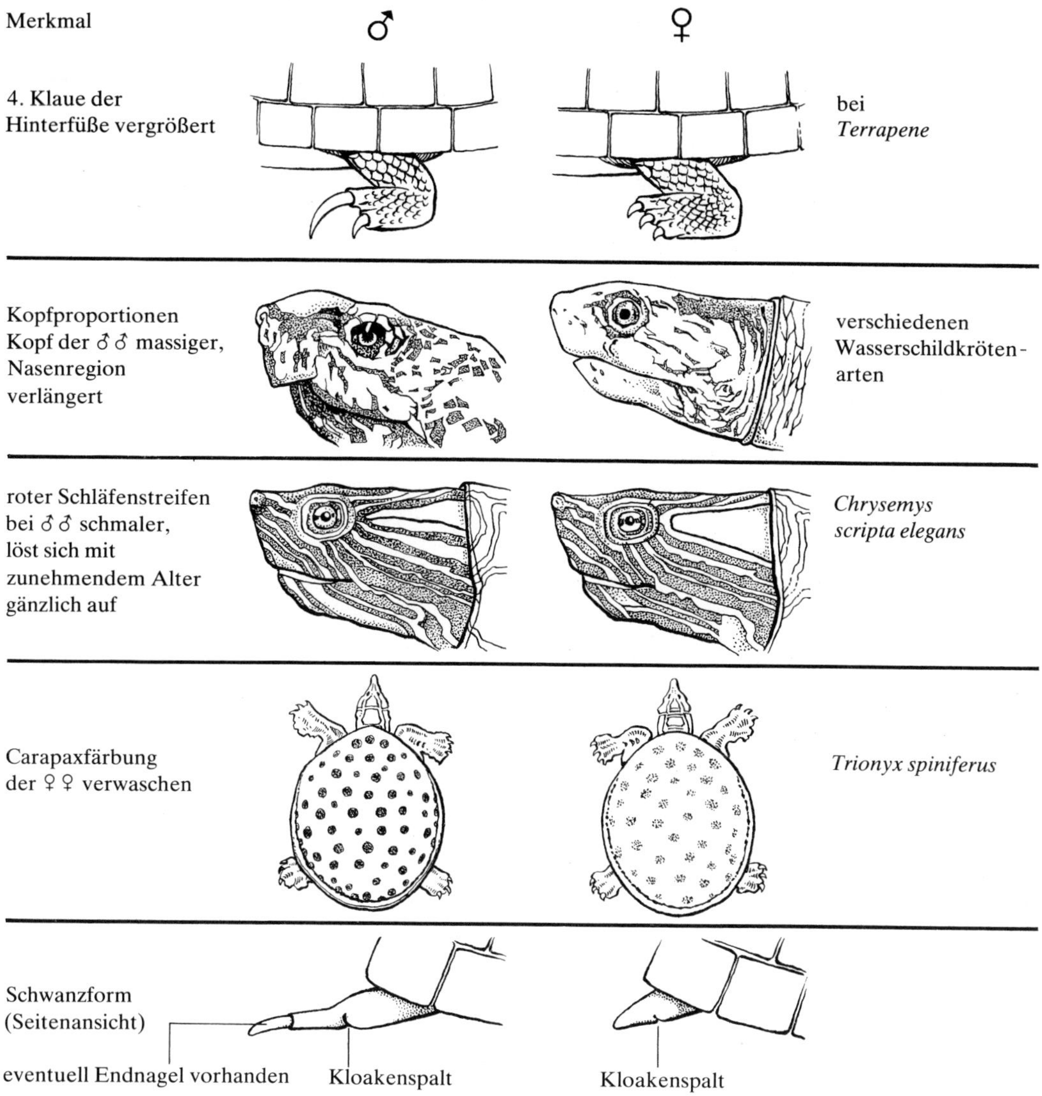

kröten (*Podocnemys, Emydura* und *Elseya*), aber auch bei einigen Landschildkröten (*Psammobates geometrica*) die Weibchen deutlich größer. Entgegengesetzte Verhältnisse findet man bei den Großkopf-Schlammschildkröten (*Claudius angustatus*), einigen *Kinosternon*-Arten, der Schwarzbauch-Erdschildkröte (*Melanochelys trijuga*), den Geierschildkröten (*Macroclemys temmincki*), den Seychellenschildkröten (*Megalochelys gigantea*), der Breitrandschildkröte (*Testudo marginata*) und bei der Malayen-Weichschildkröte (*Trionyx subplanus*).

Auch die Kopfform kann zur Geschlechtsbestimmung hinzugezogen werden. So haben einige Schildkrötenarten im männlichen Geschlecht viel breitere und massigere Schädel (*Claudius angustatus, Sternotherus minor, Kinosternon subrubum steindachneri*) oder eine verlängerte Nasenregion.

Es gibt aber noch weitere Beispiele von artspezifischem Geschlechtsdimorphismus bei Schildkröten. So haben die Männchen vieler Schmuck-, Zier- und Höckerschildkrötenarten (*Chrysemys, Graptemys*) stark verlängerte Krallen an den Vorderfüßen. Diese spielen bei der Balz der Tiere eine wichtige Rolle. Geschlechtsspezifisch differenzierte Krallenformen finden wir weiterhin bei manchen Seeschildkröten. Hier besitzen die Männchen hakenförmig gekrümmte Krallen an den Vorderflossen. Sie dienen zur sicheren Verankerung bei der Kopulation. Die Krallen legen sich wie Klammern beim Aufreiten auf das Weibchen um den Vorderrand des Panzers. Eine ähnliche Funktion haben die Hakenklauen an den Hinterfüßen bei männlichen Dosenschildkröten *(Terrapene)*. Durch den besonderes hohen Panzer muß sich das Männchen bei der Kopulation steil oder fast schon rückwärts geneigt hinter dem Weibchen fest verankern können. Die Hinterbeine werden dazu zwischen Rückenpanzer und hinteren Plastronlappen gesteckt, und mit den speziell geformten Krallen können sich die männlichen Dosenschildkröten gut festhalten (siehe Abb. S. 39). Bei anderen Arten kann die Augenfarbe geschlechtsspezifisch sein. So haben die Männchen der Tropfenschildkröte *(Clemmys guttata)* braune Augen, die Iris der Weibchen ist orange. Rot ist zumeist die Iris von männlichen Europäischen Sumpfschildkröten *(Emys orbicularis)* und Dosenschildkröten *(Terrapene)*, während die Weibchen eine gelbliche bis braune Iris besitzen. In der Kniekehle der Hinterbeine findet man bei den Männchen der Schlammschildkröten *(Kinosternon)*, Moschusschildkröten *(Sternotherus)* und Großkopf-Schlammschildkröten *(Claudius)* stachlige, sich gegenüberstehende Hornpolster, die eine Kopulationshilfe bilden. Zusätzlich finden wir bei einigen dieser Arten im männlichen Geschlecht eine verhornte Schwanzspitze. Dies ist auch bei der Suppenschildkröte *(Chelonia mydas)* zu beobachten.

Auch die Farbe des Panzers kann ein weiteres Merkmal zur Geschlechtsbestimmung sein. So haben die Männchen der Guadalupe-Höckerschildkröte *(Graptemys caglei)* ein schwarz geflecktes Plastron. Die Carapaxzeichnung weiblicher adulter Dornrand-Weichschildkröten *(Trionyx spiniferus)* ist verwaschen, während die Männchen die kontrastreiche Jugendfärbung mit deutlichen Augenflecken beibehalten. Auch bei den Chinesischen Pfauenaugenschildkröten

Art	cm CL ♂	cm CL ♀
Graptemys barbouri	9–13	18–32
Graptemys caglei	7–10	12–16
Graptemys flavimaculata	8–10	10–17
Graptemys geographica	10–16	18–27
Graptemys nigrinoda	8–10	10–19
Graptemys oculifera	7–10	12–21
Graptemys pseudo-geographica	9–14	12–27
Graptemys pulchra	9–13	18–29
Graptemys versa	7– 9	10–12
Trionyx ferox	15–33	27–50
Trionyx muticus	11–18	18–35
Trionyx spiniferus	13–23	16–46

Tab. 3: Geschlechtsabhängiger Größenunterschied adulter Höckerschildkröten *(Graptemys)* und amerikanischer Weichschildkröten *(Trionyx)* (nach J. L. Behler)

(Sacalia bealei) behalten die Männchen die ausdrucksvolle Jugendfärbung. Prachtfärbung zeichnet die männliche Callagur-Schildkröte *(Callagur borneoensis)* während der Paarungszeit aus. Neben dem Panzer färben sich auch die Weichteile und der Kopf um. Bei der Chinesischen Dreikielschildkröte *(Chinemys reevesi)* und der Zacken-Erdschildkröte *(Geoemyda spengleri)* sind die Männchen kontrastloser gefärbt, während die Weibchen die Jugendfärbung weitgehend behalten.

Aufbau der Geschlechtsorgane

Alle Schildkröten pflanzen sich durch Oviparie fort. Die Weibchen legen also nach erfolgter innerer Befruchtung Eier ab, deren Entwicklung aber strenggenommen schon vor der Ablage begonnen hat. Die Keimdrüsen (Gonaden) und Ableitungswege sind in beiden Geschlechtern paarig. Im Gegensatz zu anderen Reptilien besitzen Schildkröten und Krokodile einen durch zwei Schwellkörper eregierbaren Penis, dessen Spermarinne fast geschlossen ist und an der Plica internae endet. Im Ruhezustand ist der Penis in der Kloake verborgen und befindet sich an der ventralen Kloakenwand. Der eregierte Penis ist bei vielen Schildkrötenarten sehr groß und kann fast die Länge des Bauchpanzers erreichen.

Die Form des Penis ist artcharakteristisch und divergiert innerhalb nahe verwandter Arten mitunter erheblich.

Im weiblichen Geschlecht reifen in traubenförmigen Eierstöcken die Eier heran und gelangen nach der Ovulation über trichterförmige Öffnungen in die Eileiter. Die Ovarien sind außerordentlich dehnbar. Bei trächtigen Schildkrötenweibchen können sie den Hauptteil der Leibeshöhle ausfüllen. Spezielle Drüsen des Ei-

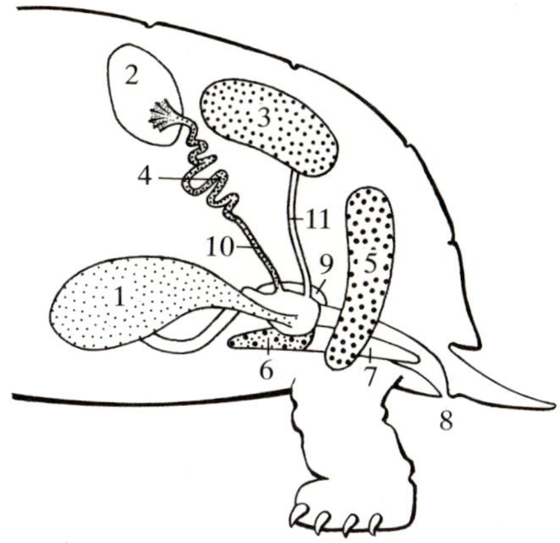

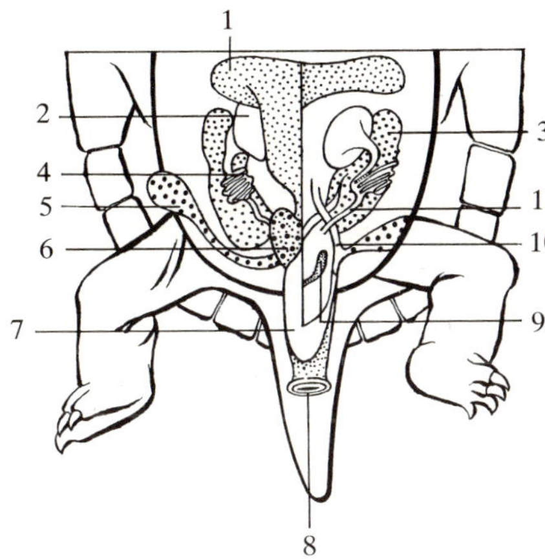

Urogenitalsystem einer männlichen Schildkröte (nach Ashley)
1 Blase, 2 Hoden, 3 Niere, 4 Nebenhoden, 5 Analblase, 6 Schwellkörper, 7 Penis, 8 Kloakenspalt, 9 Einmündung des Enddarms, 10 Samenleiter, 11 Harnleiter

Urogenitalsystem einer weiblichen Schildkröte
1 Blase, 2 Tube, 3 Eierstock, 4 Magnum, 5 Eileiter, 6 Analblase, 7 Niere, 8 Harnleiter, 9 Einmündung des Enddarms, 10 Klitoris, 11 Kloakenspalt

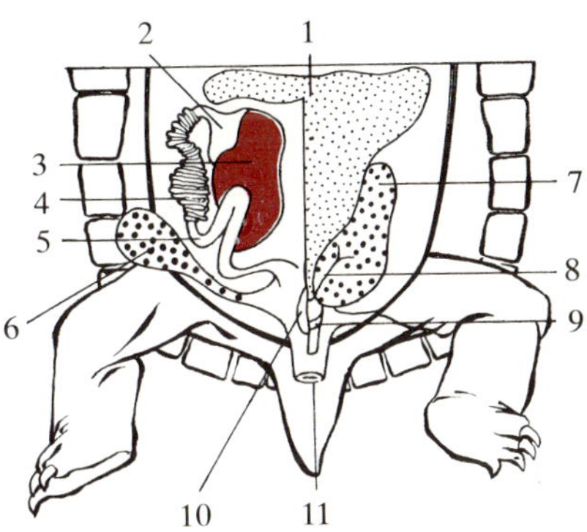

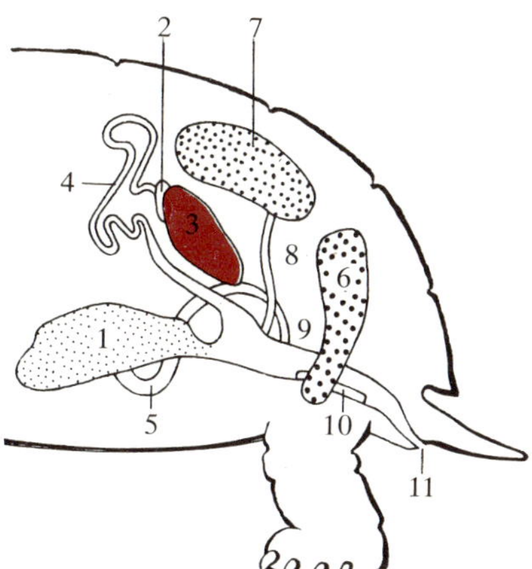

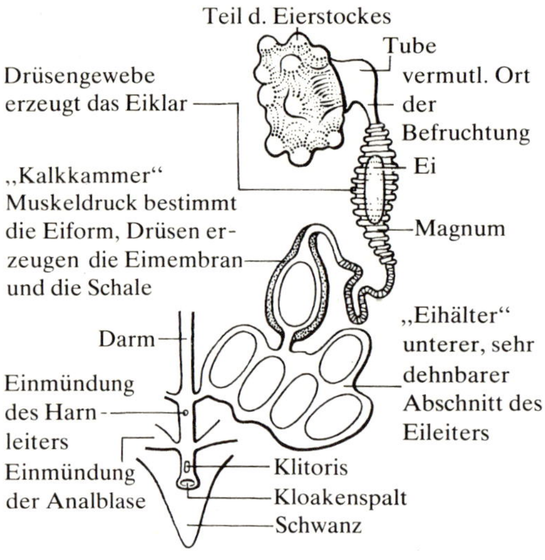

Funktionsabschnitte des Eileiters

leiters bilden das Eiklar und die Eischale. In der Kloakenwand der Weibchen befindet sich eine dem Penis homologe, ebenfalls schwellbare Klitoris.

Die Spermien bilden sich bei Schildkröten winterkalter Klimate im Spätsommer, wenn die Tiere in bester Kondition sind. Sie werden in den stark gewundenen Nebenhoden gespeichert und stehen den paarungsbereiten Schildkrötenmännchen unmittelbar nach erfolgter Winterruhe im Frühjahr zur Verfügung. Bei den Weibchen erfolgt das Follikelwachstum gleichzeitig. Durch die Winterruhe reifen die Eizellen aus und können nach Beendigung der Ruhepause befruchtet werden.

Partnerauswahl

Eine unserer wichtigsten selbstgestellten Aufgaben ist die Erhaltung der Schildkrötenarten und die Ursprünglichkeit der Rassen. Um dies zu erreichen, ist eine sorgfältige Partnerauswahl notwendige Bedingung. Die Tiere einer zusammengestellten Zuchtgruppe sollten einer Unterart, ja möglichst einer Lokalform angehören. Bastarde zu erzeugen kann durchaus sinnvoll im Rahmen besonderer Forschungsprojekte sein, eignet sich aber in unserem Sinne nicht. Negative Beispiele dazu sind genügend bekannt. Man denke an den Zoolöwen oder die Terrarienboa, die Kreuzungsprodukte verschiedener Unterarten darstellen und bereits Domestikationserscheinungen aufweisen, wie sie in der Natur nie existierten. Wer also züchterische Ambitionen ausspielen möchte, wende sich besser Zierfischen, Ziergeflügel, Kleinsäugern oder anderen »echten« Haustieren zu.

Schildkröten sind und bleiben Wildtiere, auch wenn sie in Terrarien vermehrt werden. Bei Schildkröten sind die Probleme bei der Vermehrung ohnehin so vielfältig und die Generationsfolgen zeitlich weitläufig, daß Versuche in der Richtung einer gezielten Züchtung schnell aufgegeben werden.

Aus diesen Überlegungen resultiert, daß natürlich sofort Tiere vom normalen Zuchtgeschehen ausgeschlossen werden, falls erkennbare genetische Veränderungen auftreten. Immer wieder erstaunt die Tatsache, daß Schildkrötenmännchen ganz bestimmte Weibchen bevorzugen. Wer also die Möglichkeit hat, sich seine Tiere aus einer größeren eingewöhnten Gruppe aussuchen zu können, beobachtet erst genau das Verhalten der Tiere untereinander. Willkürlich zusammengestellt, kommen harmonierende Paare recht selten vor. Wer ernsthaft um Vermehrung bemüht ist, entschließe sich lieber zur Anschaffung einer größeren Gruppe einer Schildkrötenart als um die verschiedensten Schildkrötenarten mit unterschiedlichsten Ansprüchen.

Faktoren, die die Fortpflanzung beeinflussen

Mit Sicherheit sind uns noch nicht alle Faktoren bekannt, die die Fortpflanzungsbereitschaft der Schildkröten auslösen. Man kann die Auslöser in zwei Gruppen einteilen. Wir unterscheiden zwischen klimatischen und biologischen Zyklen, die beide jedoch in einem komplexen Zusammenhang wirken.

Die klimatischen Einflüsse wirken von außen auf die Tiere und bestimmen deren Lebensrhythmus. Es sind der Jahres- und Tagestemperaturverlauf, die jahreszeitliche Lichtfülle, die Tageslänge, Feuchtigkeitsschwankungen und das saisonale Futterangebot.

Die biologischen Zyklen kann man mit dem Begriff der »inneren Uhr« umschreiben. Sie sind bestimmt von hormonellen Abläufen. Die Spermatogenese und die Follikelreifung sind davon abhängig.

Dem Pfleger kommt die Aufgabe zu, die äußeren Bedingungen mit den inneren Zyklen zu synchronisieren. Nur dann können beide Geschlechter einer Art gleichzeitig in Brunft kommen und so die Voraussetzung zu einer erfolgreichen Vermehrung schaffen.

Recht übersichtlich ist der Fortpflanzungszyklus der Schildkröten gemäßigter Klimate. Die Eier können in der Natur nur dann erfolgreich gezeitigt werden, wenn die klimatischen Voraussetzungen dafür gegeben sind. Die Eiablage muß demnach am Anfang der warmen Jahreszeit stattfinden. In der Regel liegt vor der Fortpflanzungszeit eine Ruheperiode, in der die Tiere inaktiv sind. Tiefe Temperaturen, ein Kurztag mit geringer Lichtfülle und eine hohe Umgebungsfeuchtigkeit wirken auf die Tiere ein. In Gebieten winterkalter Klimate werden sich die Tiere eingraben und diese Zeit in einer Winterruhe verbringen. Sie kann bei einigen Arten 6 Monate andauern.

Steigende Temperaturen und ein Ansteigen der Tageslänge kündigen das Frühjahr an. Die Schildkröten beenden die Winterruhe, und sobald Aktivitäten möglich werden, beginnt die Paarungszeit. Das Sperma der Männchen wurde bei diesen Arten im Vorjahr erzeugt und steht in den gewundenen Nebenhoden zur Verfügung. Gleichzeitig fand bei den Weibchen ein Follikelwachstum statt. Zu Beginn der Paarungszeit beginnen die Männchen stark zu treiben. Dies löst im Zusammenhang mit den hormonellen Veränderungen die Ovulation der Eizellen aus; die Weibchen werden paarungsbereit. Nach Befruchtung und Ausbildung der Eier erfolgt die Ablage.

Die weiterhin steigenden Temperaturen und eine Erhöhung der Tageslänge mit großer Lichtfülle erschließt den Tieren ein größeres und qualitativ höheres Nahrungsangebot. Dadurch wird es ihnen möglich, die verbrauchten Reserven aufzufüllen und neue für die folgende Ruhezeit anzulegen. Ermöglichen die klimatischen Bedingungen weitere Eiablagen und deren erfolgreiche Entwicklung, flacht der Fortpflanzungstrieb nur zögernd ab.

Sind die Voraussetzungen weiterhin günstig, können sich die Eier entwickeln und die geschlüpften Jungtiere optimal weiterentwickeln.

Stammen unsere Tiere aus subtropischen oder tropischen Regenklimaten, wird keine Winterruhe gehalten. Der Jahrestemperaturverlauf gestattet den Tieren eine ganzjährige Aktivität. Hier werden die Verhältnisse unübersichtlicher. Bestimmend ist in diesen Klimazonen der Wechsel zwischen der Trocken- und der Regenzeit. Dieser Wechsel ist zusätzlich noch durch Lichtfülle- und Temperaturschwankungen gekennzeichnet. Die Paarungszeit liegt so, daß eine Inkubation der Eier möglich ist sowie optimale Lebensbedingungen für die Schlüpflinge vorherrschen. Deshalb legen viele Arten ihre Eier noch in der Trockenzeit oder zu Beginn der Regenzeit.

Ist die Trockenphase sehr stark ausgeprägt, verfallen die Tiere in eine Trockenruhe, die die gleiche Funktion wie die Winterruhe der Schildkröten aus den gemäßigten Klimaten ausübt. Dies wird besonders bei Schildkröten aus trockenwarmen Steppen-, Savannen- und Wüstenklimaten deutlich. Sie haben nur eine sehr kurze Hauptaktivitätsphase, in deren Anfang das Paarungsgeschehen abläuft.

Schildkröten aus tropischen Feuchtklimaten besitzen dagegen keine scharf begrenzte Paarungszeit. Hier gestattet das Klima eine ganzjährige Fortpflanzung. Trotzdem gibt es auch in diesen Klimazonen Schildkröten, deren Fortpflanzung in synchronen Rhythmen geschieht. Hier wirken vorwiegend die Mechanismen der »inneren Uhr«.

Zwischen den aufgezeigten Haupttypen gibt es gleitende Übergänge. Auskunft geben Klimakarten vom Fundort der Tiere. Bei der Haltung kommt es nicht darauf an, das Klima des Habitats genau nachzuvollziehen. Dies wird auch gar nicht möglich sein, da das Mikroklima, in dem unsere Tiere leben, weder in Klimakarten zu fin-

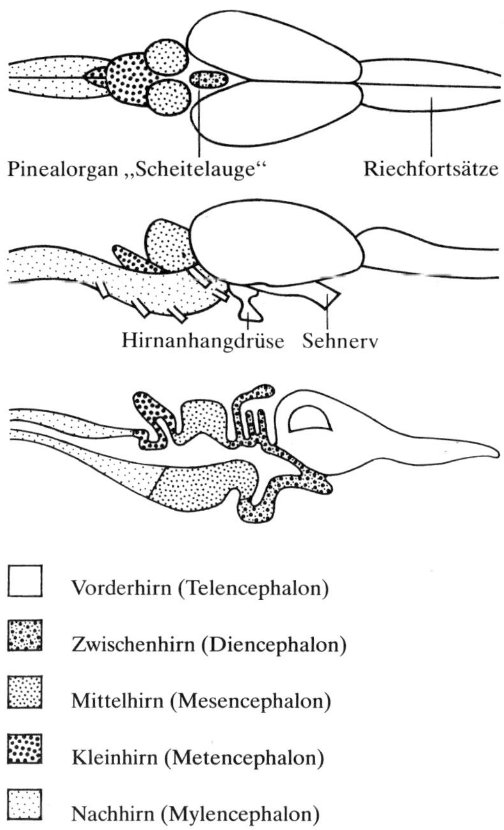

Gehirn einer Schildkröte

den noch eindeutig bekannt ist. Grundsätzlich kommt es darauf an, die Tendenzen der Einzelfaktoren zu erfassen und komplex auf die Terrarienverhältnisse zu übertragen. Das bedeutet, daß zu- oder abnehmende Temperaturen mit der Tageslänge, der Lichtfülle, der Luft- und Substratfeuchtigkeit und der inneren Uhr kodominieren. Die Absolutwerte der einzelnen Faktoren besitzen dabei eine untergeordnete Bedeutung, solange sie nicht in lebensfeindliche oder pathogene Bereiche vorstoßen.

Die innere Uhr wird vor allem durch die Lichtintensität gesteuert. Daran scheint besonders das Pinealorgan, die Zirbeldrüse, beteiligt zu sein. Sie hat bei Schildkröten eine erhebliche Größe und sitzt im oberen Teil des Gehirns. Sie ist mit Sicherheit lichtempfindlich und reagiert auf das Licht, welches das Schädeldach durchdringt. Das Pinealorgan schüttet Melatonin aus, ein Hormon, das anscheinend eine ganze Anzahl recht unterschiedlicher Funktionen besitzt. Die einzelnen Komponenten sind jedoch noch recht mangelhaft untersucht worden, und viele Zusammenhänge wurden bisher nicht erkannt. Sicher scheint jedoch, daß von diesem Hormon auch der Sexualzyklus gesteuert wird und es an der Sexualreifung der Jungtiere beteiligt ist.

Vermutlich ist das Melatonin in der Lage, die innere Uhr den Gegebenheiten anzupassen. So synchronisiert es Schildkröten der Südhalbkugel bei der Terrarienhaltung auf unsere Klimazyklen. Innerhalb weniger Jahre werden die Tiere der gemäßigten und subtropischen südlichen Breiten so umgestellt, daß ihre Fortpflanzungsperiode in unser Frühjahr fällt.

Fortpflanzung

Geschlechtsreife

Die Geschlechtsreife erreichen Schildkröten relativ spät. Sie ist artabhängig. Kleinere Arten werden eher geschlechtsreif als große. In welchem Alter eine Schildkröte die Geschlechtsreife erreicht, hängt auch weitgehend von den Haltungsbedingungen ab. Ruheperioden unterbrechen die Entwicklung und verzögern den Reifeprozeß. Unter optimalen Bedingungen können im Terrarium Moschusschildkröten *(Sternotherus)* im Alter von 2 Jahren die Geschlechtsreife erlangen, während sie in der Natur dazu etwa 4 bis 5 Jahre benötigen. Viele mittelgroße Arten erreichen die Geschlechtsreife in 7 bis 10 Jahren, einige Riesenformen und Meeresschildkröten erst nach 15 bis 25 Jahren. Von manchen Populationen vermutet man eine Entwicklungszeit von 50 Jahren.

Im Terrarium verkürzt sich die Zeit bis zum Erreichen der Geschlechtsreife durch die Tatsache, daß ausreichendes Futter immer zur Verfügung steht und Ruheperioden besonders in den ersten Lebensjahren nicht gewährt, später meist nur angedeutet werden.

Oftmals ist die Entwicklungsdauer bis zur Geschlechtsreife bei Männchen etwas kürzer als bei

Gebiet	mittl. Jahres-temp. in °C	Carapax-länge in mm	Alter in Jahren
Louisiana	16,4	60– 65	2–3
Tennessee	15,6	65	2–3
Neumexiko	13,8	80	3
Illinois	13,3	80– 85	3–4
Pennsylvania	12,5	80– 90	4
Michigan	9,9	85–100	4–5
Wisconsin	6,6	95–100	4–5
zum Vergleich:			
Potsdam	8,7		

Tab. 4: Das Erreichen der Geschlechtsreife freilebender männlicher Zierschildkröten *(Chrysemys picta)* in Abhängigkeit vom Klima des Habitats

den weiblichen Tieren. Es ist schwierig, den Reifegrad einer Schildkröte zu erkennen. Der einzige Anhaltspunkt ist die Körpergröße. Meist erfolgt überraschend eine Eiablage weniger, relativ kleiner, unbefruchteter Eier. Erfolgreiche Vermehrung aus Erstgelegen ist selten.

Werden beide Geschlechter zusammen gehalten, wird das Weibchen bei Arten mit mehreren Fortpflanzungszyklen im Jahr unmittelbar nach der Ablage erneut angepaart. Da jedoch die Jungschildkröte mit Eintritt der Geschlechtsreife noch nicht voll entwickelt ist, könnte der weibliche Organismus stark belastet werden. Während sich die Tiere den Nachstellungen der Männchen in der Natur entziehen, macht die räumliche Enge in der Gefangenschaft diese Bestrebungen oftmals unmöglich. Um gesunde, kräftige Tiere zu erhalten, ist es besser, die Schildkröten getrennt nach Geschlechtern aufzuziehen und sie erst nach dem Erreichen der Zuchtreife gemeinsam zu hältern.

Partnererkennung

Die Geschlechter erkennen sich besonders durch geruchliche (olfaktorische) Reize. Einige Schildkrötenarten haben gut erkennbare Drüsenausgänge, aus denen diese Geruchsstoffe abgegeben werden. Sie befinden sich an den vorderen oder hinteren Inframarginalschildern, enden direkt zwischen Brücke und Extremitäten oder münden in der Kloake. Da dieser Geruch auch vom Menschen wahrgenommen wird und bei einer durch Erregung verstärkten Ausschüttung infernalisch stinken kann, haben einige Schildkrötenarten entsprechende Trivialnamen erhalten. So nennt man die Moschusschildkröten in ihrer Heimat »Stinkpot« (Stinkender Topf) oder »Stinking Jim« (Stinkender Jim). Unrühmlich sind wegen dieser Sekrete auch die Indischen Erdschildkröten *(Melanochelys)* oder die Australischen Schnappschildkröten *(Elseya)* bekannt geworden. Wenn sich bei Handhabungen und damit verbundenen Erregungen der Tiere ein winziges Tröpfchen des Sekretes am Ausführungsgang abzeichnet, unterbricht auch der geübteste Pfleger weitere Wartungsarbeiten!

Im Wasser gelöst, werden diese Geruchsstoffe in der freien Natur weit getragen. Durch diese Art der »Kommunikation« der Geschlechter wird eine Schwachstelle erfolgreicher Schildkrötenzucht im Terrarium sichtbar. Auf engem Raum zusammengepfercht, stumpfen die Tiere infolge der permanenten Reizüberflutung ab. Die Zuchtergebnisse werden schlechter, und letztlich findet keine Kopulation mehr statt. Dieser Effekt wird um so stärker, je länger die Brunftzeit der Art andauert. Stammt die Schildkrötenart aus einem gemäßigten Klima, wird es wenig Probleme geben. Diese Schildkröten paaren sich nach der Überwinterung im Frühjahr, eventuell nochmals im Frühherbst. Damit sind in den Zwischenzeiträumen biologische Barrieren gesetzt. Tropische Schildkröten können dagegen mehrmalige oder langfristige Fortpflanzungsperioden haben, und somit kann es sehr schnell zur Reizüberflutung kommen. Besonders bei diesen Arten sollte man deshalb wenige Tiere eines Geschlechts zusammen hältern, sofern sie sich überhaupt dulden. Manche männliche Schildkröten *(Claudius, Kinosternon, Staurotypus, Sternotherus, Trionyx)* sind untereinander unverträglich und bestreiten Beschädigungskämpfe, die mit dem Tode enden. Hier hilft nur konsequente Einzelhaltung. Zur Kopulation wird ein paarungswilliges Weibchen zum Männchen in dessen Behälter gesetzt. Dies sollte man sich zur Regel machen! Nur so können die erwähnten Probleme mit Sicherheit vermieden werden. In seinem vertrauten Behälter wird das Männchen keine Fluchtreaktionen zeigen und als Revierbeherrscher das dominierende Tier sein. Nach kurzer geruchlicher Kenntnisnahme wird die Balz oder auch gleich die Begattung eingeleitet.

Auch Landschildkröten erkennen sich am Geruch. Ein vermeintlicher Partner wird verfolgt, durch Rammstöße zum Stehen gebracht und an den Weichteilen ausgiebig berochen. Da das sensibelste Sinnesorgan der Schildkröte die Nase ist, sind Irrtümer nahezu ausgeschlossen. In der Gefangenschaft jedoch kommen Schildkröten verschiedenster Kontinente zusammen, und so sind auch einige »Ehe«irrtümer bekannt geworden. So kopulierte ein Dosenschildkrötenmännchen *(Terrapene c. triunguis)* mit einer weiblichen Griechischen Landschildkröte *(Testudo hermanni)* und eine Tropfenschildkröte *(Clemmys guttata)* mit einer Europäischen Sumpfschildkröte *(Emys orbicularis)*. Eine Vermischung der Duftstoffe kann in der Enge des Terrariums eine Ursache für derartige Fehlhandlungen darstellen.

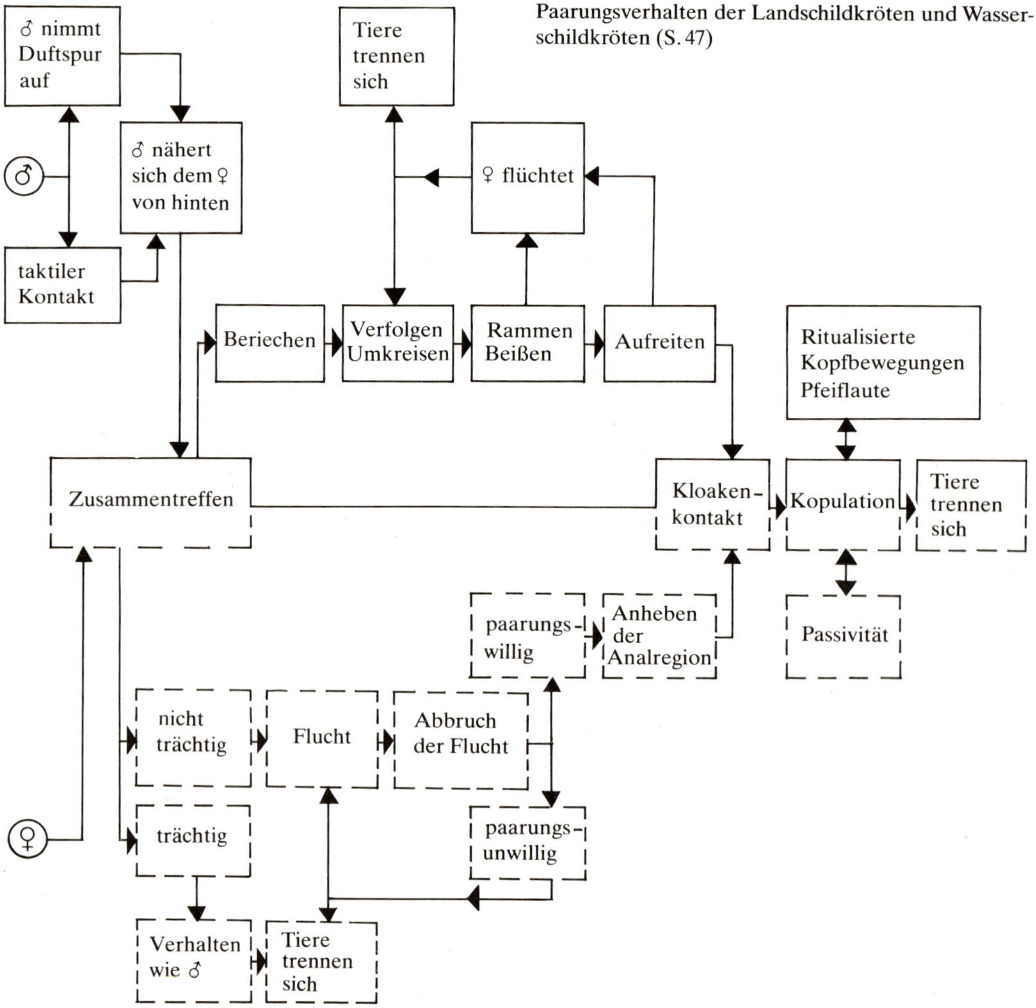

Paarungsverhalten der Landschildkröten und Wasserschildkröten (S. 47)

Die Männchen der Wasserschildkröten kauen regelrecht das Wasser durch, wenn ihnen ein Weibchen hinzugesellt wird und sie die Duftspur aufnehmen. So werden die Geruchsstoffe besser ausgewertet.

Balz

Nach der olfaktorischen Erkennung des Geschlechtspartners beginnt die Balz, die häufig von artspezifischen, ritualisierten Bewegungsabläufen begleitet ist. Während die Landschildkröten Rammstöße mit dem Panzer gegen das Weibchen ausführen und die Reaktion auswerten, begrüßen sich viele Wasserschildkröten mit nickenden oder pendelnden Bewegungen des Kopfes.

Treffen Männchen aufeinander, können Turnierkämpfe *(Gopherus)* oder Beschädigungskämpfe *(Kinosternon, Trionyx)* entbrennen. Turnierkämpfe verlaufen unblutig, sie sind stark ritualisiert. Ziel des Kampfes ist, den Gegner auf den Rücken zu werfen und somit für eine kurze Zeit als Nebenbuhler vom Paarungsgeschehen auszuschließen. Der Angreifer benutzt dabei die Frontseite seines Panzers als Rammbock und richtet die Angriffe gegen die Brücke

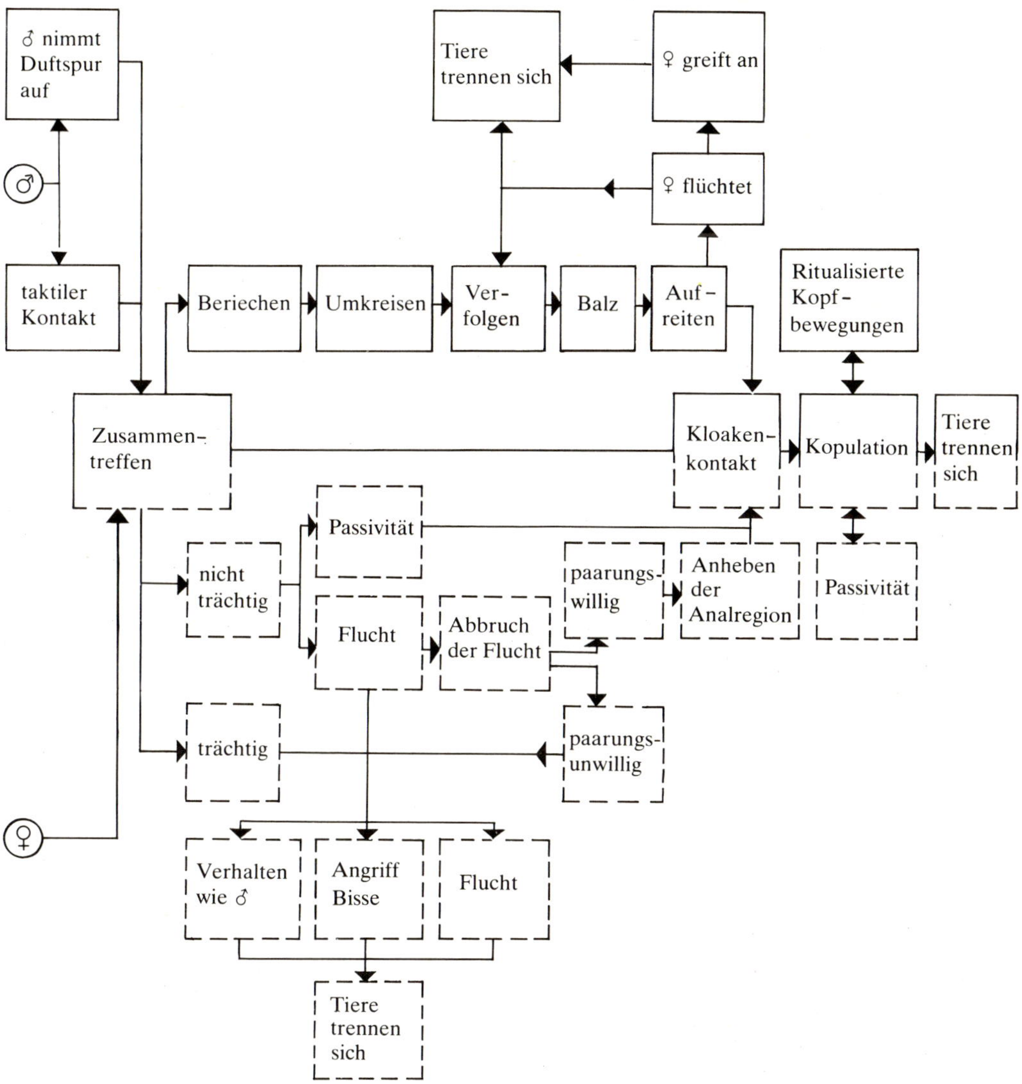

des Gegners. Gelingt es ihm, sich unter den Panzer des Gegners zu schieben, so kann er ihn hochhebeln und auf den Rücken werfen. Das angegriffene Männchen stellt als Gegenstrategie seinen Körper schräg zum Angreifer. Dadurch krachen zwar die Panzer hörbar aufeinander, aber der Angriff bleibt wirkungslos. Daß zum Zwecke dieses Turnierkampfes verschiedene Landschildkrötenarten im männlichen Geschlecht durch verlängerte Gularschilder regelrechte Rammsporne entwickelt haben, die man auch als Geschlechtsmerkmal zur Bestimmung hinzuziehen kann, ist schon besprochen worden.

Die Abwehr gegen angreifende Artgenossen verläuft bei Wasserschildkröten ähnlich. Auch sie wenden dem Gegner durch ein Schrägstellen des Körpers den Rückenpanzer zu.

Nach dem olfaktorischen Erkennen und »Begrüßen« des Weibchens beginnen einige Schildkrötenarten mit der Balz. Hierbei wird stets das Weibchen vom Männchen umworben.

Die einfachste Form der Balz sind ritualisierte Bewegungsabläufe, die sich aus der »Begrüßung« ergeben. Dies sind horizontale oder vertikale pendelnde bis zitternde Kopfbewegungen sowie Beißversuche, die vor dem Weibchen durchgeführt werden und sich gegen die Kopfregion richten. Durch dieses Balzspiel wird das Weibchen veranlaßt, Kopf und Vorderbeine einzuziehen, wodurch die Analregion herausgedrückt wird. Landschildkröten unterstützen dies zusätzlich mit Panzerrammstößen.

Balz der Schmuckschildkröten.

Aufwendiger verläuft die Balz bei einigen Sumpfschildkröten (s. Abb.). Die Männchen der Schmuckschildkröten *(Chrysemys)* balzen die Weibchen mit Hilfe ihrer stark verlängerten Krallen der Vorderfüße an. Die Vorderfüße werden nach außen gedreht und in zitternde, vibrierende Bewegungen versetzt. Diese Balzbewegung wird durch die langen Krallen verstärkt. Sie richtet sich gegen den Kopf des weiblichen Tieres. Das Balzspiel kann einige Stunden bis Tage andauern. Während Schmuckschildkröten der Concinna-Gruppe sich bei der Balz dem Weibchen von hinten durch Überschwimmen nähern, schwimmen die Männchen der Scripta- und Terrapin-Gruppe von vorn auf das Weibchen zu. In Erregung erwidern die Weibchen manchmal die zitternden Bewegungen der Vorderbeine. Sind sie paarungsbereit, unterlassen sie alle schnellen Bewegungen und sinken langsam zum Grund des Behälters.

Kopulation

Nach dem Aufreiten auf den Panzer der weiblichen Schildkröte tastet sich das Männchen langsam nach hinten und sucht den Kloakenkontakt. Viele Männchen der Wasserschildkröten *(Kinosternon, Cuora, Geoemyda, Melanochelys, Emys)* beißen dabei ständig nach dem Kopf, um ihre Partnerin in der günstigen Kopulationsstellung zu halten. Einige führen zusätzlich pendelnde Kopfbewegungen aus *(Kinosternon)* oder verbeißen sich in Hals oder Panzerrand *(Trionyx, Mauremys)*. Hat das Männchen Kloakenkontakt erreicht und gleichzeitig eine stabile Stellung auf dem Weibchen eingenommen, wird der Penis in die Kloake eingeführt.

Die Kopulation wird bei den Landschildkröten von lauten, pfeifenden Geräuschen begleitet. Das Männchen sperrt das Maul weit auf und stößt bei jeder Kopulationsbewegung die Luft aus den Lungen.

Kopulierende Glattrand-Gelenkschildkröten *(Kinixys belliana)*

Während sich einige Sumpfschildkrötenarten im Flachwasser oder auf dem Lande paaren *(Geoemyda, Rhinoclemmys, Terrapene)*, treiben andere an der Wasseroberfläche *(Chelonia, Caretta, Emys, Sternotherus)* oder kopulieren ganz untergetaucht *(Clemmys, Kinosternon, Trionyx, Lissemys)*.

Eine besondere Form der Kopulationsstellung ist bei den Dosenschildkröten *(Terrapene)* zu beobachten. Die Männchen stecken die Hinterbeine zwischen Carapax und hinteren Plastronlappen, verankern sich dort mit speziellen Klauen und liegen bei der Kopulation auf dem Rücken hinter ihrer Partnerin. Dadurch wird das Bauchpanzergelenk blockiert, so daß der hintere Plastronlappen nicht geschlossen werden kann. Der Penis der Schildkröten ist ein relativ großes Organ. Bei einigen Arten kann er im erigierten Zustand Plastronlänge erreichen. Das ist besonders bei jenen Gattungen zu beobachten, deren Männchen durch den geschlechtsspezifischen Größenunterschied sehr klein sind *(Graptemys, Kachuga)*. Nur dadurch wird eine Kopulation möglich. Diese Wasserschildkröten verankern sich bei der Begattung hauptsächlich durch ihr Geschlechtsorgan, da sie wegen der beträchtlichen Größenunterschiede keinen Halt auf dem Weibchen finden. Tatsächlich kippen die Männchen nach hinten um, wenn sich das Weibchen im Wasser vorwärtsbewegt. Unterwasserdekorationen sind verhängnisvoll, wenn sich das Männ-

Paarung der Dosenschildkröte *(Terrapene)*

chen darin verfängt. Durch kraftvolle Bewegungen des Weibchens können die Rückzugsbänder überdehnt werden, es kommt zum Penisvorfall.

Bei einigen Weichschildkrötenarten *(Trionyx)* formt das Männchen mit den Hinterbeinen eine Tasche, die um die Schwanzwurzel gelegt wird. Dadurch wird der Penis bei der Kopulation wirkungsvoll geschützt.

In der Gemeinschaftshaltung ist bei einer Kopulation der Penis oftmals Angriffsziel der am Paarungsgeschehen unbeteiligten Mitbewohner. Sie sehen das rotbraune Gebilde als Futterbrocken an und können lebensgefährliche Verletzungen verursachen. Ein weiteres Argument, auf eine dauernde Gemeinschaftshaltung zu verzichten.

Befruchtung

Es gibt keine feste Partnerbindung. Paarungsbereite Weibchen lassen sich von verschiedenen Artgenossen begatten, so daß eine Befruchtung gesichert ist. Eine erfolgreiche Kopulation kann zugleich dafür sorgen, daß das Weibchen mehrere Jahre danach noch befruchtete Eier ablegen kann. Zu dieser verzögerten Befruchtung (Amphigonia retardata) gibt es mehrere Theorien. Eine Vorratsbefruchtung mit Speicherung von Spermien wurde bei der Carolina-Dosenschildkröte *(Terrapene carolina)* nachgewiesen. Man fand die Spermien in der Schleimhaut des oberen Eileiterabschnittes. Eine Spermientasche jedoch, wie sie bei anderen Reptilien mit Vorratsbefruchtung bekannt ist, fehlt den Schildkröten. Des weiteren nimmt man an, daß die Eier in einem sehr frühen Stadium befruchtet werden und dann eine Ruhezeit durchlaufen. Die verzögerte Befruchtung birgt bei der Gemeinschaftshaltung verschiedener Schildkrötenarten eine Gefahr in sich. Bei Schildkröten kommt es unter Terrarienbedingungen nicht selten zu Bastardisierungen. Es sind sogar Gattungsbastarde bekannt geworden *(Agrionemys × Testudo)*. Durch die verzögerte Befruchtung kann das fehlgepaarte Weibchen mehrere Jahre trotz späterer Kopulationen mit artgleichen Männchen Bastarde als Nachkommen erzeugen.

Ohne erneute Begattung nehmen in den Folgejahren die Zahl der befruchteten Eier und zugleich auch meist die Gesamtzahl der Eier pro Gelege ab.

Vielfach legen einzeln gehaltene adulte Weibchen über Jahre keine Eier. Dies ändert sich, sobald eine Kopulation erfolgte. Oft besteht das erste Gelege nur aus unbefruchteten Eiern, während das nächste eine gute Befruchtungsrate erzielt. Aus diesen Gründen wäre es eine reine Spekulation, bei Schildkröten eine echte Trächtigkeitsdauer angeben zu wollen.

Mit fortschreitender Trächtigkeit werden die Weibchen paarungsunwillig. Im Terrarium können sie jedoch nicht ausweichen, wenn man sie beim Männchen beläßt. Es ist nicht selten, daß das Männchen das Weibchen unter diesen Umständen zwangsweise anpaart. Dies kann die gefürchtete Legenot hervorrufen, da der Druck des Penis die Eier verformen und sogar zerbrechen kann.

Deshalb ist stets nach erfolgter Paarung oder bei Fluchtreaktionen das Weibchen aus dem Terrarium des Männchens zu entfernen. Zweckmäßigerweise setzt man das angepaarte Weibchen in einen Behälter mit Eiablagemöglichkeit. Dies kann ein großzügiges Terrarium sein, das von mehreren Schildkrötenweibchen besiedelt wird. Hochträchtige Weibchen verschiedenster Schildkrötenarten imitieren häufig das typische Balz- und Kopulationsverhalten der Männchen. Sie reiten sogar auf, wobei weibliche Landschildkröten nicht selten sogar die Kopulationslaute der männlichen Artgenossen erzeugen!

Eiablage

Zur Eiablage legen die Weibchen Eiablagegruben an. Bevorzugt werden humose Sandböden (Abb. S. 51 o.). Einige Arten legen ihre Eier in Sandbänke und Sandstrände ab, andere in Walderde oder verrottete Pflanzenstoffe. Struktur und Feuchtigkeit des Ablagesubstrates richten sich nach den Ansprüchen der jeweiligen Schildkrötenart. Die geringste Bodenfeuchtigkeit benötigen die Eier der Landschildkröten aus Steppen und Wüstengebieten. Es sind einige Fälle

Eine Europäische Sumpfschildkröte *(Emys orbicularis)* bei der Eiablage im Freilandterrarium

bekannt, wo sich als taub verworfene Eier in einer Schreibtischschublade, in einem Schuhkarton oder in einer Kitteltasche entwickelten und daraus gesunde Schildkröten schlüpften. Dies zeigt, welche harten Bedingungen von diesen Arten noch ertragen werden können. Die Eier der Landschildkröten aus Feuchtgebieten und die der Wasserschildkröten wären unter diesen Umständen vertrocknet. Sie benötigen teilweise eine sehr hohe Substratfeuchte.

Berichte, nach denen in der Natur Schildkröteneier offen auf den Boden oder auf Pflanzenteilen abgelegt aufgefunden wurden, haben Fehlinterpretationen hervorgerufen. Dies kann durch verschiedene Umstände vorkommen, es ist jedoch nicht der Regelfall. Es gibt keine Schildkrötenart, die sich so fortpflanzt. Aus diesen Eiern schlüpft in der Natur kein Jungtier! Unter Terrarienbedingungen sind derartige Fehlreaktionen der Tiere häufiger. Sie werden durch Haltungsfehler ausgelöst. Die Chinesische Weichschildkröte *(Trionyx sinensis)* legt in Gefangenschaft sehr oft ihre Eier im Wasser ab. Wenn sie kurzfristig geborgen werden können, ist eine erfolgreiche Zeitigung möglich.

Zur Anlage der Eigrube benutzen die Tiere hauptsächlich die Hinterbeine. Nach mitunter tagelangen Wanderungen wird der Ablageplatz genau inspiziert. Dabei sind die Struktur des Bodens, die Wärme und die Feuchtigkeit von großer Bedeutung. Man kann häufig beobachten, wie »Probegruben« angelegt werden. Das Weibchen prüft mit dem Kopf die Bedingungen. Sagen diese nicht zu, wird die begonnene Arbeit nicht fortgesetzt. In der Natur findet man solche verlassenen Gruben selten, in Terrarien jedoch häufig. Es sollte für den Pfleger ein deutliches Zeichen sein, daß die Voraussetzungen für eine optimale Ablage im Terrarium nicht erfüllt werden. Sind sehr krasse Gegensätze vorhanden, legen Wasserschildkröten ihre Eier gleich im Wasser ab. Dies kann man besonders in engen Zimmerterrarien beobachten, die meist nur über einen sehr bescheidenen Landteil verfügen. Im Freilandterrarium haben die Tiere bessere Ablagemöglichkeiten. Sie wählen für die Nistgrube die Nähe von Wurzelstöcken krautiger Pflanzen, Grasbüscheln und Gebüschen, großen Steinen, morschen Baumstubben, Erdhügeln oder Abbruchkanten. Die Tiefe und Form der Eigrube ist artabhängig und wird zusätzlich von der Bodenfeuchtigkeit des Substrates beeinflußt. Bei kleinen Schildkrötenarten *(Sternotherus)* kann sie durchaus Carapaxlänge erreichen. Sie graben sich zur Ablage rückwärts in den Boden ein und erreichen so die Tiefe, in der die Eier opti-

Eiablage einer Moschusschildkröte *(Sternotherus)*

male Brutbedingungen haben. Die Form der Eikammer entspricht der einer Birne. Die Erde wird wechselseitig mit den Hinterbeinen ausgehoben. Ist sie zu hart, kann sie mit Wasser aus den Analblasen aufgeweicht werden.

Ist die Eigrube vollendet, erfolgen nach einer kurzen Ruhepause die ersten Wehen. Man kann deutlich erkennen, wie Kopf und Vordergliedmaßen rhythmisch eingezogen werden. Die Eier werden nur bei wenigen Arten mit den Hinterfüßen aufgefangen und vorsichtig am Boden der Grube plaziert. Manche Schildkrötenarten legen jedes Ei einzeln ab und trennen die Eier untereinander durch Einbringen von Bodensubstrat in die Eikammer. Andere, wie Meeresschildkröten, große Fluß- und Weichschildkrötenarten, legen die Eier schubweise und trennen ganze Partien durch eine Schaufelbewegung der Hinterbeine.

Nach der kräfteraubenden Eiablage, die mehrere Stunden dauern kann, wird die Eigrube mit Erde verschlossen. Auch dazu werden die Hinterbeine benutzt. Viele Schildkrötenweibchen rammen den Boden über der Eigrube mit Hilfe des Panzers fest. Sie richten sich dazu hoch auf und lassen sich rhythmisch fallen. Ist der Boden verdichtet und geglättet, tarnen manche Arten zusätzlich die Ablagestelle. Es werden Halme, Zweige, Laub oder andere Materialien über die Eigrube gezogen. Mancher Pfleger stand schon

Eiablagegrube einer Höckerschildkröte *(Graptemys)*

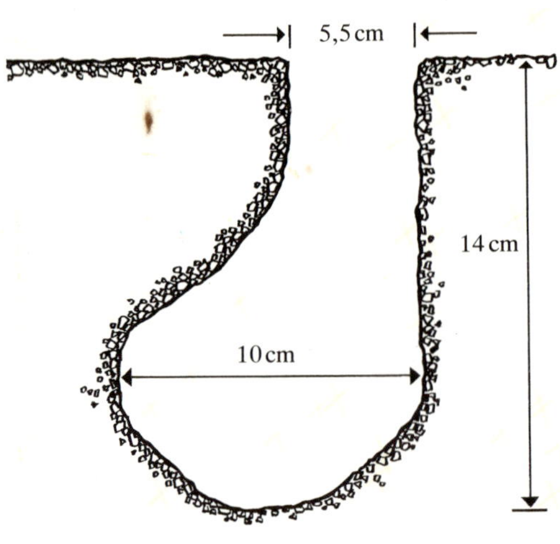

Eiablage einer Sumpfschildkröte *(Emys)*

vor dem Problem, daß die Ablagestellen nicht auszumachen waren. Besonders sind davon natürlich die Besitzer großzügiger Freilandanlagen betroffen. Ein Patentrezept kann hier nicht gegeben werden, es hilft nur eine gründliche Beobachtung der Tiere. Oft bevorzugen die Weibchen immer wieder die gleichen Stellen zur Eiablage. Man sollte sie deshalb nicht baulich oder gärtnerisch verändern.

Mit der Eiablage ist die Sorge um den Nachwuchs für die Schildkröten beendet. Eine echte Brutpflege kennen sie nicht. In der Natur übernimmt die Sonnenenergie die Erbrütung der Eier. In unseren Breiten ist jedoch ihre Kraft zu gering. Auch die hier heimische Europäische Sumpfschildkröte *(Emys orbicularis)* kann sich bei uns auf natürlichem Wege nur in sehr warmen und langen Sommern vermehren. Eine Überwinterung im Ei findet in unserem Klima nicht statt. Dazu müßte gewährleistet sein, daß der Frost die Eier nicht erreicht. Da sich aber die Gelege in einer Tiefe von 10 bis 15 cm im Boden befinden, ist dies unwahrscheinlich. Aus diesem Grunde sind nicht aufgefundene Gelege verloren. Die Eizahlen pro Gelege und die Anzahl der Gelege pro Jahr sind bei den einzelnen Schildkrötenarten sehr unterschiedlich und unterliegen zudem noch individuellen Schwankungen. Die wenigsten Eier legen naturgemäß die kleinen Schildkrötenarten. Damit sich die frisch-

Die kleine, nur 12 cm CL groß werdende Stachelrand-Landschildkröte *(Psammobates oculifera)* legt sehr große Einzeleier ab.

Muttertier und Ei der Zacken-Erdschildkröte *(Geoemyda spengleri)* im Größenvergleich

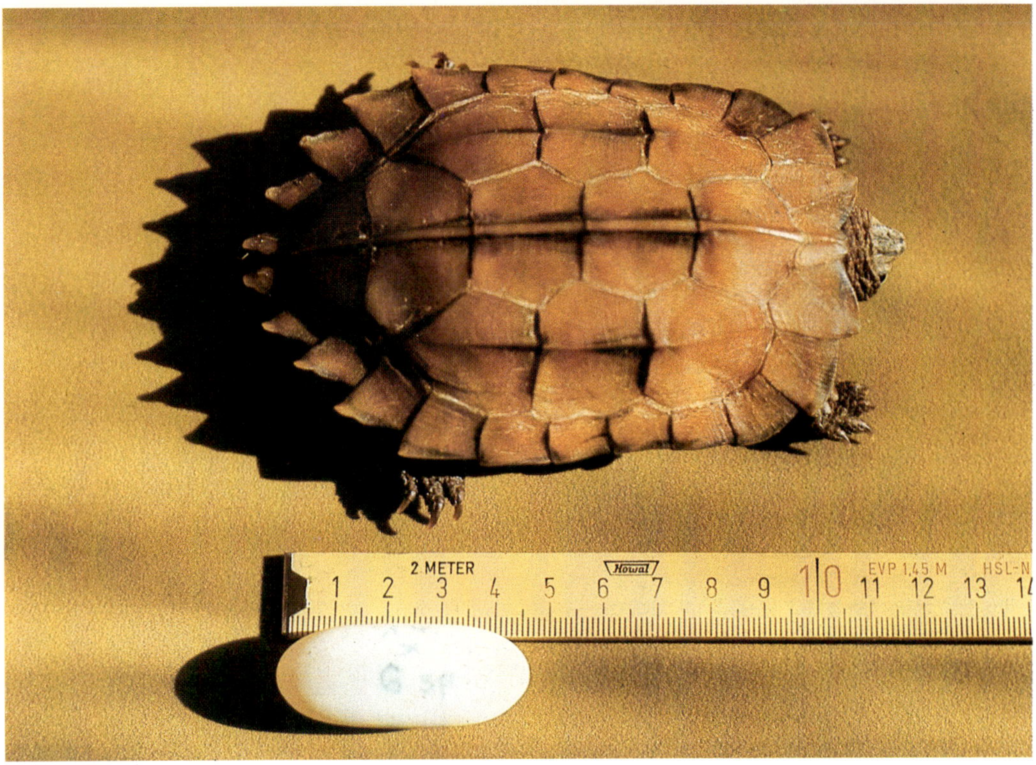
2 METER
Howal
EVP 1,45 M
1 2 3 4 5 6 7 8 9 10 11 12 13

geschlüpften Jungtiere erfolgreich behaupten können, ist eine ausreichende Körpergröße notwendig. Diese Körpergröße bestimmt die minimale Eigröße. Die kleinbleibenden Arten können deshalb nur wenige Eier produzieren. Dazu gehören die kleinen Landschildkröten *(Homopus, Pyxis, Malacochersus, Psammobates)* ebenso wie einige kleinbleibende Sumpfschildkröten *(Sternotherus, Geoemyda, Chinemys)*. Sie legen jedoch meist mehrmals im Jahr Eier ab, so daß die Vermehrungsquote ausgeglichener wird.

Meeresschildkröten haben die höchste Reproduktionsrate. Sie können Gelege mit bis zu 250 Eiern sogar mehrmals pro Jahr bringen. Die Mehrzahl der Land- und Wasserschildkröten gemäßigter Klimate legt ein- bis zweimal, die der tropischen zwei- bis fünfmal pro Jahr Eier.

Recht produktiv sind viele Vertreter der Halswender (Pleurodira), wie die Schlangenhalsschildkröten, Spitzkopfschildkröten, Australischen Schnappschildkröten und die Südamerikanischen Schienenschildkröten. Auch die meisten Weichschildkröten (Trionychidae) legen recht viele Eier, die jedoch relativ klein und kugelförmig sind. Bei der Chinesischen Weichschildkröte *(Trionyx sinensis)* haben sie nur einen Durchmesser von etwa 20 mm. Dagegen produziert die Zacken-Erdschildkröte *(Geoemyda spengleri)* mit einer Körpergröße von etwa 100 mm ein fast 50 mm langes, walzenförmiges Ei (Abb. S. 53), die Boulenger-Flachschildkröte *(Homopus boulengeri)* mit 110 mm Panzerlänge ein 40 mm langes Ei. Die Riesen des Schildkrötengeschlechtes dagegen legen im Vergleich zu ihrer Körpergröße sehr bescheiden kleine runde Eier, die 40 bis 70 mm dick sind.

Tab. 5: Die Zeitigungsdauer der Schildkröteneier. Die Tabelle gibt die tendenziösen Durchschnittswerte an. »Langsam- und Schnellentwicklungen« sind unberücksichtigt.

Tage	Arten
644	*Chelodina expansa* (nach John Cann) } **Maximumrekord**
540	*Geochelone pardalis*
170	*Chelodina expansa, Homopus, Cersina*
160	*Pseudemydura umbrina*
150	*Phrynobs gibba*
140	*Kinosternon leucostomum, Chelonoides elephantopus, Gopherus, Kinosternon ›acutum‹, Kinosternon scorpioides*
130	*Staurotypus salvini, Claudius angustatus, Chelonoides carbonaria, Kinixys belliana, Chelodina novaeguineae, Kinosternon bauri, Chelus fimbriatus*
120	*Chrysemys floridana, Geochelone pardalis, Geochelone elegans, Rhinoclemmys pulcherima*
110	*Sternotherus minor, Macroclemys temmincki, Podocnemys unifilis, Kinosternon subrubum*
100	*Melanochelys trijuga, Trionyx spiniferus, Chrysemys rubriventris, Chelydra serpentina, Malaclemys terrapin*
90	*Mauremys caspica, Emydoidea blandingi, Chrysemys scripta, Trionyx muticus*
80	*Clemmys marmorata, Kinosternon abaxillare, Sternotherus odoratus, Chinemys reevesi, Chelodina longicollis, Graptemys*
70	*Chrysemys picta, Terrapene, Trionyx ferox, Agrionemys horsfieldi, Emydura macquarri, Clemmys insculpta, Geoemyda spengleri*
60	*Dermochelys coriacea, Clemmys muhlenbergi, Eretmochelys imbriaca, Podocnemys expansa, Caretta, Chelonia mydas, Emys orbicularis*
50	*Pelomedusa subrufa, Trionyx sinensis, Emydura australis*
30	*Trionyx sinensis* } **Minimumrekord**

Die Tatsache, daß die Schildkröten der paläarktischen und südaustralischen Region weniger Gelege pro Jahr als die tropischen und tropisch-maritimen Arten ablegen, resultiert aus den klimatischen Verhältnissen und der Zeitigungsdauer der Eier. Der Mittelwert der Zeitigungsdauer liegt bei vielen Schildkrötenarten bei 100 Tagen, wenn die Temperatur in der Eigrube etwa 28°C beträgt. Die Eier der Arten, die aus ungünstigen Klimaten stammen, entwickeln sich rascher, die Eier vieler tropischer Schildkröten benötigen längere Zeit.

Den Minimum-Rekord hält die Chinesische Weichschildkröte *(Trionyx sinensis)* mit 30 Tagen, den Maximum-Rekord die Riesenschlangenhalsschildkröte *(Chelodina expansa)* mit 644 Tagen und die Pantherschildkröte *(Geochelone pardalis)* mit 540 Tagen (Feldbeobachtung) Zeitigungsdauer.

Eientwicklung

Mit der Eiablage beginnt die Embryonalentwicklung. Erste Teilungsvorgänge können jedoch schon vorher begonnen haben. Im frisch gelegten Schildkrötenei sind Dotter und Eiklar vermischt, da sie im Gegensatz zum Vogelei keine Membran voneinander trennt. Nach einigen Stunden polarisiert sich das Ei. Der Dotter hat ein höheres spezifisches Gewicht und setzt sich an der Unterseite ab (teleolecithale Eier, der Dotter liegt außerhalb der Mitte). Auf dem Dotter schwimmt die vom Eiklar umgebene Keimscheibe. Man kann dies leicht mittels

Vogelei — Schildkrötenei

1 Schale, 2 Schalenhaut, 3 Keimscheibe, 4 Dotter, 5 Dottermembran mit Hagelschnur, 6 Eiklar

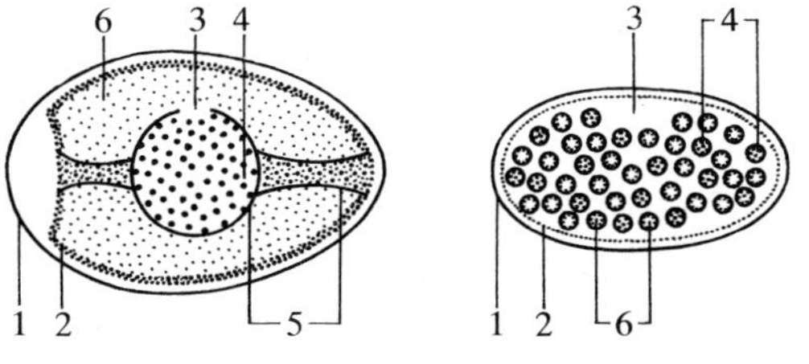

Durchleuchtung der Eier nachweisen. Während sie direkt nach der Ablage homogen rötlich schimmern, sieht man einige Tage später eine horizontale Trennlinie. Der untere Teil erscheint dunkler. Ab diesem Zeitpunkt dürfen die Eier nicht mehr um ihre horizontale Achse gedreht werden. Befindet sich der Dotter durch Verdrehen längere Zeit über der Keimscheibe, stirbt der Embryo ab. Deshalb sollte grundsätzlich die Oberseite eines jeden Eies gleich nach der Entnahme aus der Eigrube gekennzeichnet werden. Dies kann sehr einfach durch ein Bleistiftkreuz oder einen Tropfen Nagellack geschehen. Frisch abgelegte Schildkröteneier haben eine weißlich-cremefarbene Eischale. Bei vielen bildet sich kurz nach der Ablage ein weißer Fleck am obersten Punkt des Eies. Dieser Fleck vergrößert sich mit zunehmender Entwicklung in vertikaler Richtung und ist nach einigen Wochen zu einer weißen »Bauchbinde«, ähnlich der Banderole einer Zigarre, zusammengewachsen. Dies ist stets ein deutliches Zeichen, daß sich das Ei entwickelt. Später breitet sich diese Färbung auch in horizontaler Richtung aus und erreicht kurz vor dem Schlupf die äußeren Eipole. Neben dieser Veränderung kann man weitere äußerliche Beobachtungen machen. Einige Wochen nach der Ablage, etwa in dem Stadium, wenn sich die »Bauchbinde« schließt, erscheint die Eischale durch die vielen kleinen Blutgefäße rötlich. Später schlägt die Farbe in ein schmutziges Bleiweiß um, hervorgerufen durch die Pigmentierung des Keimlings. Kurz vor dem Schlupf kann sich durch Abbau des Restdotters das Jungtier im Ei senken, und es entsteht am oberen Eipol eine deutlich sichtbare Luftblase. Risse und Sprünge können schon lange vor dem Schlupf in der Schale entstehen. Dies darf kein Grund zur Panik werden! Diese Risse entstehen durch das Feuchtigkeitsgefälle im Inkubator oder später auch durch die Entfaltung der Brücke im Ei. Es ist dringend davon abzuraten, solche Eier zu öffnen oder als schlecht geworden zu verwerfen.

Schildkröteneier kann man gut durchleuchten und so die Entwicklung beobachten. Sehr gut eignen sich dafür dünn- und hartschalige Eier der Schlamm-, Weich-, Sumpf-, Land- und Schlangenhalsschildkröten.

Im Gegensatz zu Vogeleiern ist eine Beobachtung von der Seite vorzuziehen, da man so den Entwicklungsstand sehr gut überprüfen kann. Einige Schildkrötenarten legen jedoch Eier mit einer ledrig-dicken, gummiartigen Schale. Hier ist mit dieser Methode allerdings keine Beobachtung möglich.

Das markierte Ei umschließt man mit Daumen und Zeigefinger, wobei wir jede Drehung um die horizontale Achse vermeiden, und hält es so gegen eine Lampe. Dies kann eine schwache Glühlampe bis 25 Watt (Erwärmung beachten!) oder eine Leuchtstofflampe sein. Schädigungen durch diese Manipulationen sind bei den Jungtieren nicht zu befürchten. Entwicklung und Schlupf werden nicht beeinträchtigt.

Direkt nach der Ablage sieht man einen völlig homogenen rötlichen Eiinhalt. Einige Tage später erkennt man deutlich, daß sich der Dotter unten im Ei abgesetzt hat. Geübte Beobachter erkennen die Embryonalanlage schon 2 bis 3 Wochen nach der Ablage im Ei. Kurze Zeit später

Die Eier der meisten Landschildkröten sind fast kugelförmig. Den Entwicklungsstand der Eier kann man bei vielen Schildkrötenarten auch an der Eischalenfarbe beurteilen. Die anfänglich leicht rötlich gefärbte Schale bekommt mit zunehmender Embryonalentwicklung einen weißen Fleck am oberen Eipol, welcher sich später über die gesamte Schale ausbreitet. Von links nach rechts: frischgelegtes Ei, befruchtetes Ei mit beginnender Entwicklung, Ei kurz vor dem Schlupf.

Serie: Die Entwicklung eines Schlammschildkröteneies von der Ablage bis zum Schlupf in der Durchleuchtung (jeweils von links nach rechts)

Frisch abgelegtes Ei. Die Dottermasse verdichtet sich an der Unterseite.

Das Ei nach 35 Tagen Bebrütung. Das Adernetz wird bereits sichtbar.

Der Entwicklungsstand nach 50 Tagen

Der Entwicklungsstand nach 65 Tagen

Der Entwicklungsstand nach 75 Tagen

Die Schlupfphase beginnt am 128. Tag nach der Eiablage.

Die Schale wird mit den Vorderbeinen aufgebrochen.

In dieser Position verharrt das Jungtier, bis der Dotter weitgehend abgebaut ist.

Das Jungtier füllt das Ei vollständig aus. Der Panzer ist der runden Eiform angepaßt.

Nach Entfernung der Schalenreste wird die Faltung der Brücke im Vergleich zu einem am Vortag geschlüpften Geschwistertier besonders deutlich.

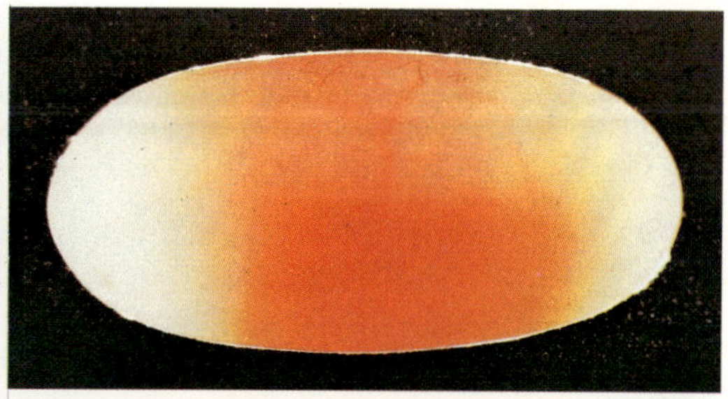
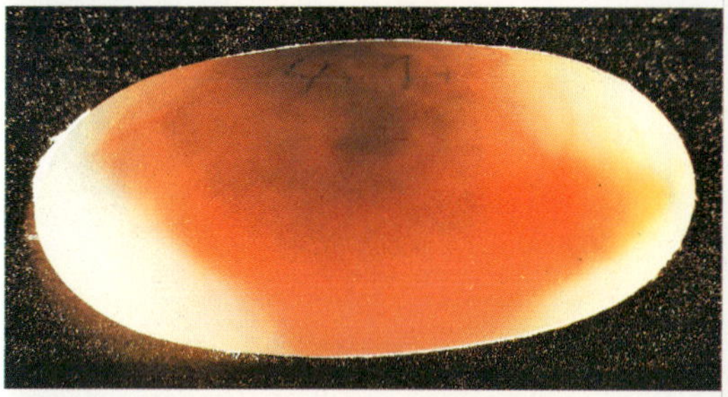
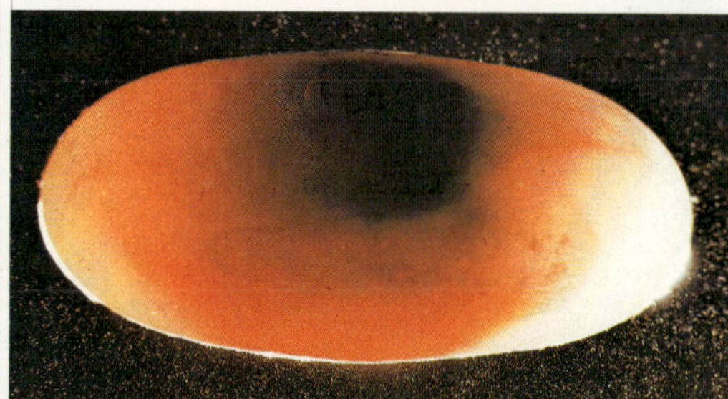
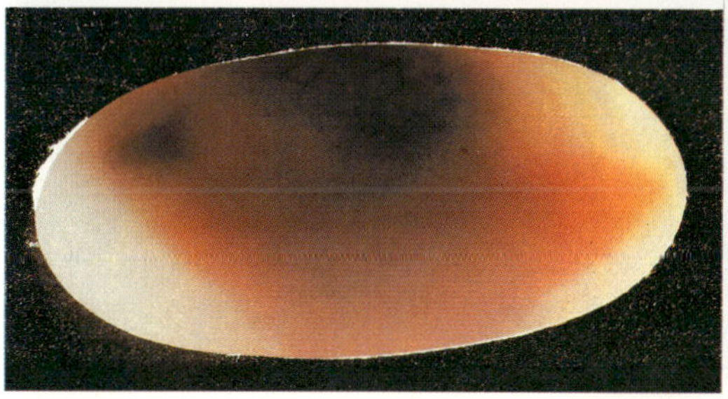

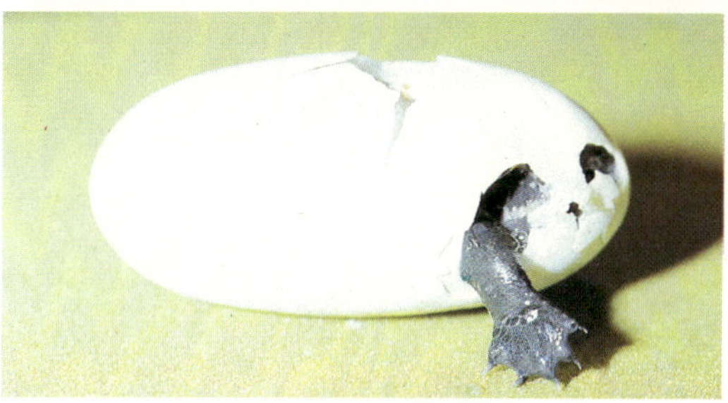

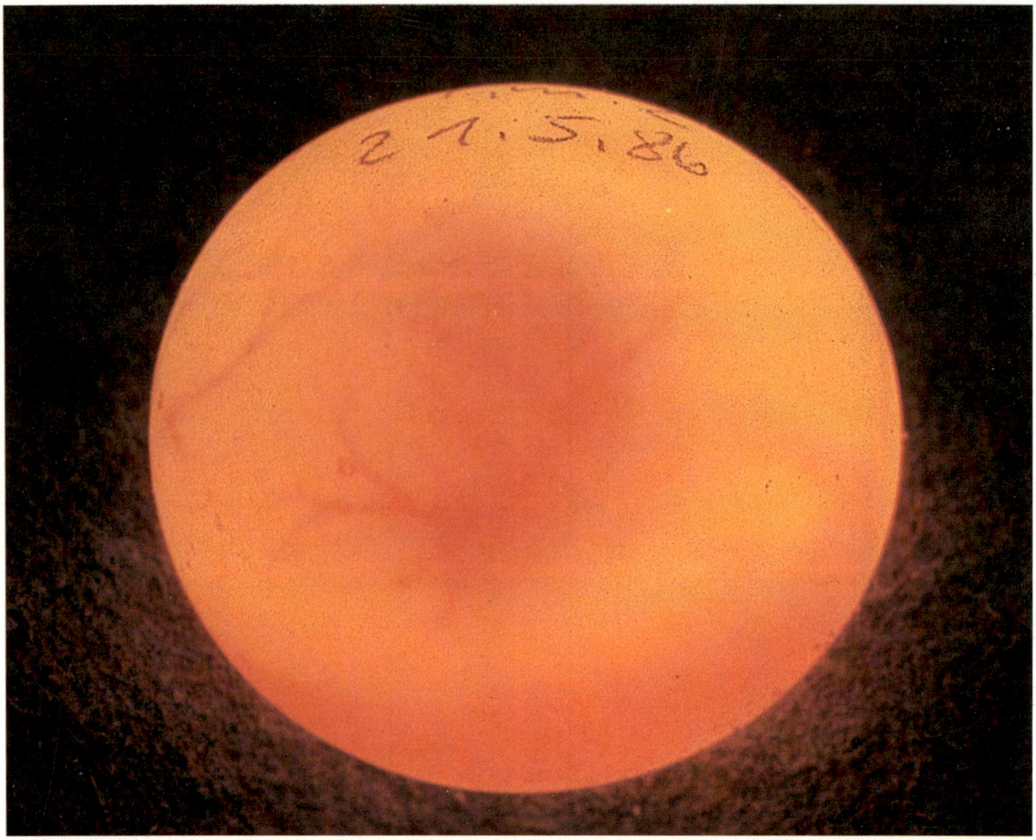
21.5.86

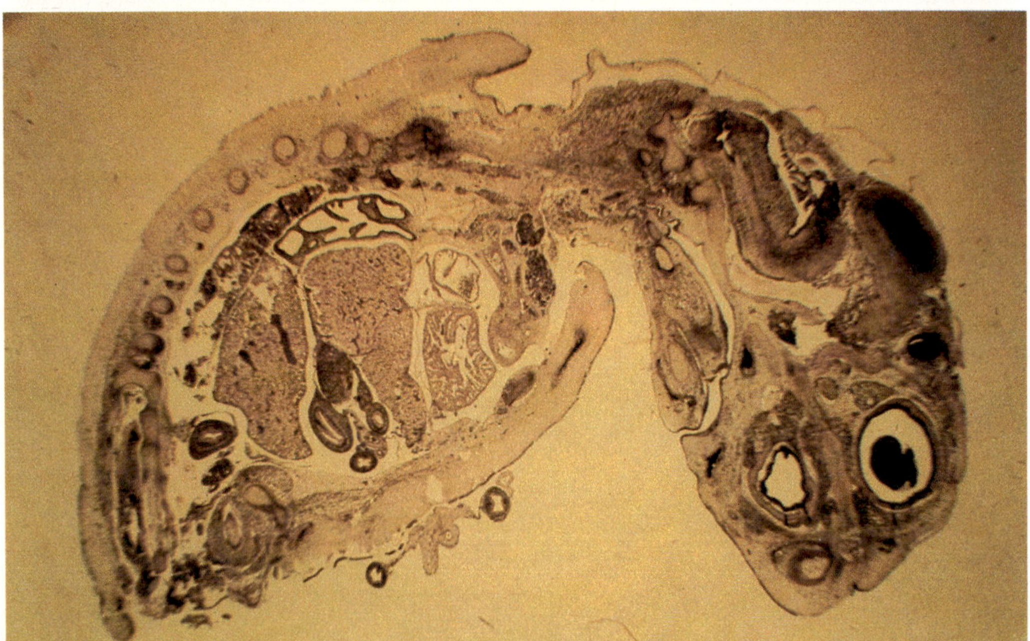

bilden sich kleine Äderchen, die vom Keim ausgehen und langsam ein Netz um den Dottersack bilden. Vom Keim aus bilden sich die embryonalen Hüllen des Amnions, der Allantois und des Dottersackes. Die Hüllen um den Dotter sind stark durchblutet, und dieses Adernetz fällt beim Durchleuchten deshalb besonders ins Auge. Der Keimling ist zu dieser Zeit schon sichtbar. Meist entdeckt man zuerst den Kopf, da Hirnblase und Augen sich durch die dunkle Färbung besser abzeichnen (Abb. S. 57). Schon jetzt sind auch erste zuckende Bewegungen zu sehen. Einige Zeit später pigmentiert sich auch der übrige Körper, so daß er deutlich zu sehen ist. Die Lage des Kopfes und der Extremitäten sind durch die Schale hindurch zu orten. Bewegt die Schildkröte die Füße direkt an der Innenhaut

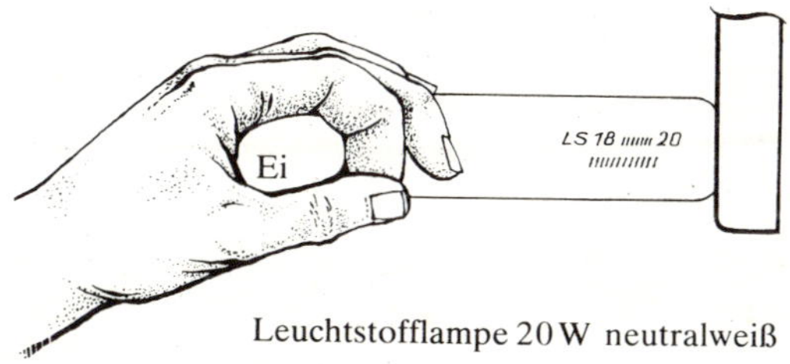

Durchleuchtungstechnik

der Schale entlang, kann man sogar die Krallen erkennen.

Mit zunehmender Entwicklung wird die Beobachtung immer undeutlicher, man kann später nur noch den Kopf und die Bewegungen im Ei ausmachen. Der Kopf befindet sich bei Eiern, die eine längliche Form und eine etwas flachere »Spitze« haben, immer an der stumpferen Seite.

Schlupf

Mit Erreichen der Schlupfreife öffnet das Jungtier die Eischale. Dabei werden verschiedene Strategien eingesetzt. Im Prämaxillarknochen des Oberkiefers sitzt unterhalb der Nasenlöcher

Auch Landschildkröteneier lassen sich gut durchleuchten.

Embryo einer Rotwangen-Schmuckschildkröte *(Chrysemys scripta elegans)* nach 40 Tagen der Inkubation. Der Dottersack wurde entfernt. Das Schnittpräparat zeigt deutlich ein sehr stark entwickeltes Scheitelauge (Pinealorgan).

Eine Schlammschildkröte *(Kinosternon leucostomum)* schlüpft aus dem Ei.

Schlupf einer Moschusschildkröte *(Sternotherus minor)*

Bauchansicht einer frisch geschlüpften Moschusschildkröte *(Sternotherus minor)* mit Dotterrest und gefalteter Brücke

Einen Tag nach dem Schlupf sind die Hüllen des Dottersacks abgestreift, der Nabel beginnt sich zu schließen, und die Brücke ist weitgehend entfaltet.

Die im Ei angelegten Ursprungsschilder des Panzers haben eine körnige Oberflächenstruktur. Die davon ausgehenden Zuwachsstreifen sind meist glatt.

ein horniges Gebilde, das meist als Eizahn bezeichnet wird. Tatsächlich wird es auch von einigen Schildkrötenarten zum Anritzen der Eischale verwendet, wie bei der Breitrandschildkröte *(Testudo marginata)* beobachtet werden konnte. Der größere Teil der Schildkröten bricht dagegen die Schale mit den Füßen auf, indem sie sich einfach dagegenstemmen. Meist hat die Schale während der Zeitigung an Festigkeit verloren, da Kalk zum Skelettaufbau des Keimlings herausgelöst wurde, und Sprünge bekommen. Dies erleichtert den ersten Schritt ins Leben (Abb. S. 57). Ist die Schale am Kopf aufgesprengt, beginnt das Tier aktiv zu atmen. Da das Ei noch mit Eiklar gefüllt ist, muß dazu die Nase etwas aus dem Ei herausgestreckt werden. Der größte Teil des Eiklars wird in wenigen Stunden vom Jungtier verzehrt. Gleichzeitig baut sich der Restdotter ab. Diese Phase kann einige Stunden, aber auch einige Tage dauern (Abb. S. 57). Starke Erschütterungen oder Bewegungen lösen dann spontan den Schlupf aus. Da sich in der Natur meist mehrere Eier in einer Eigrube befinden, ist ein gemeinsamer Schlupf sinnvoll. Die Arbeit des Ausgrabens wird geteilt, und Freßfeinde können bei einem gemeinsamen Schlupf nicht alle Jungtiere gleichzeitig erreichen.

Um den Raum möglichst optimal zu nutzen, liegen die Jungtiere der meisten Schildkrötenarten gefaltet im Ei. Die Landschildkröten haben oft einen quergeknickten Bauchpanzer, so daß Kopf und Schwanzteil fast aneinanderstoßen. So kann die kugelige Eiform voll ausgefüllt werden. Die meisten Wasserschildkröten liegen mit einer Längsfaltung der Brücke im Ei, so daß Plastron und Carapax aneinanderliegen. Diese Eier sind walzenförmig (Abb. S. 66, 90). Die »Entfaltung« des Panzers beginnt schon beim Schlupf und ist in wenigen Stunden bis Tagen beendet. Durch diese Streckung registriert man in den ersten Lebenstagen ein scheinbar sehr großes Längen- und Breitenwachstum. Dieser Wachstumssprung ist jedoch nur die Folge der Entfaltung des Panzers.

Der Panzer ist zunächst elastisch. Am Bauchpanzer ist beim Schlupf noch ein Rest des Dotters oder bereits die Nabelöffnung sichtbar. Diese verschließt sich sehr rasch. Das grundsätzliche Beschilderungsschema des Panzers entspricht bei fast allen Schildkrötenarten dem der Alttiere. Eine Ausnahme bildet die Lederschildkröte *(Dermochelys coriacea)*, deren Jungtiere eine mosaikartige Beschilderung haben, während die Alttiere einen gekielten Lederpanzer besitzen. Die Proportionen weichen jedoch bei allen Jungtieren stark von den Alttieren ab.

Nach dem Schlupf streben die Jungtiere durch ein genetisch festgelegtes Programm ihrem Lebensraum zu. Meeresschildkröten nehmen den kürzesten Weg zur See, Süßwasserschildkröten suchen deckungsreiche Kleingewässer auf, die Landschildkrötenbabys verschwinden im Strauch- und Buschwerk.

Genetische Grundlagen und Besonderheiten bei der Fortpflanzung

Die Träger der Erbanlagen oder Gene befinden sich, wie bei anderen Organismen auch, auf den Chromosomen im Zellkern jeder Körperzelle. Sie stellen eine komplizierte organische Verbindung dar, die Desoxyribonucleinsäure (DNS). Normale Körperzellen besitzen zwei gleiche (diploide) Chromosomensätze. Ein Teil der Chromosomen sind die Geschlechtschromosomen. Im männlichen Geschlecht setzen sie sich aus einem ungleichen Paar, den XY-Chromosomen, und im weiblichen Geschlecht aus einem gleichartigen Paar, den XX-Chromosomen, zusammen. Die Geschlechtszellen (Gameten), also Eizellen und Spermien, entstehen durch Teilung aus Urzellen, die den üblichen diploiden Chromosomensatz enthalten. Bei dieser Teilung wird jedoch der Chromosomensatz so aufgespalten, daß die Gameten jeweils nur den einfachen (haploiden) Chromosomensatz enthalten. Da die Eizellen aus Urzellen mit XX-Chromosomen entstehen, enthält jede Eizelle ein X-Chromosom.* Alle Eizellen haben also einen gleichartigen Aufbau. Die Spermien entstehen dagegen aus männlichen Urzellen, die XY-Chromosomen besitzen. Bei der Teilung entstehen deshalb Spermien mit X- und ebensoviele Spermien mit Y-Chromosomen. Bei der Verschmelzung der Gameten setzen sich im Kern der befruchteten Eizelle (Zygote) die beiden haploiden Chromosomensätze wieder zu einem diploiden Chromosomensatz zusammen, der nun die Erbinformation von Vater und Mutter enthält und so eine neue Kombination bildet, die letztlich die Evolution der Arten ermöglicht.

Verschmelzen die Gameten zur Zygote, wird auch das Geschlecht festgelegt. Besitzt das beteiligte Spermium ein X-Chromosom, ergänzen sich die Geschlechtschromosomen zu dem weiblichen XX-Satz. Beherbergt das Spermium ein Y-Chromosom, fügen sich beide Komponenten zu einem XY-Satz zusammen, der Keimling erhält das männliche Geschlecht.

Dieser Mechanismus sichert, daß annähernd gleichviele weibliche und männliche Nachkommen entstehen.

Bei den Schildkröten sind jedoch nur wenige Arten mit verschiedenen Geschlechtschromosomen gefunden worden. Nachgewiesen wurden sie nur bei den Kreuzbrustschildkröten *(Staurotypus)* sowie bei einigen Weichschildkröten *(Trionyx)*.

Bei den meisten Schildkrötenarten wird die Geschlechtsausbildung von einem anderen Mechanismus beeinflußt. Hier sind alle Spermien gleichartig aufgebaut. Jede Zygote enthält deshalb zu gleichen Teilen männliche (M-Gene) und weibliche Erbträger (F-Gene). Sie halten sich in der Waage. Beide Gene besitzen jedoch eine temperaturabhängige Wirksamkeit mit gegenläufiger Tendenz. Unterhalb des Scheitelpunktes wird das F-Gen, oberhalb des Wertes das M-Gen unwirksam. Im ersten Drittel der Inkubationszeit der Eier werden die embryonalen Geschlechtsorgane angelegt. Im Moment der Differenzierung ist es entscheidend, welches Gen gerade wirksam ist. Liegt die Bruttemperatur unter dem Scheitelwert, schlüpfen weibliche Schildkröten aus den Eiern.

Frühere oder spätere Temperaturschwankungen bleiben unwirksam. Der Scheitelpunkt liegt etwa bei 27,5 °C, wobei Bruchteile eines Grades entscheiden können. Der Absolutwert des Scheitelpunktes ist vermutlich artabhängig. Bedingt durch die geringe Reproduktionsrate, die späte Ausbildung sekundärer Geschlechtsmerkmale und unzureichende Meßmethoden liegen bisher nur sehr wenige Labordaten vor. Näher hat man bisher die Schnappschildkröte *(Chely-*

dra serpentina), die Europäische Sumpfschildkröte *(Emys orbicularis)*, einige Schmuckschildkröten *(Chrysemys)* sowie Seeschildkröten (Cheloniinae) untersuchen können. Dabei wurde zusätzlich ermittelt, daß bei sehr tiefen Bruttemperaturen noch ein weiterer Umkehrmechanismus besteht und dann wieder das F-Gen wirksam werden kann. Das hat für die Praxis jedoch keine Bedeutung, da die Embryonen sich bei diesen Temperaturen nicht weiterentwickeln und letztlich absterben.

Um ein ausgewogenes Geschlechtsverhältnis bei den Nachzuchttieren zu erreichen, kann man auf verschiedene Methoden zurückgreifen. In der Natur schwankt die Temperatur in der Eigrube in recht weiten Grenzen. Da die Eier stets einen unterschiedlichen Entwicklungsstand aufweisen und die Bruttemperatur nur im Augenblick der Geschlechtsdifferenzierung einen Einfluß über die F- und M-Gene ausüben kann, werden im Normalfall verschiedengeschlechtliche Jungtiere aus einem Gelege schlüpfen. Dieses kann man nachvollziehen, indem man auf eine Regelung im Inkubator verzichtet und die Bruttemperatur um 27,5 °C in Grenzen von ± 3 °C schwanken läßt. Natürlich ist es so nicht möglich, auf das Geschlechtsverhältnis einen direkten Einfluß zu nehmen. Dazu verwendet man zwei Inkubatoren mit einer Temperaturregelung. Den Inkubator für die männlichen Jungtiere betreibt man bei einer Temperatur von 25 bis 26,5 °C, den für die Weibchen bei 28 bis 30 °C. Die Gelege teilt man gleich entsprechend dem gewünschten Geschlechtsverhältnis auf. Einige Schildkrötenarten scheinen jedoch einen tieferen Scheitelpunkt der Geschlechtsdifferenzierung zu besitzen *(Geoemyda spengleri, Graptemys pseudogeographica)*. Auch hier sind Schildkrötenzüchter gefordert, ihre Brutmethoden und Brutdaten festzuhalten und durch Dokumentationen anderen Interessierten zugänglich zu machen.

Die Inkubationstemperatur beeinflußt ebenfalls die Inkubationsdauer. Die Embryonalentwicklung verläuft bei hohen Temperaturen schneller. Gleichzeitig nimmt aber auch die Zahl lebensunfähiger und fehlentwickelter Feten zu. Einen gewissen Einfluß auf die Inkubationsdauer scheint auch die relative Luftfeuchtigkeit im Brutraum auszuüben. Sind die Eier trockener untergebracht, verlängert sich die Inkubationsdauer.

Relativ häufig ist ein weiteres Phänomen zu beobachten. Manche Eier innerhalb eines Geleges entwickeln sich trotz gleicher Bedingungen stark verzögert. In der Praxis des Verfassers konnte dieses mehrmals bei der Erbrütung von Schlammschildkröteneiern beobachtet werden. Es wurden in allen Fällen drei Eier abgelegt. Alle im gleichen Inkubator untergebracht, zeigten sie nach wenigen Tagen die »Bauchbinde«. Damit konnte vorausgesetzt werden, daß sie befruchtet und entwicklungsfähig waren. Während sich zwei der drei Eier normal weiterentwickelten und nach 6 Wochen der Bebrütung deutlich die Adern durch die Schale schimmerten, blieb ein Ei im Stadium der ersten Woche stehen. Eine Durchleuchtung zeigte zwar im unteren Teil den abgesetzten Dotter, aber keine Entwicklung des Keimes. Das gleiche Bild ergab sich nach 90 Tagen der Inkubation. Die Geschwister waren schon so weit im Ei entwickelt, daß eine Beobachtung erschwert war. Kurz vor dem Schlupf der beiden Schildkröten wurde das Ei nach 110 Tagen Inkubation nochmals durchleuchtet, und es wurden die ersten winzigen Blutgefäße sichtbar. Dann nahm die Entwicklung ihren gewohnten Verlauf. Während die normal entwickelten Tiere nach 123 und 127 Tagen Inkubation schlüpften, benötigte das Tier mit der verzögerten Entwicklung 241 Tage. Dieses konnte auch bei anderen Schildkrötenarten *(Kinosternon scorpioides cruentatum, Geochelone elegans, Melanochelys trijuga thermalis)* beobachtet werden. Es erhebt sich die Frage, ob Inhibitoren im Ei die Entwicklung bis zu ihrem Abbau hemmen oder andere Einflüsse wirksam werden. Eine so drastisch unterschiedliche Entwicklungsdauer innerhalb eines Geleges kann natürlich auch ein biologischer Vorteil sein, wenn im Biotop zeitweise lebensfeindliche Bedingungen für die Jungtiere herrschen.

Methoden der Eizeitigung

Legen im Terrarium gehaltene Schildkröten Eier ab, sind diese grundsätzlich dem Behälter zu entnehmen. In Freilandterrarien sind die Klimaverhältnisse unserer Breiten unzureichend, um eine erfolgreiche Zeitigung zu garantieren.

In Zimmerterrarien besteht die Gefahr, daß die Eier durch grabende Tiere beschädigt und die Brutbedingungen nicht eingehalten werden können. Ein Schlupf im Terrarium bringt außerdem die Gefahr mit sich, daß räuberische Schildkröten ihre eigene Brut als Beute ansehen und fressen.

Die Eier werden vorsichtig ausgegraben. Sind sie ganz frisch gelegt, können sie noch gedreht werden. Besser ist es jedoch, die Schale mit einem weichen Bleistift gleich in der Nistgrube zu zeichnen. Man macht einfach ein Kreuz auf den oberen Eipol. Dann kann die Lage des Eies nach jeder Manipulation gegebenenfalls korrigiert werden. Für statistische Zwecke vermerke man auch gleich das Ablagedatum, die Art und Nummer der Mutter. Dies ist besonders dann wichtig, wenn man viele Schildkröten in mehreren Arten pflegt. Während der langen Zeitigungsdauer kann man leicht Eier verwechseln, und dann sind Irrtümer nicht auszuschließen.

Schildkröteneier können naturnah inkubiert werden. Es sind gute Ergebnisse größerer Zuchten bekanntgeworden, wo als Inkubationsraum

Naturnahe Inkubation im Frühbeetkasten

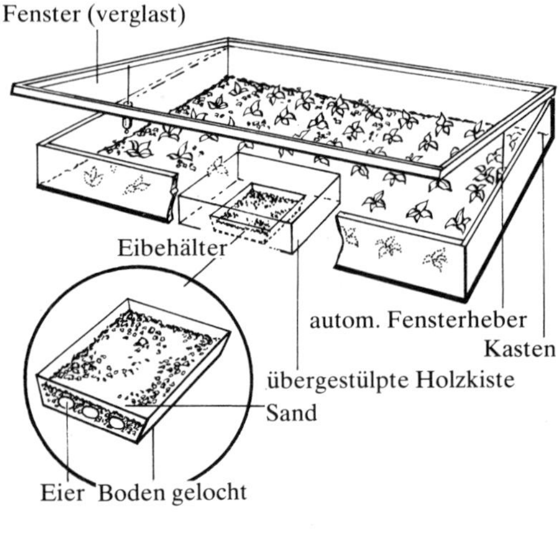

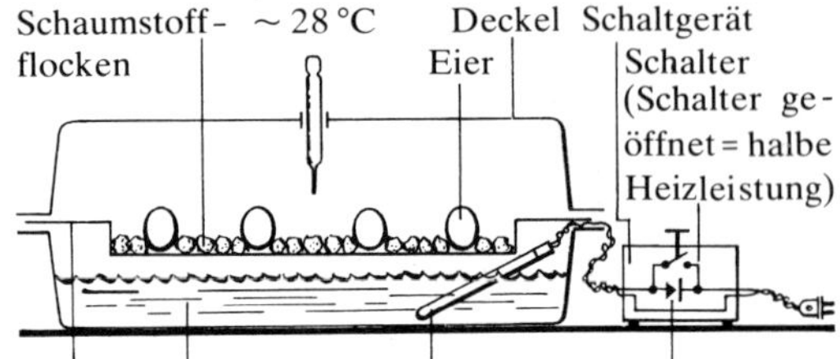

Einfacher Inkubator aus einer Kühlschrankdose mit Schaltgerät

Frühbeete mit Glasabdeckung aus der Pflanzenzucht verwendet werden. Hier herrscht ein günstiges Kleinklima. Wärme wird aufgestockt und Temperaturstürze vermieden. Die relative Luftfeuchtigkeit ist hoch und wird über die Pflanzen im Frühbeetkasten geregelt. Die Eier wurden in gesonderte Kästen eingebracht und mit sandiger Erde bedeckt. Eine Kontrolle der Eier und Beobachtungen zur Entwicklung sind jedoch kaum möglich. Durch den Tages- und Nachtrhythmus mit wechselnden Temperaturen und Feuchtigkeit ohne hohe Dauertemperaturen sind die aus solchen naturnahen Inkubationen erzielten Jungtiere meist äußerst vital, Kümmerlinge erreichen oft nicht die Schlupfreife und sterben ab. Vielfach wird jedoch auf eine künstliche Erbrütung der Eier in speziellen Inkubatoren zurückgegriffen. Sie hat den Vorteil, daß der Entwicklungsstand leicht zu kontrollieren ist, Beobachtungen aufgezeichnet und so die günstigste Bruttemperatur und Feuchtigkeit ermittelt werden können. Abgestorbene und unbefruchtete Eier werden ausgelesen und somit als Infektionsquelle ausgeschlossen.

Der einfachste Inkubator für Schildkröteneier besteht aus einem heizbaren Wasserteil. Darüber befinden sich in dem feuchtwarmen Brutraum die fixierten Eier. Als Unterlage können Kunststoffroste, Schaumgummistreifen oder gelochte Kunststoffmatten, aber auch Torf, Sand und Erde verwendet werden. Ein Deckel mit einigen Luftschlitzen, die einen geringen Gasaustausch ermöglichen, deckt den Behälter ab. Die Heizung wird durch einen kleinen Aquarienheizer realisiert. Da Dauertemperaturen über

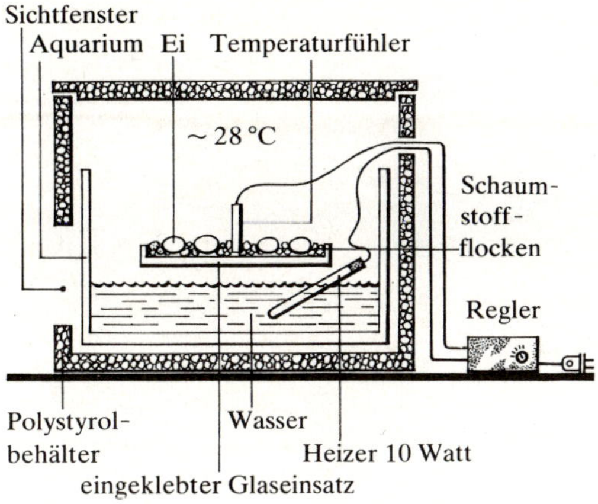

Geregelter Inkubator für Wasserschildkröteneier

30 °C für viele Arten zu hoch sind und die Wassermenge meist bescheiden ist, kann ein Heizer mit einer Leistung von 5 Watt schon zu groß sein. Da schwächere Modelle nicht zur Verfügung stehen, muß man die Betriebsspannung und damit die Leistung durch einen Transformator oder Vorwiderstand herabsetzen. Die ökonomischste Lösung stellt jedoch die Reihenschaltung einer Silicium-Netzdiode mit dem Heizstab dar. Stehen die Jungtiere nach Aufbrechen der Schale und Reduktion des Eiklars und Dotters kurz vor dem Schlupf, sollten sie aus Inkubatoren dieser Bauart entfernt werden. Die Jungtiere überkriechen nach der Suche eines Ausganges ziellos die anderen Eier, können sie verdrehen oder beschädigen.

Inkubatoren mit höherem Komfort haben eine automatische Regelung der Temperatur. Wasserbecken und Brutraum sind groß gehalten. Der gesamte Inkubator wird mit Isoliermaterial umgeben. Dadurch können viel konstantere und reproduzierbare Brutparameter eingehalten werden. Gefährliche Temperaturstürze sind auch bei einem kurzfristigen Stromausfall nicht zu befürchten. Durch den großen Rauminhalt des Brutraumes ist der Gasaustausch zwischen Brutraumluft und Ei gewährleistet. Auf Lüftungsschlitze kann verzichtet werden, da die tägliche Kontrolle genügend Sauerstoff in den Innenraum des Inkubators gelangen läßt. Bei dem Verzicht auf permanente Lüftung kann die relative Luftfeuchtigkeit und/oder Substratfeuchtigkeit im Brutraum sehr hoch gehalten werden, was bei einigen Sumpfschildkrötenarten *(Terrapene, Chrysemys)* unbedingt notwendig ist. Schlüpfende Jungtiere der aquatilen Schildkröten können bis zur Entnahme im Inkubator verbleiben, da sie den Brutraum schnell verlassen und dem Wasserteil zustreben. Für Landschildkröten und terrestrisch lebende Sumpfschildkröten *(Terrapene, Geoemyda)* muß der Wasserteil abgegittert werden. Bei vielen Landschildkrötenarten der Trockengebiete ist die sehr hohe relative Luftfeuchtigkeit bei der Inkubation nicht notwendig, so daß man dann der einfachen oder einer modifizierten Variante den Vorzug gibt. Fallen mehrere Gelege gleichzeitig an, benutzt man gesonderte Brutbehälter. Dies vermindert die Gefahr, daß bei technischen Defekten alle Eier geschädigt werden. Des weiteren hat diese Maßnahme den Vorteil, daß man Gelege aufteilen und bei unterschiedlichen Temperaturen inkubieren kann.

Der nahende Schlupf zeigt sich oft durch Risse in der Schale an. Sind große Feuchtigkeitsunterschiede durch halb im Brutsubstrat stekkende Eier an der Schale vorhanden, reißt das Ei meist entlang dieser Linie durch Spannungen. Obwohl bei Verletzung der Eihaut Eiklar, Dotter und sogar Blut austreten können, wird die Inkubation meist erfolgreich abgeschlossen. Die Schutzbarriere gegen eindringende Keime ist sehr hoch. So kann man selbst Eier, die schon bei der Ablage beschädigt worden sind, noch erfolgreich inkubieren. Die austretende Flüssigkeit wischt man nur an den Rändern des Risses ab,

Geregelter Inkubator für Landschildkröteneier

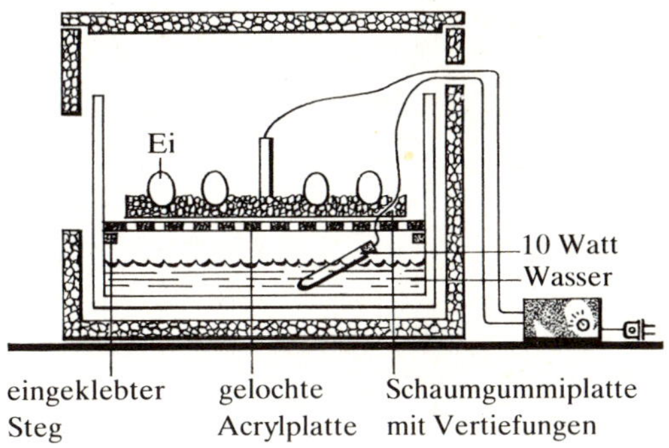

Hatchling und Eier der Großkopf-Schlammschildkröte *(Claudius angustatus)*

nicht aber am Riß selbst, da dann sofort neuer Eiinhalt austritt. Zerbricht man bei ungeschicktem Hantieren ein inkubiertes Ei total, hat der Keimling nur dann eine Chance, wenn seine Entwicklung fast abgeschlossen ist. Man kann versuchen, das Tier samt Dotter in physiologischer Flüssigkeit unterzubringen. Man verwendet dazu eine flache, sterile Glasschale und füllt mit einer Natriumchloridlösung (9 g NaCl in 1000 ml destilliertem Wasser) auf. Das Jungtier soll dabei von der Flüssigkeit nur so weit bedeckt sein, daß es nicht frei schwimmt und problemlos atmen kann. Dann bringt man es wieder im Inkubator unter. Hierbei ist natürlich peinlichste Sauberkeit eine Voraussetzung für den Erfolg.

Der Schlupf verläuft meist reibungslos. Nachdem das Jungtier die Eischale an der Kopfseite aufgebrochen hat, kann es Stunden bis mehrere Tage in dieser Position verbleiben. In dieser Phase sollte man die Tiere möglichst wenig stören. Im Normalfall wird der Dotter abgebaut, und beim Schlupf ist der Nabel weitgehend geschlossen. Durch Erschütterungen und Störungen erfolgt oft ein vorzeitiger Schlupf. Dann ist der Dottersack noch nicht aufgebraucht und hat mitunter noch eine erhebliche Größe. Landschildkröten bringt man dann in sterilen Behältern unter. Probleme kann der Bodengrund bereiten. Zellstofflagen kleben an, Sand und ähnliche Materialien ebenfalls. Deshalb sind Glasschalen mit etwas physiologischer Lösung die geeignetste Methode, um die Tiere bis zum Abbau des Dotters zu bewahren. Wasserschildkröten mit großen Dottersäcken sind wesentlich problemloser zu halten. Man füllt ein kleines Aquarium ohne Bodengrund mit leichter Kochsalzlösung auf und setzt das Tier ein. Beachten muß man, daß räuberisch lebende Wasserschildkröten sich gegenseitig dadurch schädigen, daß sie den Dottersack des anderen Tieres als Futter ansehen. Einzelhaltung ist deshalb notwendig. In der Regel wird der Restdotter sehr schnell abgebaut. Der gesamte Vorgang ist in einigen Stunden abgeschlossen. Der Dotterinhalt wird über den Nabel förmlich aufgesaugt, die Blutgefäße leeren sich, und das ganze Gebilde fällt zusammen. Es gleicht einem Schleier aus leeren dünnen Häuten und wird abgestoßen. Anschließend wächst der Nabel zu. Er ist einige Tage später kaum noch zu erkennen. Besondere Pflegemaßnahmen braucht man wegen des Nabels nicht zu treffen. Auch hier ist eine hohe Schutzbarriere gegen eindringende Keime vorhanden.

Das gelegentlich beschriebene Abnabeln frischgeschlüpfter Schildkröten sollte unterbleiben. Man bindet dazu den Dotter am Nabel mit Zwirn ab und entfernt ihn durch einen Schnitt mit einer scharfen Hautschere. Man entzieht jedoch damit dem Jungtier wertvollste Nährstoffe. Meist besteht zu dieser Maßnahme überhaupt keine Veranlassung. Nur in wenigen Ausnahmefällen kann diese Methode bei einer Verletzung und Infektion des Dotters gerechtfertigt sein. In der Praxis des Verfassers zeigte das Ei von *Kinosternon hirtipes* nach etwa 75 Tagen Inkubation Risse, Flecken und einen Schimmelüberzug. Eine genauere Kontrolle ergab, daß dem Ei der typische Geruch von faulen Eiern entströmte. Es war also offensichtlich schlecht geworden. Es wurde geöffnet. Als große Überraschung wurde dem Ei ein lebender, schwach entwickelter, aber schon pigmentierter 14 mm großer Keimling entnommen. Der Dotter aber war verfault. Ohne Hoffnung auf Erfolg wurde der schlechte Dotter nach Abbinden des Nabels entfernt und das »Frühchen« in ein kleines steriles Aquarium mit physiologischer Lösung im Inkubator untergebracht. Zur großen Überraschung überlebte das Tier. Es blieb aber sehr stark gegenüber seinen Geschwistern zurück und hatte einen deformierten Panzer.

Selten schlüpfen Zwillinge aus einem Ei. In den meisten bekannten Fällen ist einer der beiden klein, mißgebildet und nicht lebensfähig. In manchen Fällen waren beide Tiere normal ausgebildet. Aus solchen Eiern können auch siamesische Zwillinge schlüpfen, deren Körper weitgehend miteinander verwachsen sind. Wie bei den meisten Mißbildungen gehen die Tiere recht schnell ein.

Schwere Schilderanomalie bei einer Rotwangen-Schmuckschildkröte *(Chrysemys scripta elegans)*. Diese Veränderungen können sowohl durch zu hohe Inkubationstemperaturen entstehen als auch genetisch fixiert sein.

Häufig kommt es zu Anomalien in der Beschilderung des Panzers. Dies ist jedoch meist keine Behinderung für die Tiere, die sich ganz normal weiterentwickeln. Da in vielen Fällen der Schaden genetisch fixiert ist, sollte man solche Tiere möglichst nicht in Zuchtgruppen zusammenfassen. Es können zusätzliche wie auch fehlende Schilder auftreten. Meist ist dies am Rückenpanzer zu beobachten. Oft haben die Tiere statt der üblichen fünf Wirbelschilder (Vertebralis) vier oder sechs Vertebralschilder, oder es ist ein zusätzliche Rippenschild (Costalia) eingeschoben. Häufig treten auch Asymmetrien der genannten Schilder auf.

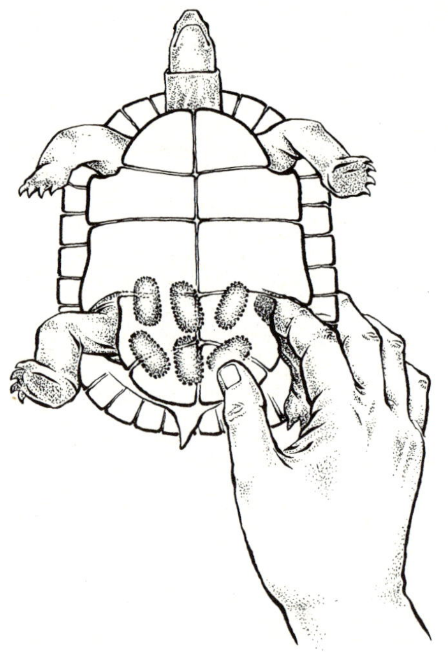

Ertasten der Eier

Trächtigkeitsermittlung

Besteht Verdacht auf Trächtigkeit, muß die Schildkröte daraufhin untersucht werden, da eine bevorstehende Eiablage besonders im Zimmerterrarium eine Reihe pflegerischer Maßnahmen bedingt.

Hochträchtigkeit kann durch Palpation, also Abtasten, ermittelt werden. Dazu nimmt man das Tier in die linke Hand und hält es so, daß man auf den hinteren Teil des Bauchpanzers blickt. Ungeübte lassen das Tier durch eine Hilfsperson so halten. Dann wird ein Hinterbein aus dem Panzer gezogen. Mit dem Mittel- oder Zeigefinger drückt man vorsichtig in das Weichteil zwischen Brücke des Panzers und Ansatz des Hinterbeines in Richtung Bauchhöhle. Sind Eier ausgebildet, spürt man sie als harte, bewegliche und verschiebbare Gebilde.

Diese Methode ist leicht erlernbar und sehr sicher. Leider ist sie bei einigen Arten *(Cuora, Terrapene, Kinixys, Kinosternon)* nicht durchführbar, weil diese Arten bewegliche Panzergelenke besitzen. Durch den Reiz verschließen die Tiere reflektorisch den Panzer. Die Zugkräfte sind gewaltig und können den tastenden Finger ernsthaft verletzen.

Es ist auch möglich, die Trächtigkeit durch Röntgen festzustellen. Die Eier werden nach Ausbildung der Schale sichtbar. Die Strahlungsdosis muß relativ gering gehalten werden, da selbst schwere Landschildkrötenpanzer recht durchlässig für Röntgenstrahlen sind. Für ein adultes Weibchen einer europäischen Landschildkröte genügt eine Strahlendosis von 50 kV/25 mAs bei einem Fokus-Filmabstand von 100 cm, wenn ein normaler Röntgenfilm ohne Verstärkerfolie benutzt wird. Das sind etwa die gleichen Daten, wie sie in der Humanmedizin zum Röntgen einer Hand benutzt werden (Abb. S. 69/70).

Bisher ist unbekannt, welche Nebenwirkungen auf Muttertier und Nachkommen zu erwarten sind. Da sich aber die Mehrzahl der Eier normal entwickelten und vitale Jungtiere daraus schlüpften, kann die Röntgenmethode unter Vorbehalt als brauchbar bezeichnet werden.

Unerläßlich ist das Röntgen, wenn eine Legenot zu befürchten ist. Der Tierarzt kann durch die Aufnahme eindeutig feststellen, ob wehenauslösende Mittel verabreicht werden müssen.

Weiterhin können Schildkröten mit Ultraschall untersucht werden. Das hierbei entstehende Abbild der Eier ist jedoch gegenüber der

Röntgenaufnahmen trächtiger Schildkröten: *Trionyx sinensis, Trionyx subplanus*

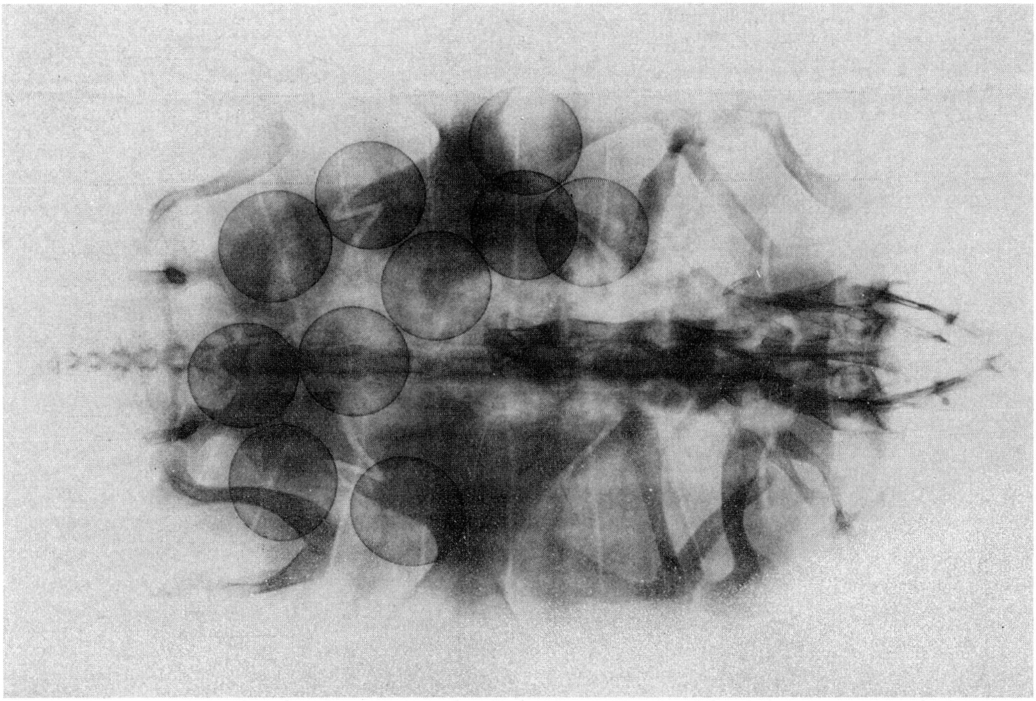

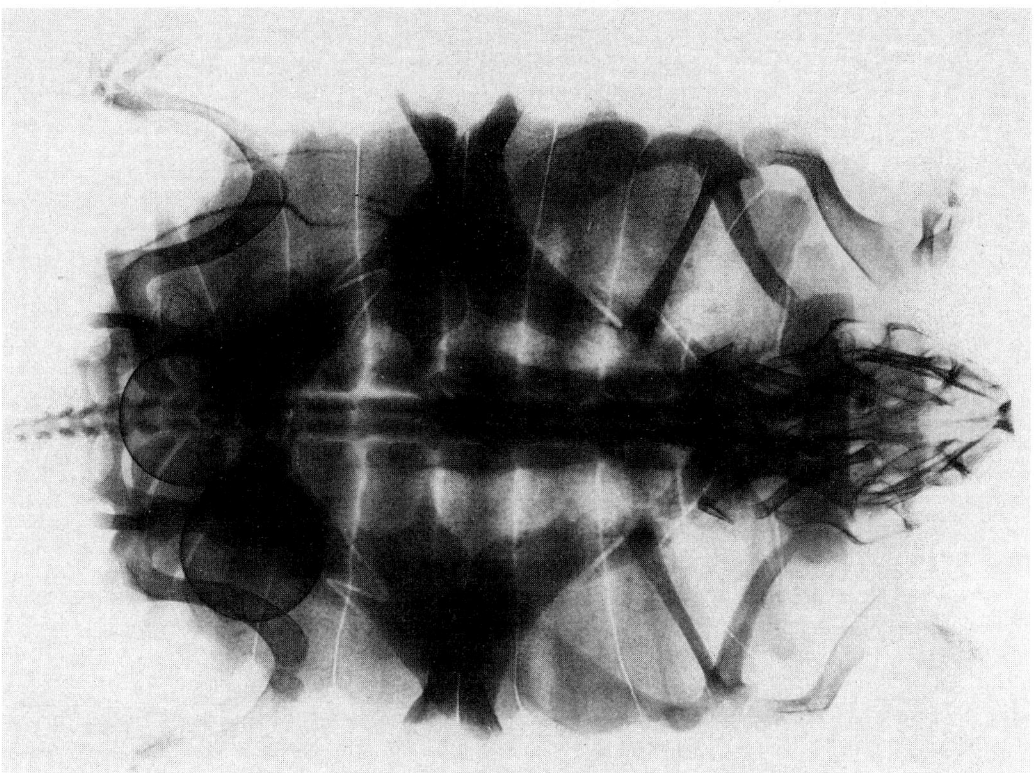

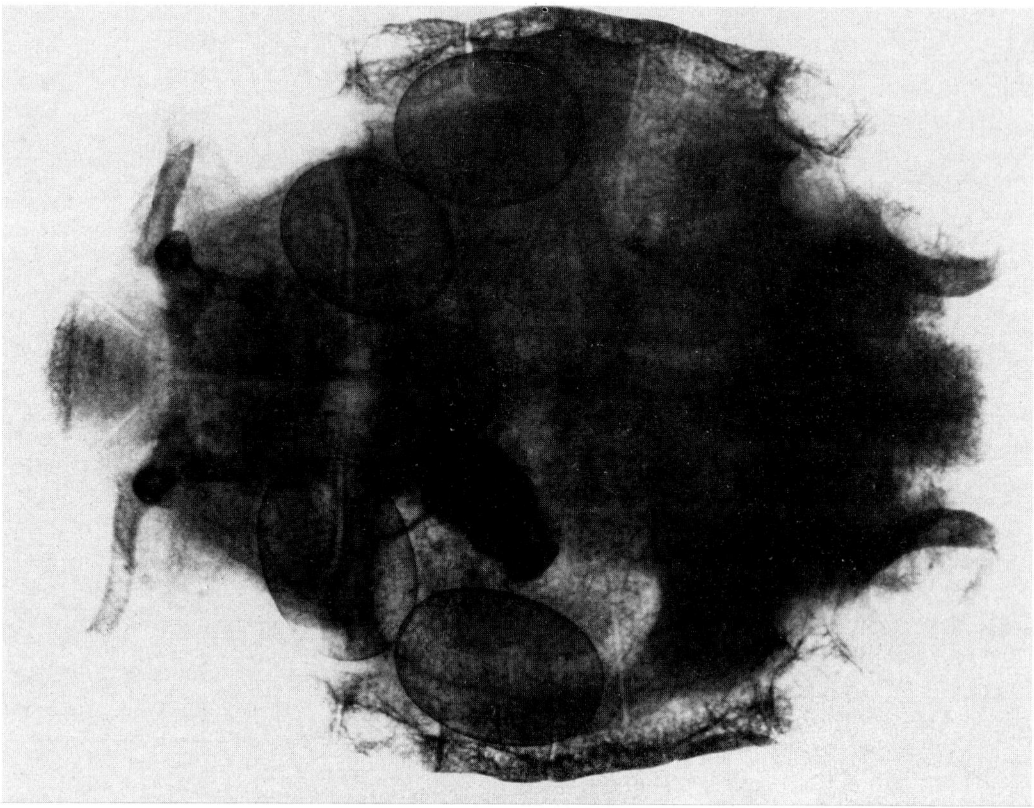

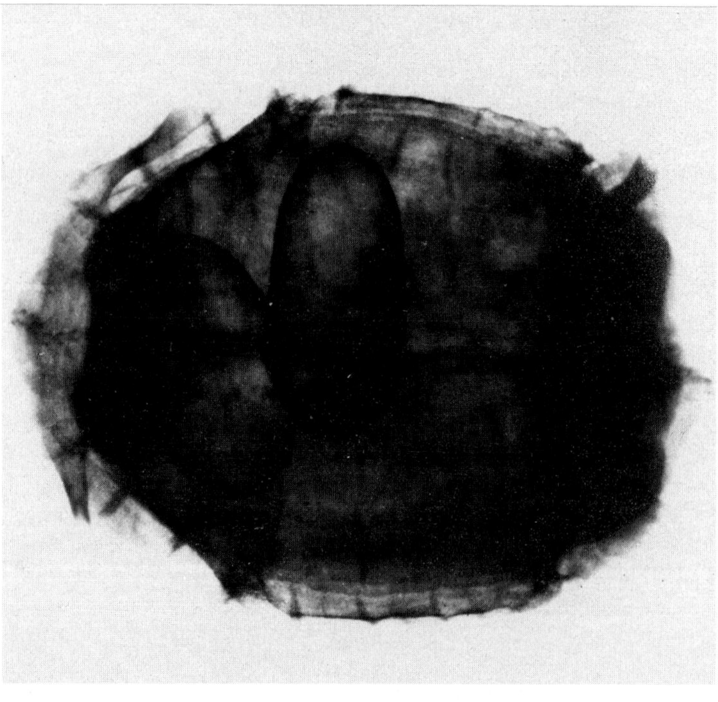

Röntgenaufnahme einer trächtigen Schildkröte: *Testudo hermanni*

Röntgenaufnahme einer an Legenot leidenden Landschildkröte *Agrionemys horsfieldi*

Röntgenmethode relativ unscharf. Es hat aber den Vorteil, daß die Belastung durch die Untersuchung für Mutter und Keimlinge völlig vernachlässigt und problemlos öfters wiederholt werden kann. Die Ultraschalluntersuchung bietet sich deshalb dann an, wenn ein Verdacht auf Trächtigkeit bestätigt werden soll, aber kein Anhaltspunkt für eine Legenot besteht.

Fortpflanzungsstörungen

Fast alle Fortpflanzungsstörungen sind bei den Schildkröten auf eine falsche Haltung und unzureichende Bedingungen im Terrarium oder Brutapparat zurückzuführen. Sie sind demnach vom Pfleger provoziert und können durch geeignete Maßnahmen verhindert werden.

Ausbleiben der Brunst

Bleibt bei gesunden adulten Schildkröten mehrjährig die Brunst aus, sind die Haltungsparameter einer sorgfältigen Analyse zu unterziehen. Besonders kritisch muß der Jahresklimarhythmus betrachtet werden. Die Komponenten Jahrestemperaturverlauf, Tageslängenschwankung und Feuchtezyklus bilden eine Einheit und sind die Rahmenbedingungen zur Auslösung der biologischen Rhythmen der Tiere. Dem untergeordnet ist der Tagesrhythmus. Innerhalb aktiver Phasen müssen sich die Tiere auf ihre Aktivitätstemperatur aufheizen können.

Vor der vermuteten Fortpflanzungsperiode sind die Tiere nach Geschlechtern für längere Zeit zu trennen, bei Schildkröten der gemäßigten Klimate spätestens sofort nach Beendigung der Winterruhe. Ansteigende Tendenzen bei Temperaturen, Tageslänge und Lichtintensität erhöhen die Fortpflanzungsbereitschaft. Kräftiges, abwechslungsreiches Futter unterstützt unsere Maßnahmen. Eine einmalige Vitamingabe kann die Tiere zusätzlich aktivieren. Dann setzt man die weiblichen Schildkröten zu den männlichen Artgenossen, da diese als Revierbeherrscher dann dominieren und schneller paarungsbereit werden.

Störungen der Balz und Paarung

Sie können durch verschiedene Faktoren ausgelöst werden. Platz- und Raumangebot müssen den Tieren angemessen sein. Bei Wasserschildkröten spielt auch die Höhe des Wasserstandes eine entscheidende Rolle. Eine zu enge Haltung verhindert eine ungestörte Balz und Paarung. Im Gemeinschaftsterrarium können artfremde Mitinsassen balzende Tiere ständig stören. Aber auch stark dominierende Artgenossen können das Fortpflanzungsgeschehen erheblich beeinträchtigen und sogar total unterbinden. Besonders bei den Wasserschildkröten gibt es einzelne Individuen, die so aggressiv dominieren. Meist sind es einzelne Männchen, die ihre Rivalen nicht im Wasser dulden und auch Weibchen angreifen. Andere verletzen ihre Partnerinnen bei der Paarung so schwer, daß sich die Tiere durch Flucht auf das Landteil den Nachstellungen entziehen. Entfernt man das übermäßig dominierende Tier aus der Gruppe, ist der soziale Friede bald wieder hergestellt. Da das dominierende Tier in ein fremdes Revier überführt wird, kann es manchmal sein Verhalten ändern und noch ein brauchbares Zuchttier werden.

Verwerfen der Eier

Daß Schildkrötenweibchen ihre Eier im Terrarium nicht artgerecht in einer Eiablagegrube ablegen, ist häufig zu beobachten. Ganz besonders neigen einige Weichschildkröten dazu. Ursache ist, daß den Tieren die angebotenen Ablagemöglichkeiten nicht zusagen. Welche Bedingungen die Tiere an die Nistplätze stellen, ist bisher nur teilweise bekannt. Wärme, Feuchtigkeit, Substrat und Größe des Behälters sind mitentscheidend, ob der Platz angenommen wird. Wird die Ablagemöglichkeit nicht akzeptiert, kommt es zu Notablagen an ungeeigneten Orten. Die Eier werden dann einfach auf dem Boden oder im Wasser abgelegt, wo sie schnell verderben. Die auf dem Boden abgelegten Eier werden mechanisch beschädigt oder vertrocknen, während die im Wasser abgelegten Eier durch den Sauerstoffentzug absterben. Werden sie innerhalb einiger

Stunden geborgen, können sie erfolgreich inkubiert werden. Viele Schildkröten neigen dazu, ihre Eier unmittelbar nach der Ablage im Wasser aufzufressen *(Trionyx)*. Eine Trübung des Wassers ist oftmals der einzige Hinweis, da auch kleinste Schalenstücke gefressen werden.

Abnorme Beschalung

Findet die hochträchtige Schildkröte keinen ihr geeignet erscheinenden Ablageplatz, werden die fertig ausgebildeten Eier im Körper zurückgehalten. Dies kann zu einer abnormen Beschalung der Eier führen. Entweder wird die Schale sehr dick, oder das Ei wird mehrfach beschalt. In beiden Fällen ist eine erfolgreiche Zeitigung nach der Ablage kaum zu erwarten. Der Sauerstoff diffundiert nicht mehr ungehindert durch die Schale, und der Keim wird geschädigt. Sollte er sich dennoch entwickeln können, behindert die abnorme Schale den Schlupf. Aus der Schildkrötenhaltung sind mehrere solche Beispiele bekannt geworden.

Akuter Kalkmangel des Muttertieres wirkt sich ebenfalls negativ auf die Beschalung der Eier aus. Sie werden dünn und zerbrechlich und deshalb oft schon bei der Ablage mechanisch beschädigt.

Legenot

Im ungünstigsten Fall werden die Eier überhaupt nicht abgelegt. Da sie nach voller Entwicklung nicht mehr vom Körper resorbiert werden können, sterben sie ab und zersetzen sich. Das Muttertier stirbt an den toxischen Auswirkungen der Legenot.

Die Legenot hat oft vielfältige Ursachen. Meist ist es auch ein Zusammentreffen mehrerer ungünstiger Komponenten. So kann sich auf ein legereifes Weibchen im Freiland ein massiver Wettersturz negativ auswirken, wenn über eine längere Zeit die erforderlichen Aktivitätstemperaturen nicht erreicht werden und Erkältungskrankheiten das Tier schwächen. Eine andere Ursache wäre eine abnorme Größe der Eier oder zu dicke Beschalung. Die Geburtswege gestatten dann nicht mehr den normalen Ausstoß der Eier. Die Eier können in der Terrarienhaltung auch durch paarungswütige Männchen in der Leibeshöhle deformiert werden, da die trächtigen Weibchen in der Enge eines kleinen Behälters nicht ausweichen können. Bei einer Zwangskopulation werden durch den Druck des Penis die Eier im Ovidukt erheblich deformiert, ja sogar zerbrochen.

Der Beginn einer Legenot ist nicht immer klar zu erkennen. Legt eine hochträchtige Schildkröte eine Eigrube an, und Wehentätigkeit setzt ein, ohne daß Eier abgelegt werden, ist nach Aussetzen der Wehen eine akute Legenot zu vermuten und umgehend zu handeln. Leider jedoch wird dieser Vorgang nicht immer vom Pfleger bemerkt, so daß erst später die chronische Legenot erkannt wird. Das Tier verkriecht sich meist in eine kühlere Ecke des Behälters und stellt alle Aktivitäten ein. Sobald der Verdacht auf Legenot besteht, sollte unverzüglich ein Tierarzt aufgesucht werden. Durch Röntgenaufnahmen kann die Diagnose spezifiziert werden. Im Stadium der akuten Legenot wird durch ein Wehenmittel die Eiablage künstlich induziert. Zum Einsatz kommt synthetisches Oxytocin. Es

Abnorm großes Ei einer Steppenschildkröte *(Agrionemys horsfieldi)*

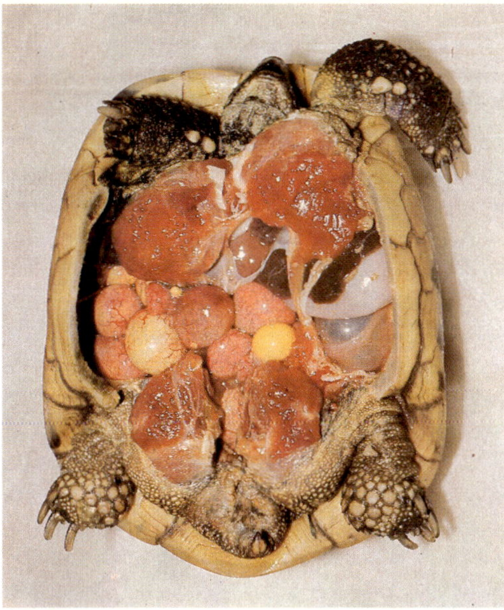

Geöffnete Bauchhöhle einer an Legenot verendeten Landschildkröte

löst in der wehenbereiten Muskulatur des Geburtstraktes rhythmische Kontraktionen aus, die zum Ausstoß der Eier führen können. Haben die Eier Übergröße, sind die Geburtswege verengt oder die Eier deformiert, werden sie in den unteren Bereich der Geburtswege gedrängt und können vom Tierarzt durch einen Eingriff entfernt werden.

Ovidukt einer an Legenot verendeten Moschusschildkröte

Die Applikation von Oxytocin erfolgt durch eine Injektion mit dünner Kanüle in die Muskulatur der Innenseite des Oberschenkels oder der Schwanzwurzel. Da bei Reptilien dieses Medikament wenig anspricht, muß entsprechend hoch dosiert werden, um die gewünschte Wirkung zu erzeugen. Je nach Schwere des Falles sind Mengen von 1 bis 3 IE/100 g Körpermasse zu verabreichen. Unterstützt wird die Wirkung durch warme Bäder bei 32 bis 35 °C sowie intramuskuläre Calciumgaben (Calciumgluconat 10 %; 50 ml/kg).

Können mit dieser Behandlung nicht alle Eier ausgetrieben werden, ist ein chirurgischer Eingriff unumgänglich, um das Tier zu retten.

Penisverletzungen

Bei einer Gemeinschaftshaltung von Schildkröten sind Penisverletzungen häufig zu beobachten. Besonders sind Wasserschildkröten davon betroffen, da die dunkelrote Farbe des Penis bei spontanen Ausstülpungen oder Paarungsversuchen für die anderen Terrarienbewohner Futter signalisiert und Bißwunden zugefügt werden. In den meisten Fällen kommt es dabei zu einer Schädigung der Rückzugsbänder. Um einer weiteren Verletzungsgefahr vorzubeugen, muß das betroffene Tier unverzüglich in Einzelhaltung überführt werden, da es den verletzten Penis nicht mehr einziehen kann und mit Sicherheit Opfer weiterer Angriffe wird. In vielen Fällen heilt die Verletzung soweit aus, daß das Tier nach einigen Wochen den Penis wieder in die Kloake einziehen kann. Bis zur völligen Abheilung muß eine regelmäßige Wundbehandlung durchgeführt werden, da Nekrosen als Folge der Bißverletzungen nicht selten sind. Ein leichter Penisvorfall kann auch chirurgisch durch eine Reponierung mit anschließender Tabakbeutelnaht an der Kloakenöffnung versorgt werden.

Schwere Penisverletzungen mit Ausbildung nekrotischer Bezirke können letztlich Penisamputationen notwendig erscheinen lassen, um das Tier zu retten. Natürlich wird damit das Tier zuchtuntauglich.

Absterben der Eier im Inkubator

Sind keine unmittelbaren technischen Störungen (Stromausfall, Regeleinrichtung defekt, Wasservorrat verdunstet) aufgetreten, sind die Ursachen entweder auf eine falsche Inkubationsmethode oder auf Mangelerscheinungen und Haltungsfehler bei den Elterntieren zurückzuführen.

Gesunde befruchtete Schildkröteneier sterben selten ab, wenn sie bei Temperaturen von 25 bis 30 °C und einer artgerechten Substratfeuchte inkubiert werden.

Hat man noch keine ausreichenden Erfahrungen mit der Inkubation der Eier einer bestimmten Art, legt man die Temperatur eher an die untere Grenze. Ein Feuchtigkeitsgefälle kann man im Inkubator relativ leicht realisieren, wenn man die Wanne mit dem Brutsubstrat schräg über den Wasserteil einklebt. Im unteren Teil wird nach einiger Betriebszeit eine höhere Feuchte herrschen. Sind die Eier zu trocken gelagert, stirbt der Keimling etwa nach der Hälfte der Inkubationszeit ab und mumifiziert oftmals. Ist die Feuchte zu hoch, erstickt der Keimling, und das Ei fängt an zu schimmeln oder fault. Großes Feuchtegefälle im Substrat, welches das Ei umgibt, führt zu Spannungsrissen der Schale. Dies ist in den meisten Fällen zwar harmlos, kann aber bei Milbenbefall zu Problemen führen. Stellt man Milben im Inkubator fest, müssen sie bekämpft werden. Die Eier dürfen dabei keinen direkten Kontakt mit Insektiziden haben, die dabei entstehenden Dämpfe haben jedoch bisher keine nachweislichen Schäden bei den Jungtieren verursacht.

Mangelerscheinungen des Muttertieres wirken sich auch auf die Nachkommen aus, da die Eier nicht mit allen wichtigen Stoffen ausgerüstet werden können. Es ist dann nicht verwunderlich, wenn schlechte Schlupfraten oder ein Totalverlust durch Absterben der Eier zu verzeichnen sind.

Aufzucht der Jungtiere

Die frisch geschlüpften Schildkröten bringt man in den ersten Wochen oder Lebensmonaten in hygienischen Aufzuchtbehältern unter. Durch Einzelhaltung kann in Ruhe der Restdotter resorbiert werden, der sonst Angriffsziel der Geschwister sein kann. Landschildkröten wird man früher, räuberische Wasserschildkröten später vergesellschaften. Eine Gemeinschaft mit den Elterntieren oder anderen größeren Artgenossen gefährdet die Jungtiere sehr, und man wird deshalb darauf verzichten. Die Einzelhaltung ermöglicht eine genaue Kontrolle der Nahrungsaufnahme jedes Jungtieres sowie verwechslungsfreie Messungen von Wachstum und Massezunahme. Zweckmäßig ist es, wenn man die Aufzuchtbehälter numeriert und diese Nummer für die Datensammlung benutzt.

Als Aufzuchtbehälter sind große Lebensmitteldosen (Frischhaltedosen) für Kühlschränke oder kleine Glasaquarien geeignet. Die Lebensmitteldosen bestehen aus chemisch neutralen Werkstoffen, die keine toxischen Bestandteile (Weichmacher) an das Wasser abgeben können. Auf Fotoschalen und ähnlich ungeprüfte Behältnisse sollte man verzichten, da deren Wirkung auf den Jungtierorganismus schädlich sein kann.

Die Aufzuchtbehälter heizt man mittels einer Wärmeplatte oder Wärmematte, wie sie zur Ferkel- oder Geflügelaufzucht verwendet werden. Sind die Jungtiere sehr scheu, bringt man die Behälter in Augenhöhe des Pflegers im Raum unter. In der Regel werden sie nur durch Bewegungen erschreckt, die über ihnen, also in der Region ihrer natürlichen Feinde, stattfinden.

Da man die Behälter täglich reinigen muß, wird man bei vielen Wasserschildkröten auf einen Bodengrund verzichten. Es empfiehlt sich jedoch, öfters einige kleine Kiesel in das Wasser zu geben, die die Tiere fressen und nach einiger Zeit auch wieder ausscheiden. Sie schließen im Magen die Nahrung mit auf. Handelt es sich bei den Wasserschildkröten um schlechte Schwimmer, sollte man den Boden etwas aufrauhen, damit die Tiere besser Halt finden.

Bei einigen Schildkröten, insbesondere den Weichschildkröten, ist ein hoher weicher Sandboden auch im Aufzuchtbehälter notwendig. Die Tiere graben sich wie in der Natur in den Boden ein, und nur Kopf und Hals schauen heraus. Dies gibt den Tieren Deckung und Sicherheit und ist auch für ihre Gesundheit notwendig. Bei einer Haltung ohne Bodengrund häutet der Lederpanzer schlecht, und dies kann zu Problemen führen. Den Wasserstand wählt man nur so hoch, daß die Tiere, ohne ihre Position aufgeben zu müssen, die Oberfläche zum Atmen erreichen können.

Landschildkröten bietet man einen Bodengrund an, der keimarm, feuchtigkeitsregulierend und staubfrei ist. Für die ersten Tage kann man dazu Fließpapierlagen verwenden, die man mit einem Zerstäuber leicht anfeuchtet. Später bringt man sie gemeinsam in einem größeren Aufzuchtbehälter unter, der eine dicke Schicht feuchten Sandes, Hobelspäne und Rindenabschnitte als Bodengrund enthält. Zur Erhaltung der hohen Substrat- und Luftfeuchte wird täglich gesprüht. Nach neuesten Erkenntnissen (Weser) benötigen junge Landschildkröten einen viel höheren Anteil an proteinreicher Nahrung als die adulten Tiere. Man füttert reichlich neben dem üblichen Grünfutter Insekten und deren Larven, Würmer, Schnecken, Asseln und Fleischstücken zu.

Milde Strahler erzeugen an einer Seite des Aufzuchtbehälters die notwendige Wärme. Unter ihnen können sich die Tiere auf ihre Vorzugstemperatur aufwärmen. UV-Bestrahlung ist für viele Jungschildkröten notwendig. Nur dadurch können die Vorstufen einiger Vitamine in die biologisch wirksamen Komponenten umgewandelt werden. Jungschildkröten der gemäßigten Klimate gehören deshalb bei schönem Sommerwetter an die frische Luft. Eine Teilschattierung über den Behältern sorgt jedoch dafür, daß sich die Tiere einer Überhitzung in der Sonne entziehen können. Kann man einen Freilandaufenthalt nicht bieten, muß man UV-Bestrahlung geben. Man achte peinlich auf das Strahlungsspektrum und die Stärke des verwendeten Strahlers. Die UV-Strahlung wird in drei Bereiche eingeteilt.

Die kurzwelligen UV-C-Strahlen (100 bis 280 nm) sind sehr energiereich. Sie oxidieren Stoffe, die sie durchdringen, und wirken deshalb keimtötend. Sie werden z. B. in Dunstabzugshauben verwendet, da sie durch Oxidation geruchsintensive Stoffe binden. Man erkennt diese Strahler am Ozon-Geruch. Sie sind für unsere Zwecke völlig ungeeignet, da sie nur das Epithel der Schildkröten verbrennen. Auch der höhere UV-B-Bereich hat noch Komponenten dieser Wirkung (280 bis 300 nm). Erst dem Übergang vom B- in den UV-A-Bereich kommt die antirachitische Bedeutung zu (300 bis 330 nm). Um mit Sicherheit schwerste Gewebeschädigungen auszuschließen, verwenden wir schwache UV-A-Strahler in Leuchtstofflampenform. Eine solche Lampe mit einer Leistung von 20 Watt kann unbeschadet ganztägig in einer Höhe von 60 cm über dem Bodengrund zusammen mit normalen Leuchtstofflampen als Grundbeleuchtung betrieben werden. Gerade für den sich entwickelnden Organismus ist dies von besonderer Wichtigkeit. Während vorwiegend dämmerungsaktive und aquatile Arten relativ unempfindlich gegen eine Unterversorgung mit UV-Strahlen sind, quittieren die Sonnenanbeter unter den Schildkröten einen Mangel mit schweren irreversiblen rachitischen Erkrankungen. Daß gleichzeitig mit der Bestrahlung auch genügend Provitamine, Vitamine, Kalk, Phosphate und Spurenelemente über die Nahrung zur Verfügung gestellt werden müssen, ist selbstverständlich.

Jungschildkröten wachsen schnell, da mit steigender Körpergröße die Zahl ihrer potentiellen Freßfeinde sinkt. Ihr Nahrungsumsatz ist deshalb sehr hoch. Dies macht eine häufige Reinigung der Behälter notwendig. Wird aus Bequemlichkeit ein rechtzeitiger Wasserwechsel öfters unterlassen, tritt durch das belastete Wasser ein Wachstumsstop ein. Dies kann in schweren Fällen zu einer Verzwergung der Tiere und anderen gesundheitlichen Schäden führen. Vergiftungen durch die eigenen Fäkalien sind häufig zu beobachten. Oft kommt es zu Lähmungserscheinungen, wobei die betroffenen Nervenbahnen dauerhaft geschädigt werden können.

Ein weiterer Fehler ist es, Jungschildkröten durch übermäßige Wärme ohne nächtliche Abkühlung zu enormen Wachstumsschüben anzutreiben. In der Natur leben die Jungtiere in der

Deckung von Pflanzen, um ihren Feinden zu entgehen. Sie sind nur selten an den gleichen Orten anzutreffen, die ihre adulten Artgenossen besiedeln. Hier findet man ein kühleres und feuchteres Mikroklima vor. Jungtiere aus sogenannten »Dampfaufzuchten« leiden fast durchweg an Mangelerscheinungen, die sich in einer Verhökkerung des Panzers sowie rachitischen Verformungen äußern. Man bietet den Jungtieren deshalb nicht nur einen Jahresrhythmus, sondern auch einen deutlichen Tag-Nacht-Rhythmus an. Eine Hibernation braucht im ersten Lebensjahr auch den Arten der gemäßigten Klimate nicht gewährt werden. Dauertemperaturen unter 20°C schaden ebenfalls. Die Krankheitsanfälligkeit steigt, da verschiedene Antikörper bei niedrigen Temperaturen nicht erzeugt werden können.

Mit der Fütterung beginnt man erst, wenn die Schildkröten ihren Dotterrest abgebaut haben und der Nabel geschlossen ist. Dies kann einige Stunden bis Tage nach dem Schlupf dauern. Schon vor der ersten aktiven Nahrungsaufnahme wird Kot abgegeben. Jungschildkröten bietet man als Erstfutter wenige und kleine, aber sich lebhaft bewegende Futtertiere an. Durch die Bewegung der Futtertiere wird Neugier geweckt und der Beißreflex ausgelöst. Sind die Futtertiere zu zahlreich oder zu groß, kehrt sich dies in Fluchtverhalten um. Grundlage sollte möglichst vielseitiges Naturfutter darstellen. Dabei kontrolliere man genau die Herkunft. Futtertiere, die mit Giften in Kontakt gekommen sind, stellen eine ernste Gefahr für unsere Pfleglinge dar. Beim Sammeln ist auch darauf zu achten, daß keine geschützten Tiere und Pflanzen verwendet werden.

Um all diesen Dingen zu begegnen, werden wir auf eigene Futterzuchten kaum verzichten können. Als Futter züchtet man Enchyträen, Regenwürmer, Land- und Wasserschnecken, Asseln, Grillen, Mehlkäfer, Große Schwarzkäfer, Kongo-Rosenkäfer, Wachsmotten oder Mäuse. Von den Käfern und Motten verfüttern wir die Larven, von den Mäusen die frischtoten Nestjungen. Mageres Muskelfleisch vom Rind und Geflügel sowie frische Leber und magerer Süßwasserfisch ergänzen die Nahrung. Wird Grünfutter angenommen, sollte es immer ausreichend zur Verfügung stehen. Will man sich nicht der Mühe eigener Futterzuchten unterziehen und wendet ein Kunstfutter an, ist auf eine ausgewogene Vitaminzufuhr und einen geregelten Mineralstoffhaushalt zu achten. Bei Jungtieren bedarf es aber großer Erfahrung, um hier ein praktikables Gleichgewicht einzustellen.

Futterpflanzen besorgt man sich nicht im Handel, sondern von Kleingärtnern, deren Anbaumethode man genau kennt. Unter ihnen sind auch Menschen zu finden, die die Früchte ihrer Arbeit in Spritzbrühen und Giftstäuben ertränken. Als Grünfutter für junge Schildkröten sind die gleichen Pflanzen wie für die erwachsenen geeignet, nur daß Jungtiere gegenüber Pflanzenschutzmittelrückständen noch empfindlicher sind.

Die Vermehrung von Schildkröten – Artenbeispiele

Nur ein geringer Teil der rezenten Schildkrötenarten wurde bisher in so großen Stückzahlen unter menschlicher Obhut vermehrt, daß die Zuchtmethode als gesichert bezeichnet werden kann. Von den 220 Schildkrötenarten werden gegenwärtig etwa 8% regelmäßig nachgezogen. Einige der 13 Schildkrötenfamilien scheiden aus Haltungs- oder Artenschutzgründen in ihrer Gesamtheit für eine Terrarienhaltung aus. Gleiches gilt für die Hälfte aller Gattungen der restlichen 9 Familien. Hier sollten nationale und internationale Schutzprojekte einsetzen, wobei die Charles-Darwin-Station auf Galapagos sowie einige Meeresschildkrötenschutzstationen Modellcharakter tragen.

Leider ist eine kontinuierliche Nachzucht von Schildkröten in den öffentlichen Schauterrarien und zoologischen Gärten außerordentlich selten. Den Großteil der Nachzuchten leisten engagierte Terrarianer.

Tab. 6: Nachzuchtmöglichkeiten bei Schildkröten (Nomenklatur und Systematik nach Obst 1985)

1 Einzelne Spezies der Gattung werden kontinuierlich auf breiter Basis unter Zimmerbedingungen in Terrarien vermehrt.
2 Einzelne Spezies der Gattung werden kontinuierlich auf breiter Basis in Freilandterrarien vermehrt.
3 Einzelne Spezies der Gattung werden öfters vermehrt.
4 Einzelne Spezies der Gattung werden selten vermehrt.
5 Wenige sporadische Nachzuchten bekannt.
6 Nachzucht unbekannt.
7 Nachzucht im Terrarium nicht möglich.
8 Schutzstationen bereits vorhanden, die die Eier absammeln, inkubieren und Jungtiere auswildern.
9 Zuchtfarmen vorhanden.
Z Vermehrung gelingt in Zimmerterrarien.
K Vermehrung gelingt bei einer Kombination aus Zimmer- und Freilandhaltung.
F Vermehrung gelingt bei Freilandhaltung bei künstlicher Inkubation der Eier.
G Großbehälter oder Gewächshausanlagen erforderlich.

1. Ordnungsgruppe: Halsberger (Cryptodira)

Meeresschildkröten (Cheloniinae)					
Suppenschildkröten *(Chelonia)*	7	8			
Karettschildkröten *(Eretmochelys)*	7	8			
Unechte Karettschildkröte *(Caretta)*	7	8			
Bastardschildkröten *(Lepidochelys)*	7	8			
Lederschildkröten (Dermochelydidae)					
Lederschildkröten *(Dermochelys)*	7	8			
Tabasco-Schildkröten (Dermatemydidae)					
Tabasco-Schildkröten *(Dermatemys)*	7				
Schlammschildkröten (Kinosternidae)					
Klappschildkröten *(Kinosternon)*	1		Z		
Moschusschildkröten *(Sternotherus)*	1		Z	K	
Schlamm-Schnappschildkröten (Staurotypidae)					
Großkopf-Schlammschildkröten *(Claudius)*	5		Z		
Kreuzbrustschildkröten *(Staurotypus)*	5		Z		
Alligatorschildkröten (Chelydridae)					
Schnappschildkröten *(Chelydra)*	4	9	F	K	G
Geierschildkröten *(Macroclemys)*	5		K	Z	G
Großkopfschildkröten (Platysternidae)					
Großkopfschildkröten *(Platysternon)*	5		Z	K	
Papua-Weichschildkröten (Carettochelydidae)					
Papua-Weichschildkröten *(Carettochelys)*	6				
Weichschildkröten (Trionychidae)					
Mittelafrikanische Klappenweichschildkröten *(Cyclanorbis)*	6				
Westafrikanische Klappenweichschildkröten *(Cycloderma)*	6				
Indische Klappenweichschildkröten *(Lissemys)*	5		Z		
Kurzkopf-Weichschildkröten *(Chitra)*	6				
Riesen-Weichschildkröten *(Pelochelys)*	7				
Dreiklauen-Weichschildkröten *(Trionyx)*	3		Z	K	
Landschildkröten (Testudinidae)					
Afrikanische Schnabelbrustschildkröten *(Chersina)*	6				
Vierzehenschildkröten *(Agrionemys)*	4		F	K	
Strahlenschildkröten *(Asterochelys)*	5		K	Z	

Südamerikanische Landschildkröten *(Chelonoides)*	5	8	K	Z	G
Altwelt-Landschildkröten *(Geochelone)*	4		K	Z	G
Gopherschildkröten *(Gopherus)*	4		K		
Flachschildkröten *(Homopus)*	5		K	Z	
Indische Landschildkröten *(Indotestudo)*	5		K	Z	G
Gelenkschildkröten *(Kinixys)*	4		K		
Spaltenschildkröten *(Malacochersus)*	5		K	Z	
Hinterindische Landschildkröten *(Manouria)*	5		Z		
Aldabara-Riesenschildkröten *(Megalochelys)*	8				
Südafrikanische Landschildkröten *(Psammobates)*	5		K	Z	
Europäische Landschildkröten *(Testudo)*	2		F		
Sumpfschildkröten (Emydidae)					
Malayische Dornschildkröten *(Cyclemys)*	5		Z		
Zacken-Erdschildkröten *(Geoemyda)*	4		Z		
Stachel-Erdschildkröten *(Heosemys)*	4		Z	K	G
Indische Erdschildkröten *(Melanochelys)*	3		Z		
Amerikanische Erdschildkröten *(Rhinoclemys)*	4		Z		
Indische Dornschildkröten *(Pyxidea)*	6				
Plattrückenschildkröten *(Notochelys)*	6				
Chinesische Sumpfschildkröten *(Chinemys)*	3		K	Z	
Scharnierschildkröten *(Cuora)*	4		Z		
Strahlen-Dreikielschildkröten *(Geoclemys)*	6				
Tempelschildkröten *(Hieremys)*	6				
Malayen-Sumpfschildkröten *(Malayemys)*	6				
Altwelt-Sumpfschildkröten *(Mauremys)*	4		F	K	
Pfauenaugen-Sumpfschildkröten *(Morenia)*	6				
Chinesische Streifenschildkröten *(Ocadia)*	6				
Batagur-Schildkröten *(Batagur)*	7				
Callagur-Schildkröten *(Callagur)*	7				
Diademschildkröten *(Hardella)*	6		Z	G	
Dachschildkröten *(Kachuga)*	5		Z		
Borneo-Flußschildkröten *(Orlitia)*	7				
Schmuckschildkröten *(Chrysemys)*	3	9	F	K	Z
Höckerschildkröten *(Graptemys)*	4	9	K	Z	
Diamantschildkröten *(Malaclemys)*	4	9	K	Z	
Amerikanische Wasserschildkröten *(Clemmys)*	4		F	K	Z
Langhals-Schmuckschildkröten *(Deirochelys)*	6				
Amerikanische Sumpfschildkröten *(Emydoidea)*	6				
Europäische Sumpfschildkröten *(Emys)*	2		F		

2. Ordnungsgruppe: Halswender (Pleurodira)

Pelomedusen-Schildkröten (Pelomedusidae)					
Madagassische Schienenschildkröten *(Erymnochelys)*	6				
Starrbrust-Pelomedusen *(Pelomedusa)*	4		Z		
Klappbrust-Pelomedusen *(Pelusios)*	4		Z		
Dumeril-Schienenschildkröten *(Peltocephalus)*	7				

Südamerikanische Schienenschildkröten *(Podocnemys)*	5	Z	G
Schlangenhalsschildkröten (Chelidae)			
Australische Schlangenhälse *(Chelonia)*	3	Z	
Fransenschildkröten *(Chelus)*	4	Z	G
Australische Schnappschildkröten *(Elseya)*	4	Z	
Spitzkopfschildkröten *(Emydura)*	3	Z	
Amerikanische Schlangenhälse *(Hydromedusa)*	5	Z	
Krötenkopf-Schildkröten *(Phrynops)*	4	Z	G
Plattschildkröten *(Platemys)*	5	Z	
Fitzroy-Schildkröten *(Rheodytes)*	6		
Falsche Spitzkopfschildkröten *(Pseudemydura)*	6		

Die folgenden Zuchtbeispiele sollen einen repräsentativen Querschnitt aus dem Zuchtgeschehen bei Schildkröten geben. Es wurden deshalb neben häufig gezogenen Arten auch einige selten gehaltene und nur gelegentlich nachgezogene Arten behandelt. Die Darstellungen lassen sich in abgewandelter Form bei genauer Betrachtung des Klimarhythmus auf weitere Schildkrötenarten anwenden. Obwohl subjektive Beobachtungen nach Möglichkeit ausgeklammert wurden, können unter anderen Terrarienbedingungen auch Nachzuchten erzielt werden oder widersprüchliche Ergebnisse in der Vermehrung auftreten. Zur Erstellung der Zuchtbeispiele wurde eine Vielzahl von direkten Befragungen an die Züchter ausgewertet.

Weißmaul-Klappschildkröte
(Kinosternon leucostomum)

Wie viele andere Schlammschildkröten ist auch diese Art nur ungenügend taxonomisch bearbeitet. Sie ist auch unter dem Synonym *Kinosternon postinguinale* bekannt. Neben der recht gut bekannten Unterart *Kinosternon leucostomum spurelli* gibt es vermutlich verschiedene Lokalrassen der Nominatform. Die häufig gehaltene *Kinosternon »acutum«* scheint eine dieser Lokalrassen zu sein. Beide unterscheiden sich in der Färbung, Körpergröße und Aggressivität. Die Panzerproportionen jedoch zeigen auffällige Parallelität. Der Vorderlappen des beweglichen Bauchpanzers ist bei beiden Formen ein wenig länger als das starre Mittelteil. Während *Kinosternon leucostomum spurelli* kleiner, farbiger und untereinander aggressiver als die Nomi-

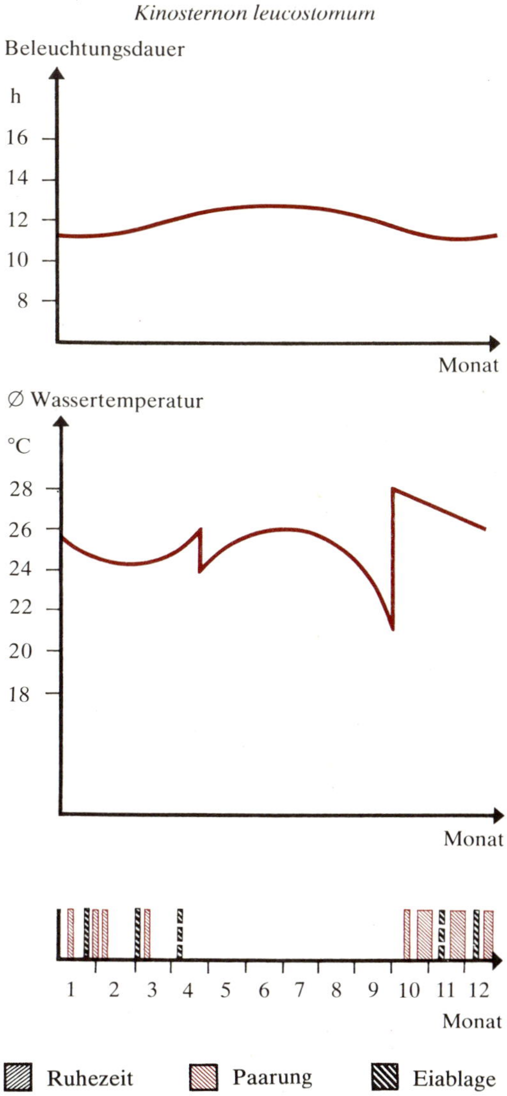

natform ist, unterscheidet sich die Fortpflanzung nur wenig. Es sind dämmerungsaktive Tiere, die nur geringe Ansprüche stellen. Adulte Männchen sind untereinander sehr unverträglich und führen Beschädigungskämpfe aus. Eine Einzelhaltung ist unbedingt erforderlich. Um eine Bastardisierung auszuschließen, halte man die beiden Formen stets getrennt. *Kinosternon leucostomum* hat ein sehr großes Verbreitungsgebiet. Es erstreckt sich von Ostmexiko über Mittelamerika bis Westkolumbien. Bevorzugt findet man sie in warmen, stark verkrauteten, stehenden Gewässern des Tieflandes. Die Maximalgröße ist von der Rasse abhängig. Während die Nominatform 15 cm Carapaxlänge (CL) erreicht, bleibt *Kinosternon leucostomum spurelli* etwas kleiner. Mit einem Alter von 3 bis 5 Jahren werden die Tiere geschlechtsreif. Sie sind dann 9 bis 10 cm CL groß. Die Männchen besitzen einen längeren Schwanz mit dicker Schwanzwurzel. Der Endnagel ist kräftig. Adulte Männchen haben ein konkav eingedelltes Plastron. Der Schwanz ist 3 bis 5 cm lang, während der der Weibchen den Carapaxrand nur leicht überragt.

Haltung: Wegen des hohen Wärmebedarfs ist eine Freilandhaltung nicht möglich, im Zimmerterrarium sind sie jedoch gut einzugewöhnen. Obwohl die Tiere stark aquatil leben, sind sie schlechte Schwimmer. Deshalb genügt ein Wasserstand von 15 cm. Der Bodengrund ist rauh zu gestalten. Moorkienwurzeln ermöglichen den Tieren ein bequemes Aufsteigen vom Bodengrund zur Wasseroberfläche und bilden zugleich beliebte Unterwasserverstecke. Die Haltungstemperaturen liegen zwischen 25 und 30 °C. Da die Tiere wenig bewegungsfreudig sind, genügt für ein Paar eine Grundfläche von 0,35 m^2. Ein Eiablagebehälter kann eingehängt werden. Sie nehmen schon Behälter ab einer Größe von 30 cm × 20 cm × 20 cm an. Der Ausstieg sollte punktförmig bestrahlt werden, da einige Tiere sich dort gelegentlich, trächtige Weibchen häufig sonnen. Es sind vorwiegend carnivore Tiere mit kräftigem Gebiß. Man kann sie gut mit frischtoten Jungratten und Mäusen sowie größeren Fi-

Eine Rotwangen-Schlammschildkröte *(Kinosternon scorpioides cruentatum)* bei der Eiablage

Frisch geschlüpfte Weißmaul-Schlammschildkröte *(Kinosternon leucostomum)*

schen füttern. Gelegentlich nehmen jedoch adulte Exemplare auch süßes Obst oder Wasserpflanzen.

Fortpflanzung: Es sind keine ausgeprägten Ruheperioden erkennbar. In der Terrarienhaltung mutet man den Tieren zu Beginn der kälteren Jahreszeit meist unbewußt die tiefsten Jahrestemperaturen zu. Fällt die Wassertemperatur auf Werte unter 22 °C, werden alle geschlechtlichen Aktivitäten eingestellt. Scheinbar genügt dieser Reiz, um die Tiere anschließend bei Erhöhung der Temperatur in Paarungsstimmung zu bringen. Unter den beschriebenen Haltungsbedingungen beginnt die Paarungszeit im Oktober und endet im März. Es erfolgt keine werbende Balz. Das Männchen reitet nach kurzer geruchlicher Prüfung überfallartig auf. Bisse nach dem Kopf veranlassen das Weibchen, die Vorderbeine und den Kopf einzuziehen und den vorderen Plastronlappen zu schließen. Durch die Massenverdrängung quillt die Analregion unter dem Panzer hervor und erleichtert dem Männchen den Kloakenkontakt. Während der Kopulation pendelt das Männchen horizontal mit dem weit herausgestreckten, nach unten abgewinkelten Kopf. Bei beiden Tieren scheint dann eine Beißhemmung zu bestehen. Die Kopulation, die unter Wasser erfolgt, dauert bis zu 30 Minuten. Die Eiablagen (2 bis 4 Eier) erfolgen von November bis April. Es sind mehrere Ablagen im Abstand von 4 bis 6 Wochen möglich. Die Ablagegrube ist recht tief und reicht 12 bis 15 cm in den Boden, der aus Sand, Kies oder Torf bestehen kann. Hinsichtlich der Ablagestelle sind die Tiere äußerst anspruchslos. Verwerfen der Eier im Wasser konnte nicht beobachtet werden. Die Eier sind länglich-oval, hart und dünnschalig. Die Länge beträgt etwa 33 mm, die Dicke 22 mm, die Masse 7,5 g. Die Inkubation erfolgt bei einer relativen Luftfeuchtigkeit von 90 bis 95 %, die Zeitigungstemperatur kann zwischen 25 bis 30 °C schwanken. Da das Geschlecht der Jungtiere temperaturabhängig ist und der Scheitelpunkt bei 28 °C liegt, arbeitet man vorzugsweise mit zwei Inkubatoren, um ein günstiges Geschlechtsverhältnis von 1 : 3 bis 1 : 4 zu erhalten. Die Temperatur regelt man für die Männchen auf 26 °C und für die Weibchen auf 29 °C. Trotz konstanter Temperaturen schlüpfen die Jungtiere zu sehr unterschiedlichen Zeiten. Auch innerhalb eines Geleges können Differenzen bis zu 100 Tagen auftreten! Die »Schnellentwickler« benötigen 98 bis 132 Tage, die anderen kommen seltener vor und benötigen 160 bis 230 Tage bis zum Schlupf. Der Schlupfvorgang kann einige Tage dauern. Risse in der Schale treten häufig schon 1 bis 2 Wochen vor dem Schlupfvorgang in Höhe der Brücke auf. Der Panzer ist längs der Brücke gefaltet. Die Entfaltung beginnt schon vor dem Schlupf der Jungtiere. Sie sind etwa 30 mm lang, 20 mm breit und 15 mm hoch und wiegen 4 g.

Aufzucht: Die Jungtiere sind unempfindlich gegen Mangelerkrankungen und leicht aufzuziehen. Nach Abbau des Restdotters ist sowohl eine gemeinsame wie auch eine Einzelaufzucht möglich. 2 bis 3 Tage nach dem Schlupf nehmen die Jungtiere sich lebhaft bewegendes Lebendfutter, wie Regenwurmstücken oder Enchyträen, an. Man kann sehr früh auf Kunstfutterarten umsteigen. UV-A-Bestrahlungen sind nicht notwendig, da die Tiere bei ausgewogener Fütterung zu keinen Mangelerscheinungen neigen. *Kinosternon leucostomum* wurde schon in mehreren Generationen in Terrarien gezogen.

Kleine Moschusschildkröte
(Sternotherus minor)

Man unterscheidet drei Unterarten: *Sternotherus minor minor, Sternotherus minor depressus* und *Sternotherus minor peltifer.* Im Terrarium wird hauptsächlich die Nominatform gehalten, die folgenden Angaben beziehen sich auf diese. Die Kleine Moschusschildkröte ist stark aquatil und vorwiegend dämmerungsaktiv. Da sie sich den Terrarienbedingungen leicht anpaßt und nur geringe Platzansprüche stellt, ist sie für die Zimmerterrarienhaltung sehr geeignet. Diese

Schlupf einer Rauhfuß-Schlammschildkröte *(Kinosternon hirtipes)*

Sternotherus minor

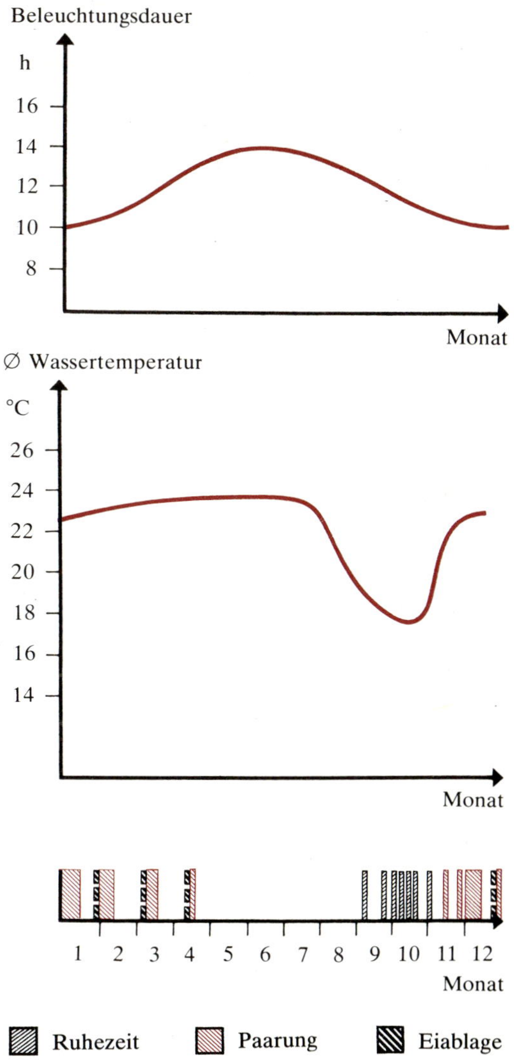

Schildkröte wurde schon in mehreren Generationen im Terrarium gezogen. Der Carapax ist gekielt, von hellgrauer bis dunkelbrauner Grundfarbe und hat eine dunkle Strichzeichnung. Die Vertebralschilder überlappen sich. Der Kopf ist hellgrau mit dunkler Fleckung. Das stark reduzierte und rosa gefärbte Plastron gestattet den Tieren eine hohe Beweglichkeit. Da die Tiere sehr kletterfreudig sind, muß das Terrarium ausbruchssicher sein. Am Kinn tragen die Tiere Barteln. *Sternotherus minor* besiedelt den Südwesten der USA von Nordflorida über Georgia bis West-Mississippi. Die Nominatform kommt im westlichen, *Sternotherus minor peltifer* im östlichen Teil des Verbreitungsgebietes vor. *Sternotherus minor depressus* besitzt ein inselartiges Vorkommen in Nordalabama. Man findet die Tiere in sehr unterschiedlichen Gewässern. Obwohl einige Exemplare 13 cm CL erreichen, werden viele nur etwa 10 cm groß. Die Geschlechtsreife erlangen die Tiere bei optimaler Pflege in 2 bis 3 Jahren. Sie sind dann 7,5 cm lang. Die Männchen besitzen einen dicken Schwanz mit einem kräftigen, jedoch recht kurzen Endnagel. Der Kloakenspalt ist zum Schwanzende hin verlagert. In den Kniekehlen befinden sich verhornte Kopulationspolster. Ältere Männchen besitzen so große Köpfe, daß diese nicht mehr unter den Carapax gezogen werden können. Die Nasenregion ist verlängert.

Haltung: Eine Freilandhaltung wäre von Mai bis September möglich, jedoch wenig sinnvoll, da sie bei dieser Art keine Vorteile bietet. Für die Zimmerhaltung ist die Schildkröte hervorragend geeignet. Da gleichgeschlechtliche Tiere untereinander unverträglich sind, hält man sie paarweise. Ihre Platzansprüche sind gering. Ein adultes Paar benötigt ein Aquarium von 30 cm × 40 cm Grundfläche bei einem Wasserstand von 10 cm. Durch Moorkienwurzeln kann man kleine Reviere abgrenzen und zugleich Versteckplätze schaffen. Als Landteil genügt ein eingehängter Behälter von 20 cm × 15 cm × 12 cm, der nur zur Eiablage aufgesucht wird. *Sternotherus minor* schwimmt schlecht, weshalb man Kies als Bodengrund einbringt. Zur Haltung genügt Zimmertemperatur, wenn ein Strahler am Ausstieg zum Landteil vorhanden ist. *Sternotherus minor* ist carnivor. Die breiten Kauleisten lassen vermuten, daß sich die Tiere in der Natur wohl hauptsächlich von Mollusken ernähren. Tatsächlich sind sie in der Lage, auch starke Schneckengehäuse zu zerknacken.

Fortpflanzung: Auffällige Ruheperioden sind unter Terrarienbedingungen nicht zu beobachten. Zur Synchronisierung der Brunst genügt es, wenn man im Herbst die Temperatur für einige Wochen auf 18 bis 20 °C und gleichzeitig die Beleuchtungsdauer auf 8 Stunden senkt.

Unter den geschilderten Umständen beginnt

die Fortpflanzungsperiode im Dezember und endet im Mai. Vereinzelte Paarungen sind im September zu beobachten. Eine werbende Balz gibt es nicht. Nach kurzer geruchlicher Kenntnisnahme reitet das Männchen auf. Bisse nach Kopf und Hals drängen das Weibchen unter Wasser in eine passive Lage. Dabei kann es zu erheblichen Verletzungen kommen. Zur Kopulation rutscht dann das Männchen nach hinten und klemmt mit den Kopulationspolstern den hinteren Carapaxrand des Weibchens ein. Kopulationsversuche erfolgen besonders häufig nach

Sternotherus odoratus

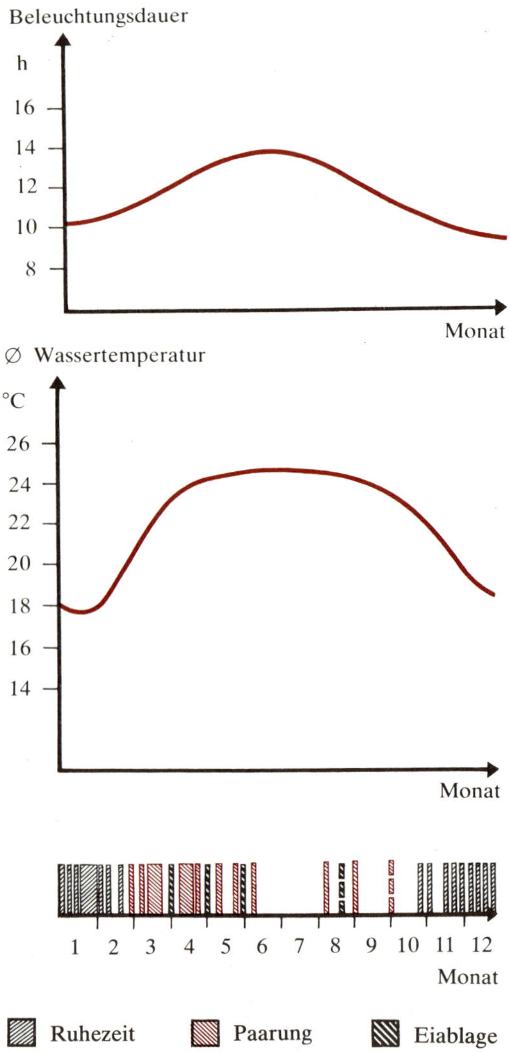

der Fütterung. Zur Eiablage suchen die Weibchen den Landteil auf. Trotz der kurzen Beine können sie geschickt klettern. Es ist häufig vorgekommen, daß die Gelege nicht in den vorgesehenen Eiablagebehältern, sondern in kleinen Blumentöpfen oder in den Pflanzgruben von Ephiphytenstämmen abgelegt wurden. Zur Eiablage graben sich die Tiere fast senkrecht rückwärts in den Boden. Die Eikammer wird in Körpertiefe angelegt (Abb. S. 51). Meist werden 2 bis 3 Eier abgelegt. Pro Jahr sind bis zu fünf Eiablagen möglich. Die Eier sind ellyptisch, hart und dünnschalig. Sie sind 27 mm lang bei einem Durchmesser von 14,5 mm und wiegen 4 g. Bei einer Temperatur um 27 °C und einer relativen Luftfeuchtigkeit von 90 bis 95 % werden die Eier inkubiert. Die Inkubationszeit beträgt etwa 115 Tage. Das Geschlecht der Jungtiere wird von der Bruttemperatur beeinflußt. Der Scheitelpunkt liegt bei 27 °C. Schon einige Wochen vor dem Schlupf können die Eier in Höhe der Brücke reißen. Oftmals ist schon beim Schlupf die Brücke vollständig entfaltet. Die Jungtiere sind 24 mm lang, 15,5 mm breit und 13,5 mm hoch und wiegen etwa 2,3 g.

Aufzucht: Nach Abbau des Restdotters ist eine Gemeinschaftshaltung bis zur Geschlechtsreife möglich. Die Aufzucht verläuft zügig und ist problemlos. *Sternotherus minor* neigt zu keinen Mangelerscheinungen. Da sie gierige Fresser sind, wird das Wasser stark belastet. Ein häufiger Wasserwechsel ist notwendig.

Gemeine Moschusschildkröte
(Sternotherus odoratus)

Sie ist eine kleine, häufig gehaltene und gut haltbare Schlammschildkröte. Ihr Carapax ist olivbraun bis dunkelgrau. Er trägt drei Kiele, die jedoch im Alter abflachen. Zwei helle Streifen zieren den Kopf. Am Kinn befinden sich zwei Barteln. Da das Verbreitungsgebiet in den USA sehr groß ist, variiert ihr Habitus stark. Sie ist in Nordamerika vom südlichen Kanada oberhalb der Großen Seen bis Maine, südwärts bis Florida und Texas heimisch. Sie besiedelt sehr unterschiedliche Biotope, wie Sümpfe, Tümpel, Seen, aber auch Fließgewässer. *Sternotherus odoratus* ist dämmerungsaktiv und vorwiegend aquatil.

Trotzdem sonnen sich die Tiere gelegentlich. Bei der Haltung muß berücksichtigt werden, daß die Tiere ausgezeichnet klettern können. In der Natur steigen sie auf der Suche nach exponierten Sonnenplätzen sogar auf im Sumpf stehende Bäume. Diese Schildkrötenart wurde schon in Generationen unter Terrarienbedingungen gezogen. Einzelexemplare werden bis zu 50 Jahre alt. Die Maximalgröße ist von der lokalen Rasse abhängig. Einige Tiere erreichen eine Carapaxlänge von 14 cm, andere werden nur 9 cm lang. Viele der im Terrarium gezogenen Stämme gehören zu den kleineren Formen und sind mit 8 cm geschlechtsreif. Unter Terrarienbedingungen sind die Tiere dann ca. 3 Jahre alt. Die Männchen haben einen längeren und dickeren Schwanz, der mit einem kräftigen Endnagel versehen ist. Die Kloakenöffnung liegt hinter dem Carapaxrand. Auf der Innenseite der Hinterschenkel stehen sich verhornte Kopulationspolster entgegen. Die Nähte zwischen den Plastronschildern sind sehr breit und bestehen aus einem Bindegewebe. Die Männchen einiger Formen haben breite, massigere Köpfe.

Haltung: Eine Freilandhaltung wäre besonders bei den nördlichen Formen möglich. Dies wird aber kaum praktiziert, da die Freilandhaltung für diese Art keine Vorteile bietet und darüber hinaus eine Kontrolle und das Auffinden der Eier sehr erschwert. *Sternotherus odoratus* ist für die Zimmerterrarienhaltung nahezu ideal geeignet. Die Tiere sind untereinander mäßig verträglich und können in kleinen Gruppen oder paarweise selbst in sehr kleinen Aquaterrarien gezogen werden. Minibehälter mit einer Grundfläche von 30 cm × 50 cm bei einem Wasserstand von 10 cm genügen den bescheidenen Ansprüchen eines Paares. Zur Eiablage baut man einen Landteil von 20 cm × 15 cm × 12 cm in den Behältern ein, obwohl die Tiere mit noch kleineren Ablagemöglichkeiten auskommen können. Manche Weibchen legten ihre Eier in kleinen Blumentöpfen oder Asthöhlungen von Ephiphytenstämmen ab. Der Boden des Behälters ist rauh zu halten, da die Tiere schlechte Schwimmer sind. Eine sehr große Lichtfülle lieben diese Schildkröten nicht. Sie nehmen gern Unterwasserverstecke an. Da sie keinerlei Neigung zu Mangelerscheinungen und zur Rachitis entwikkeln, braucht keine zusätzliche UV-A-Bestrahlung gegeben zu werden. Zur Haltung genügt Zimmertemperatur, wenn ein Wärmestrahler den Bereich des Ausstiegs zum Landteil punktförmig aufheizt. *Sternotherus odoratus* ist carnivor und dabei wenig wählerisch. Es werden Fleisch, Fisch, Insekten, Schnecken, Würmer und Kleinkrebse aufgenommen.

Fortpflanzung: Eine kalte Überwinterung ist bei den nördlichen Formen möglich, aber zur Fortpflanzung nicht notwendig. Auch ohne wesentliche Temperaturabsenkung legt diese Schildkröte im Winter bei Kurztagbeleuchtung eine Ruheperiode ein. Die Tiere vergraben sich von November bis Februar häufig im Substrat des Landteiles für einige Tage bis Wochen. Eine Balz ist nicht erkennbar. Nach kurzer geruchlicher Prüfung reitet das Männchen unter Wasser auf. Ist das Weibchen nicht paarungswillig, flüchtet es, bei Paarungsbereitschaft verhält es sich passiv. Das Männchen klemmt mit den Kopulationspolstern in den hinteren Carapaxrand der Partnerin ein und sucht Kloakenkontakt. Mit weit herausgestrecktem Hals versucht das Männchen, das weibliche Tier während der Kopulation in der passiven Haltung mit eingezogenem Kopf zu halten. Paarungen sind außer in den Ruheperioden fast ganzjährig zu beobachten. Oftmals löst eine Fütterung oder ein Wasserwechsel die geschlechtliche Aktivität aus. Im sehr zeitigen Frühjahr ist die Paarungsbereitschaft am höchsten. Zur Eiablage gräbt sich das Weibchen bis auf Körperlänge rückwärts in den Boden und legt 2 bis 4 Eier ab. Mehrere Gelege sind von März bis September möglich. Die Eier sind ellyptisch und haben eine harte, aber sehr dünne Schale. Man sieht bei frisch gelegten Eiern den Dotter durch die Schale schimmern. Die Eier haben eine Länge von 25 mm, einen Durchmesser von 16,5 mm und eine Masse von 3,8 g. Sie können in weiten Grenzen inkubiert werden. Bei einer relativen Luftfeuchtigkeit von 90 % und Temperaturen von 22 bis 30 °C gelingt die Inkubation problemlos. Die Geschlechtsausbildung ist temperaturabhängig. Der Scheitelpunkt liegt bei 27 °C. Werden die Eier bei konstanten Temperaturen von 23 °C inkubiert, dau-

Schlüpflinge der Gemeinen Moschusschildkröte *(Sternotherus odoratus)*

ert die Entwicklung etwa 120 Tage, und die Jungschildkröten sind männlich. Weibliche Tiere erhält man bei Konstanttemperaturen von 28,5 °C. Die Inkubation dauert dann etwa 75 Tage. Der Panzer ist längs der Brücke gefaltet. Nach dem Schlupf sind die Jungtiere 23 mm lang, 16 mm breit und 13 mm hoch und wiegen 2,5 g.

Aufzucht: Junge Moschusschildkröten sind problemlos aufzuziehen. Sie können nach Abbau des Restdotters vergesellschaftet werden. Es besteht keine Neigung zu Mangelerscheinungen und Rachitis. Den Jungtieren genügt Kunstlicht ohne zusätzliche UV-Bestrahlung. Um widerstandsfähige Tiere aufzuziehen, sollten die Temperaturen im Winter gesenkt und leichte Ruhepausen in der Aufzuchtphase eingeschoben werden. Junge Moschusschildkröten sind sehr schnellwüchsig.

Chinesische Dreikielschildkröte *(Chinemys reevesi)*

Diese semiterrestrische Sumpfschildkröte wird häufig in Gefangenschaft gehalten. Sie zeichnet sich durch Anspruchslosigkeit, geringe Körpergröße, ein munteres und lebhaftes Wesen sowie große Kälteresistenz aus. Die Fortpflanzung jedoch gelingt seltener, da viele Pfleger den Tieren die notwendigen Ruhephasen nicht gewähren. Leider quittieren die Tiere auch Transport- und Haltungsfehler mit Erkrankungen des Panzers (Panzernekrosen). Die Chinesische Dreikielschildkröte hat einen hell- bis dunkelbraunen starren Panzer mit drei Längskielen auf dem Carapax. Die Nähte zwischen den Hornschildern zeichnen sich deutlich ab, da sie hellgrau bis weiß gefärbt sind. Die Weichteile sind weitgehend einfarbig. Der Kopf trägt eine helle Schnörkelzeichnung. Alle Zeichnungselemente und auch die Hellfärbung der Nähte sind sehr variabel. Melanismus ist häufig. Männchen sind fast immer Schwärzlinge. *Chinemys reevesi* ist in Mittelchina heimisch. Sie kommt auch im südlichen Japan vor, wurde aber dort vom Menschen eingeschleppt. Man findet sie in kleineren, stark verkrauteten Gewässern, auch in landwirtschaftlichen Bewässerungsanlagen und auf überschwemmten Reisfeldern. Sie ist eine der wenigen Schildkröten, die man als Kulturfolger bezeichnen könnte. Bei dieser Schildkrötenart kommt es zum Riesenwuchs einiger Individuen (Weibchen?), die bis 25 cm lang werden können. Der Großteil der Männchen erreicht jedoch nur eine CL von 12 cm. Die meisten Weibchen werden 13 bis 17 cm groß. Die Geschlechtsreife tritt bei »Normalwüchsigen« im Terrarium nach 7 bis 9 Jahren ein.

Die Männchen haben einen dickeren und längeren Schwanz. Die Kloake befindet sich hinter dem Carapaxrand.

Haltung: Chinemys reevesi ist eine sehr anspruchslose Schildkröte, was oft zu einer nachlässigen Haltung verleitet. Um diese Schildkröte erfolgreich zu vermehren, sollte eine kombinierte Freiland- und Zimmerterrarienhaltung angewendet werden. Im Freiland können sich die Tiere von Mitte Mai bis Ende September aufhalten. Der Teich sollte eine Tiefe von 50 cm nicht überschreiten und ist stark zu bepflanzen. Da die Tiere diese Pflanzen kaum beschädigen, können auch wertvolle Zuchtformen eingesetzt werden. Wird die Anlage häufig frequentiert, bauen die Tiere schnell ihre Fluchtreaktionen ab. Dies kann allerdings nachteilig sein, wenn die Anlage nicht diebessicher ist. Nach dem Freilandaufenthalt leitet man die Ruheperiode ein. Dazu werden die Tiere 8 Wochen lang im Keller eingewintert. Es ist zweckmäßig, wenn man sie in einer Kiste mit erdfeuchtem Substrat und nicht im Wasserbecken unterbringt. Anschließend überführt man die Tiere in das Zimmerterrarium, wo man sie bei einer Wassertemperatur von 21 bis 25 °C hält. Die Lufttemperatur beträgt am Tage 25 bis 30 °C und sinkt in der Nacht auf Werte um 20 °C. Da unter den beschriebenen Bedingungen die Paarung und Eiablage in die Zeit der Zimmerhaltung fällt, ist das Aquaterrarium sowohl von der Wasserfläche als auch vom Landteil sehr großzügig zu bemessen. Um die Tiere ungestört zur Fortpflanzung zu bringen, benötigen sie relativ große Behälter. Der Landteil sollte 0,3 und der Wasserteil 0,5 m^2 bei einem Wasserstand von 20 cm nicht unterschreiten. In der Gefangenschaft ist *Chinemys reevesi* carnivor. Magenuntersuchungen freilebender Populationen ergaben jedoch, daß die Tiere unter natürlichen Bedingungen omnivor, also allesfressend sind.

Fortpflanzung: Eine kalte Ruheperiode ist zur Fortpflanzung unbedingt notwendig. Sie sollte mit einer Kurztagbeleuchtung gekoppelt werden, sofern die »Überwinterung« nicht im (dunklen) Keller erfolgt. Temperaturen zwischen 10 und 18 °C sind einzuhalten, wobei eine zweimonatige Ruhezeit für die Stimulanz der Fortpflanzung ausreicht. Das Männchen nimmt unter Wasser durch Beriechen Kontakt auf und nähert sich mit stelzenden, tänzelnden Bewegungen. Anschließend stellt es sich frontal vor das Weibchen, nur wenige Zentimeter von diesem entfernt. Das Männchen zieht dabei den Kopf und die Vorderbeine ein und stellt den Hin-

Chinemys reevesi

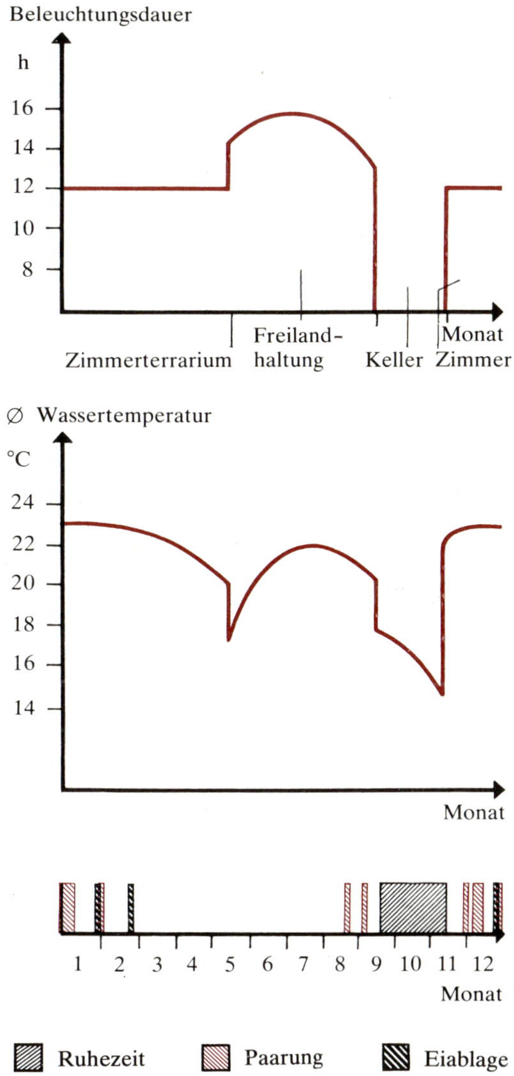

terkörper auf. Dann schnellt es mit dem Kopf vor und stößt an den Kopf des Weibchens. Der Nasenkontakt kann mehrfach wiederholt werden. Ist das Weibchen paarungsbereit, zieht es die Extremitäten ein und verhält sich passiv. Das Männchen reitet von hinten auf und sucht den Kloakenkontakt. Die Kopulation dauert bis zu 30 Minuten. Da die Männchen sehr hartnäckig werben, ist bei der Zusammenstellung der Gruppe stets auf einen Weibchenüberschuß zu achten. Die Eiablage erfolgt unter den beschriebenen Haltungsbedingungen im Winter. Die Weibchen stellen hohe Anforderungen an den Nistplatz und bevorzugen ein erdfeuchtes, sandiges Substrat. Die Nistgrube ist, gemessen an der Körpergröße, mit 15 cm sehr tief. Es werden 2 bis 4 Eier abgelegt. Die Tiere produzieren bis zu drei Gelege im Abstand von 4 Wochen. Die walzenförmigen Eier sind hartschalig und von recht unterschiedlicher Größe. Die Länge beträgt 32 bis 44 mm, die Dicke 20 bis 22,5 mm. Eine Inkubation ist in weiten Temperaturgrenzen möglich. Der günstigste Bereich liegt bei 28 °C. Da wahrscheinlich das Geschlecht der Jungtiere von der Bruttemperatur beeinflußt wird, läßt man die Temperatur um diesen Punkt um 2 bis 3 °C schwanken. Genaue Untersuchungen wurden bei dieser Art noch nicht durchgeführt. Die relative Luftfeuchtigkeit beträgt 90 bis nahezu 100 %. Die Entwicklungszeit bis zum Schlupf ist stark temperaturabhängig und beträgt 63 bis 85 Tage. Die Brücken sind beim Schlupf in Längsrichtung gefaltet. Die Größe der Jungtiere ist von der Eigröße nur wenig abhängig. Sie sind im allgemeinen 28 bis 29,5 mm lang, 22 mm breit und besitzen eine Masse von ca. 6 g.

Aufzucht: Chinemys reevesi ist sehr gesellig, und man zieht die Jungtiere deshalb gemeinsam auf. Resultiert aus einem Zuchtversuch nur ein Nachzuchttier, ist es mit anderen gleichgroßen Wasserschildkröten zu vergesellschaften. In den ersten Lebenswochen sind die Jungtiere sehr scheu. Man bringt deshalb den Aufzuchtbehälter in Augenhöhe des Pflegers unter oder verhüllt den Behälter teilweise, so daß eine Seite auch abgedunkelt wird. Außerdem sind viele Versteckmöglichkeiten anzubieten. Da die Tiere anfänglich schwer an das Futter gehen, reicht man ihnen mehrmals täglich kleine Mengen. Später werden die Tiere sehr zahm und zu hartnäckigen Futterbettlern. Die Futterart ist häufig zu wechseln. Lebendfutter wird bevorzugt. Bei schönem Wetter sind die Jungtiere dem ungefilterten Sonnenlicht auszusetzen. Ist das nicht möglich, erhalten sie aller 14 Tage eine UV-A-Bestrahlung. Ohne abwechslungsreiches Futter und Freilandaufenthalt neigen die Tiere zu rachitischen Mangelerscheinungen und Erkrankungen des Panzers.

Zierschildkröten *(Chrysemys picta)*

Die Zierschildkröten sind eine relativ klein bleibende Sumpfschildkrötenart. Sie leben sehr aquatil. Der Panzer ist flach, glatt und trägt keinen Rückenkiel. Die Grundfarbe des Carapax ist braun bis grünlich, der Rand nicht gesägt. Wir unterscheiden vier Unterarten: *Chrysemys picta picta, Chrysemys picta belli, Chrysemys picta dorsalis* und *Chrysemys picta marginata. Chrysemys picta picta* und *Chrysemys picta dorsalis* haben hell markierte Rückenschildernähte. *Chrysemys picta belli* besitzt eine Netzzeichnung und *Chrysemys picta dorsalis* eine rötliche Dorsallinie auf dem Carapax. Bei *Chrysemys picta picta* und *Chrysemys picta dorsalis* ist das Plastron einfarbig gelb bis weißlich, während *Chrysemys picta marginata* auf rotem Grund eine dunkle Zeichnung entlang der Symmetrieachse und *Chrysemys picta belli* eine Zeichnung auch entlang der Bauchschilder aufweist. Alle vier Unterarten zeichnen sich durch unterarttypische Zeichnungselemente auf den Randschildern aus. *Chrysemys picta dorsalis* wird in den USA für die Heimtierhaltung farmmäßig gezogen.

Die Zierschildkröten sind vom südlichen Kanada über große Teile der nördlichen, mittleren, östlichen und südlichen USA verbreitet. Sie gehören zu den häufigsten Schildkröten ihres Verbreitungsgebietes.

Von allen Rassen erreichen die Weibchen von *Chrysemys picta belli* mit bis zu 25 cm die höchsten Körpergrößen, werden aber meist nur 14 bis 18 cm lang. Die Männchen aller Zierschildkrötenrassen sind 2 bis 3 cm kleiner als die adulten Weibchen. Die südliche Zierschildkröte *(Chrysemys picta dorsalis)* ist die kleinste Form und wird kaum größer als 12 cm. Die Geschlechtsreife erreichen unter Terrarienbedingungen die Männchen in 1,5 bis 2,5 Jahren, während die Weibchen zur Entwicklung 3 bis 5 Jahre benötigen. Neben der geringen Körpergröße haben die Männchen einen längeren und dickeren Schwanz. Die Kloake ist weiter von der Schwanzwurzel entfernt. Ein wesentliches Merkmal sind die stark verlängerten Krallen der Vordergliedmaßen, die von den Männchen zur Balz eingesetzt werden.

Haltung: Obwohl Zierschildkröten aus dem

nördlichen Verbreitungsgebiet sich sehr gut im Freiland halten lassen, sind Nachzuchten unter diesen Bedingungen bisher nicht bekannt geworden. Für die Zimmerhaltung benötigen die Tiere relativ große Aquaterrarien mit ausreichend Schwimmraum, weil es sich um sehr bewegungsfreudige und gute Schwimmer handelt. Ein adultes Paar beansprucht bei einem Wasserstand von 35 cm etwa 0,5 m^2 Grundfläche. Der Ausstieg zum Landteil muß von einem starken Strahler beleuchtet werden, da sich die Tiere gern und ausdauernd sonnen. Das Wasser wird leicht beheizt und sollte in der Aktivitätsphase Temperaturen um 26 °C aufweisen. Um den hohen Anforderungen an den Eiablageplatz gerecht zu werden, sollte eine Seite des reichlich bemessenen Landteiles wärmer und feuchter sein. Zierschildkröten sind vorwiegend carnivor. Sie fressen Würmer, Schnecken, Krebstiere, Insekten, Fleisch und Fisch. Einige ältere Exemplare nehmen auch gern pflanzliches Futter wie Wasserpflanzen und Wildkräuter, Salat und süßes Obst an. Es sollte dann regelmäßig angeboten werden.

Fortpflanzung: Eine kalte Überwinterung ist auch bei den nördlichen Rassen zur Zucht nicht unbedingt notwendig. Es genügt, wenn neben einer leichten Temperaturabsenkung im Winter gleichzeitig ein Kurztag angeboten wird. Hat ein Männchen die Duftspur eines Weibchens aufgenommen, schwimmt es hinterher und überholt es. Dann stellt sich das Männchen frontal vor das Weibchen und streckt die Vorderbeine aus. Mit den langen Krallen, die in vibrierende Bewegungen versetzt werden, beträllert das Männchen den Kopf und den Hals des Weibchens. Dies wiederholt sich so oft, bis das Weibchen zum Bodengrund absinkt und es zur Kopulation kommt. Zur Paarung reitet das Männchen nach erfolgreicher Balz von hinten auf den Carapax auf. Unter den beschriebenen Haltungsbedingungen erfolgen Paarungen während der gesamten Aktivitätsperiode im Jahr, sind aber besonders direkt nach der Eiablage oder nach einem Wasserwechsel häufig zu beobachten. Im feuchten warmen Bodensubstrat wird eine ca. 10 cm tiefe Nistgrube angelegt. Das Weibchen stellt hohe Bedingungen an den Ablageort. Die Eier der *Chrysemys*-Arten sind weichschalig, und deshalb muß die Umgebungsfeuchte in engen Grenzen den natürlichen Bedingungen angepaßt sein. Divergieren die Parameter in ungünstige Bereiche, nehmen die Weibchen die angebotenen Möglichkeiten nicht an und legen die Eier im Wasser ab. Es werden je nach Unterart, Größe und Kondition der Weibchen 2 bis 20 Eier abgelegt. Mehrere Gelege pro Jahr sind möglich. Einige Tiere neigen zur Hyperfertilität. Diese Weibchen müssen für längere Zeit von der Zucht ausgeschlossen werden, bis sie sich erholt haben. Die Eier

Chrysemys picta

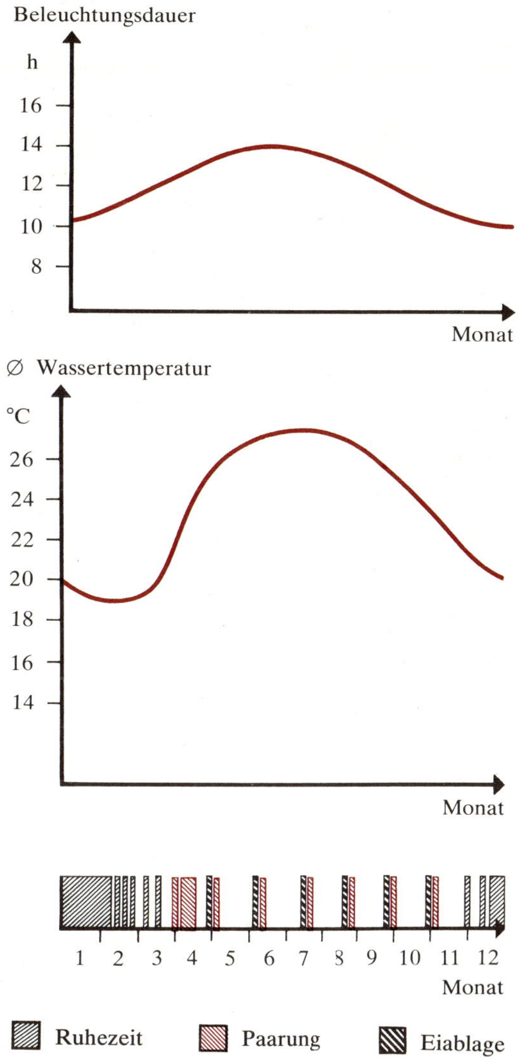

7 ROY 8 9 10 11 12 13 14 15 16 17 18 19 20
22 23 24 25 26 27 28 29 30 31

sind weichschalig und walzenförmig. Bei einer Masse von 6 bis 7 g haben sie Maße von 32 mm × 19 mm. Die Eier werden bei 26 bis 28 °C inkubiert. Dabei sollte die Temperatur schwanken, da konstante Temperatur die Entstehung von Mißbildungen zu erleichtern scheint. Der relativen Luftfeuchte ist wie bei allen weichschaligen Schildkröteneiern hohe Aufmerksamkeit zu schenken. Sie sollte bei 95 % liegen. Die Geschlechtsausbildung ist temperaturabhängig. Der Scheitelpunkt liegt bei 27,5 °C. Bei 26 °C dauert die Zeitigung 58 bis 61 Tage, und die Jungtiere sind männlich. Bei 28 °C schlüpfen nach 52 bis 58 Tagen weibliche Jungtiere. Der Carapax ist beim Schlupf im Bereich der Brücke gefaltet. Die Jungtiere sind 28 mm mal 26 mm × 13 mm groß.

Aufzucht: Die Aufzucht der Jungtiere bereitet einige Probleme. Sie müssen ein sehr abwechslungsreiches und qualitativ wertvolles Futter erhalten, um Rachitis und anderen Mangelerscheinungen vorzubeugen. Der hohe Futterumsatz macht häufige Reinigungsarbeiten notwendig. Untereinander sind junge Zierschildkröten unverträglich. Bei den Beißereien werden oft die Schwänze verletzt. Deshalb benötigt man zur Aufzucht große Behälter mit vielen Versteckmöglichkeiten, oder man hält die Tiere einzeln. Gelegentlich muß man den Tieren auch ungefiltertes Sonnenlicht oder UV-A-Bestrahlung anbieten.

Rotwangen-Schmuckschildkröte
(Chrysemys scripta elegans)

Sie ist wohl die bekannteste Sumpfschildkröte. In den USA wird diese Art für die Heimtierhaltung farmmäßig gezüchtet. Tausende Jungtiere werden jährlich »vermarktet«. Nur ein verschwindend kleiner Teil erreicht das Erwachsenenalter. Durch den geringen Preis und ein permanentes Überangebot wurde die Art bisher nur selten von engagierten Terrarianern zu Zuchtversuchen gehalten, obwohl gerade das Paarungsspiel der Schmuckschildkröten zu den interessantesten Balzabläufen bei den Schildkröten gehört. Die regelmäßige Nachzucht ist unter unserem Klima durchaus nicht einfach und stellt auch für profilierte Schildkrötenpfleger eine Herausforderung dar. Die bunte Jugendfärbung verblaßt mit zunehmendem Alter. Anfangs hat der Rückenpanzer eine hellgrüne Grundfarbe. Jedes Schild trägt eine gelbliche Linienzeichnung. Später dunkelt die Grundfarbe nach. Der Panzer wird olivgrau bis braun, die Zeichnungselemente verwischen sich. Kopf, Hals und Extremitäten tragen goldgelbe Längsstreifen. Ein dicker roter Streifen ziert beiderseits die Schläfen. Rotwangen-Schmuckschildkröten sind aquatile Sonnenkinder und benötigen zur artgerechten Pflege viel Platz. Diese Schildkröte ist in den mittleren und südlichen USA bis zum nordöstlichen Mexiko beheimatet. Sie bewohnt langsam fließende und stehende größere Gewässer mit reichlicher Vegetation. Adulte Weibchen können 25 cm CL überschreiten. Die Männchen bleiben stets kleiner. Sie überschreiten selten 18 cm Länge. Die Geschlechtsreife erlangen die Männchen in 2 bis 4 Jahren. Sie sind dann etwa 11 cm groß. Weibchen werden unter gleichen Bedingungen erst 2 bis 3 Jahre später mit einer Größe um 15 cm geschlechtsreif. Neben dem längeren und dickeren Schwanz besitzen die Männchen auffällig verlängerte Krallen an den Vorderbeinen. Daran kann man schon recht früh bei semiadulten Tieren das Geschlecht ermitteln. Adulte Männchen neigen zu einer Reduzierung des roten Schläfenbandes. Das Plastron ist konkav eingedellt.

Haltung: Hinsichtlich der Haltung stellen Rotwangen-Schmuckschildkröten recht hohe Anforderungen. Als gute Schwimmer beanspruchen sie einen großen Wasserteil, der auch eine beträchtliche Tiefe aufweisen kann. Da ihr Nahrungsumsatz sehr hoch ist, machen sich häufige Reinigungsarbeiten erforderlich. Ein bestrahltes Landteil ist eine Notwendigkeit für die erfolgreiche Pflege. Die Tiere benötigen diese

Zierschildkröten legen weichschalige, flexible Eier. Die obere Reihe besteht aus sich normal entwickelnden Eiern der Hieroglyphen-Schmuckschildkröte *(Chrysemys concinna)*. Unbefruchtete oder zu trocken inkubierte Eier (untere Reihe) verformen sich und fallen ein.

Hatchlinge aus einem Gelege der Hieroglyphen-Schmuckschildkröte *(Chrysemys concinna)*

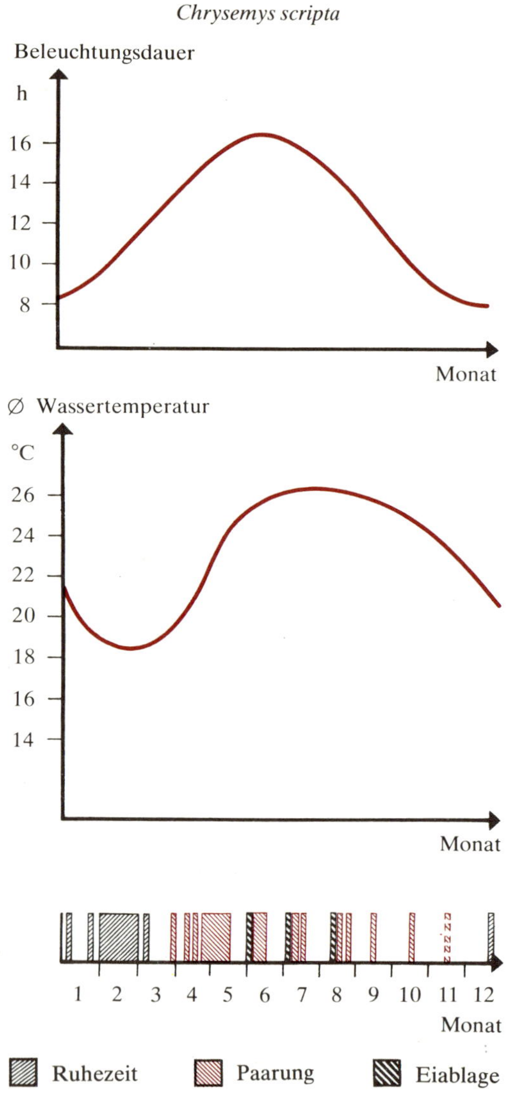

Sonnenplätze, um sich auf die erforderlichen Aktivitätstemperaturen aufheizen zu können. Da die Panzerschilder regelmäßig häuten, muß die abgestorbene Hornschicht vorher gut austrocknen, um sich reibungslos abzulösen. Ohne direkte Sonneneinstrahlung erweisen sich die Tiere außerdem als sehr anfällig für rachitische Verformungen und andere Mangelerkrankungen. Optimal kann man die Tiere nur pflegen, wenn sie im Sommer in einer Freilandanlage gehalten werden können. Exemplare aus den nördlichen Bereichen ihres Verbreitungsgebietes haben eine hohe Kälteresistenz. Sie können zur Synchronisation der Fortpflanzung kalt überwintert werden. Obwohl die Tiere noch bei tieferen Temperaturen aktiver sind als Europäische Sumpfschildkröten, ist eine ganzjährige Freilandhaltung nicht ratsam. Sie vertragen die naßkalte Phase im Herbst und im Frühjahr schlecht. Außerdem »erwarten« sie nach wärmeren Tagen im Winter eine Beendigung der Frostperiode und steigen vom Teichgrund auf. Sie werden von den folgenden Frösten überrascht und frieren im Flachwasser oft unter Pflanzenbüscheln ein. Entdeckt man sie innerhalb weniger Tage, kann man die Tiere durch langsames Auftauen retten.

Rotwangen-Schmuckschildkröten sind Allesfresser. Die Nahrung der Jungtiere prägt sie auf einen bestimmten Nahrungstyp. Aus diesem Grunde muß man Schlüpflingen ein ausgewogenes Nahrungsgemisch, das zu gleichen Teilen aus pflanzlichen und tierischen Stoffen besteht, anbieten. Das hat zwar den Nachteil, daß die Tiere später auch in der Freilandanlage kaum einen befriedigenden Pflanzenwuchs aufkommen lassen, aber nur so ist Mangelerkrankungen vorzubeugen.

Fortpflanzung: Eine kalte Überwinterung ist zur Zucht nicht unbedingt notwendig, wenn sie aus dem südlichen oder mittleren Verbreitungsgebiet stammen. Es genügt, wenn den Tieren im Winter bei leichter Temperaturabsenkung eine Kurztagbeleuchtung angeboten wird. Nur während einer kalten Überwinterung sind Rotwangen-Schmuckschildkröten geschlechtlich inaktiv. Besonderer Höhepunkt ist jedoch das Frühjahr, kurz nach Erwachen aus der Winterstarre. Nach kurzer geruchlicher Prüfung beginnt die Balz. Das Männchen schwimmt frontal auf das Weibchen zu und führt zitternde Bewegungen mit den lang ausgestreckten Vorderbeinen vor dem Kopf des Weibchens aus. Die langen Krallen berühren dabei den Kopf der Partnerin. Ist diese nicht paarungsbereit, schnappt sie nach dem Männchen. Oftmals dauert die Werbung mehrere Tage. Zieht das Weibchen bei den Berührungen Kopf und Vorderbeine ein, so reitet das Männchen auf. Bei der Kopulation sinken die Tiere auf den Grund oder treiben im Wasser.

Die Nistgrube wird mit den Hinterbeinen im feucht-warmen Bodensubstrat angelegt. Sie ist flach. In rascher Folge werden die Eier ausgestoßen, mit den Hinterbeinen aufgefangen und gleichmäßig in der Grube verteilt. Es werden 4 bis 7 Eier abgelegt. Die Hauptablagezeit ist im Juni/Juli. Es können bis zu drei Gelege im Abstand von einigen Wochen folgen. Die Eier sind länglich-oval. Die Schale ist unmittelbar nach der Ablage weich, härtet später etwas nach und hat dann eine lederartige Beschaffenheit. Durch diese Schale kann Feuchtigkeit aufgenommen und auch abgegeben werden. Deshalb kann sich die Größe und Masse während der Inkubation verändern. Die Eier sind etwa 37 mm lang und 22 mm dick. Die Masse liegt bei 11,5 g. Bei einer relativen Luftfeuchtigkeit von 95 % werden die Eier gezeitigt. Die Feuchtigkeit muß recht konstant bleiben, da die Eier leicht vertrocknen. Die Inkubationstemperatur hält man bei 25 °C, wenn männliche, und um 29 °C, wenn weibliche Jungtiere schlüpfen sollen. Die Inkubation dauert bei 25 °C etwa 100 und bei 29 °C etwa 70 Tage. Der Panzer ist längs der Brücken gefaltet. Die Jungtiere liegen längs im Ei und zerschneiden es am Kopfende. Die Entfaltung beginnt schon vor dem Schlupf. Beim Schlupf ist der Panzer in der Aufsicht fast kreisrund und hat eine Länge von 32 mm. Die Masse der Jungtiere beträgt etwa 8,5 g.

Aufzucht: Nach Abbau des Restdotters werden die Jungtiere vergesellschaftet. Dies fördert ihre weitere Entwicklung. Sie benötigen ein sehr abwechslungsreiches Futter, das aus pflanzlichen und tierischen Stoffen besteht. Unerläßlich ist eine regelmäßige Gabe eines Vitamin-Mineralstoff-Gemisches in Verbindung mit natürlicher oder künstlicher UV-Strahlung, da die Tiere sehr anfällig für Mangelkrankheiten sind. Das Wasser muß sehr oft und regelmäßig gewechselt werden. Durch den hohen Nahrungsumsatz fallen große Mengen von Abbauprodukten an, die einer guten Entwicklung der Jungtiere entgegenwirken. Eine Filterung beseitigt nur die optisch sichtbaren Trübstoffe. Man sollte deshalb bei der Aufzucht junger Schmuckschildkröten darauf zugunsten eines häufigen Wasserwechsels verzichten.

Tropfenschildkröte *(Clemmys guttata)*

Die Tropfenschildkröte ist eine kleine, stark aquatile Sumpfschildkrötenart. Das Wasser wird hauptsächlich zur Eiablage verlassen. Trotzdem kann sie nur schlecht schwimmen und läuft lieber über den Bodengrund. Der Carapax ist von dunkler Grundfarbe. Darauf befindet sich eine leuchtendgelbe bis rötlichgelbe Tropfenzeichnung, die auch auf dem Schädeldach, den Extremitäten und dem Schwanz sichtbar wird. Das Plastron ist gelblich-orange mit einer großen schwarzen Fleckenzeichnung. Wegen ih-

Clemmys guttata

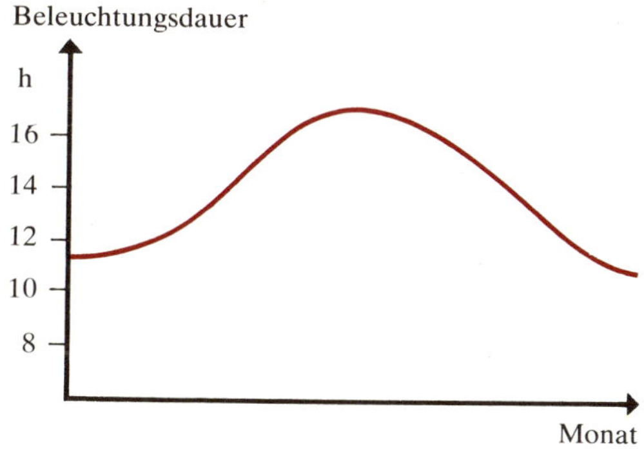

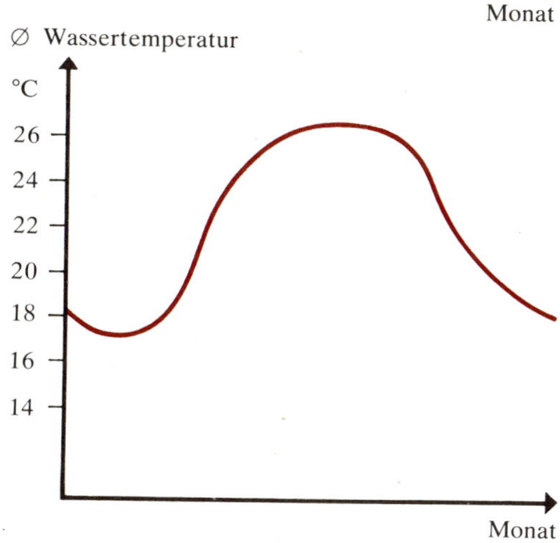

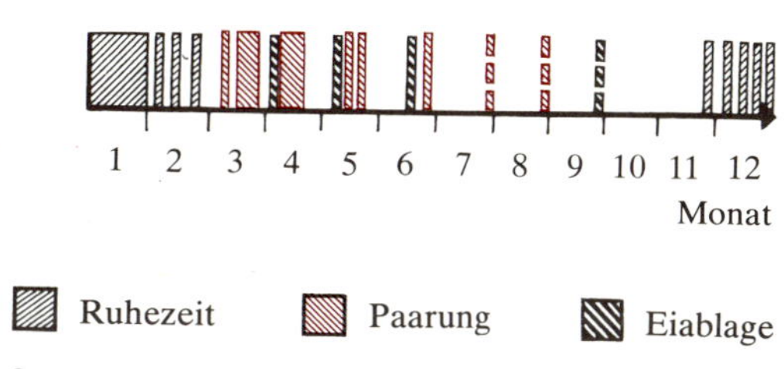

rer Kleinheit und des hübschen Äußeren ist die Tropfenschildkröte ein begehrtes Pflegeobjekt. Da sie aber höhere Ansprüche stellt, gehört sie nur in die Hand erfahrener Schildkrötenpfleger. *Clemmys guttata* ist in den nordöstlichen und östlichen USA heimisch. Sie besiedelt das Gebiet von Südost-Illinois ostwärts bis Maine und südwärts bis Georgia. Ihr Habitat sind Sumpfgebiete mit flachen stehenden bis leicht fließenden Gewässern mit reichlicher Vegetation (Simsen, Quellmoose). Die Tropfenschildkröte erreicht eine Carapaxlänge von 12,5 cm. Die Geschlechtsreife tritt mit einer Größe von 8 cm ein. Die Tiere sind dann 3 bis 4 Jahre alt. Die Männchen lassen sich leicht und sehr früh von den Weibchen unterscheiden. Sie haben einen längeren und dickeren Schwanz. Der Kloakenspalt befindet sich bei den Weibchen in Höhe des Carapaxrandes, bei den männlichen Tieren etwa 1,5 cm weiter zur Schwanzspitze hin verlagert. Die Augenfarbe ist bei den Männchen braun und bei den Weibchen orange.

Haltung: Eine Freilandhaltung ist gut möglich. Die Anlage muß jedoch den Besonderheiten der Tiere gut angepaßt werden. Das Wasserbecken ist flach zu halten und mit Sumpfpflanzen auszustatten. Sind die Tiere für eine Freilandhaltung vorgesehen, müssen sie durch eine kalte Überwinterung im Keller darauf vorbereitet werden. Da jedoch bisher keine Zuchtergebnisse aus Freilandhaltung vorliegen, beziehen sich die folgenden Angaben auf die Zimmerhaltung. Da die Tiere unverträglich sind, hält man die Männchen einzeln. Trotz der Kleinheit der Tiere bietet man ein sehr geräumiges, möglichst langes Aquaterrarium an, um den Tieren genügend Freiraum zu schaffen. Der Wasserstand darf nicht hoch sein und sollte 25 cm an der tiefsten Stelle nicht überschreiten. Die Grundfläche richtet sich nach der Anzahl der Tiere und sollte pro Tier mindestens 0,3 m^2 betragen. Der Bodengrund muß rauh sein, da sich die Tiere ja meist laufend fortbewegen. Geeignet ist ein grober Flußkies, der ein leichtes Reinigen gestattet. Moorkienwurzeln, die vom Grund bis an die Wasseroberfläche reichen, gestatten den Tieren ein problemloses Emporsteigen. Eine Filterung des Wassers ist möglich. Der Landteil muß ebenfalls großzügig bemessen sein, da die Weibchen hohe Anforderungen an den Eiablageplatz stellen. Das Substrat des Landteiles besteht aus einem Sand-Humus-Gemisch, das ständig erdfeucht gehalten wird. Es ist günstig, wenn zur »Feuchtigkeitsanzeige« Pflanzen im Landteil frei ausgepflanzt werden. Tropfenschildkröten sind vorwiegend carnivor, manche fressen aber auch Südfrüchte und süßes Obst.

Fortpflanzung: Eine kalte Überwinterung ist möglich, jedoch zur Zucht nicht unbedingt nötig. Es genügt, wenn im Winter neben einer Kurztagbeleuchtung die Temperatur im Zimmerterrarium auf Werte um 19 °C abgesenkt und etwa 3 Monate so gehalten wird. Das Männchen beriecht das Weibchen, drückt es mit den Vorderbeinen unter Wasser an den Bodengrund und umschwimmt es anschließend. Bleibt das Weibchen in dieser Stellung, signalisiert es Paarungsbereitschaft. Das Männchen reitet dann auf und sucht Kloakenkontakt. Geschlechtlich sind die Tiere unter den beschriebenen Bedingungen fast ganzjährig aktiv. Paarungen sind von Februar bis September zu beobachten. Die Weibchen verlassen zur Eiablage das Wasser und suchen feucht-warme Stellen im Landteil auf. Die Nistgrube enthält 2 bis 3 Eier. Es sind pro Jahr mehrere Eiablagen möglich. Sie erfolgen im Frühjahr und im Herbst. Die Eier sind walzenförmig und weichschalig. Die Schalenhaut hat eine zähe, lederartige Struktur. Die Länge der Eier beträgt 28 mm, die Dicke 15 mm. Sie werden bei einer Temperatur von etwa 26 °C inkubiert. Da die Eier durch die Schalenhaut Wasser aufnehmen und auch abgeben können, ist der relativen Luftfeuchtigkeit im Inkubator große Aufmerksamkeit zu schenken. Sie sollte Werte um 95 % haben und darf nicht für längere Zeit absinken. Die Inkubationstemperatur beeinflußt das Geschlecht der Jungtiere. Bei Konstanttemperaturen von 28 °C dauert die Inkubationszeit 50 Tage, und die Jungtiere sind weib-

Eiablage einer Tropfenschildkröte *(Clemmys guttata)* zwischen Dekorationsmaterialien auf dem Landteil eines Aquaterrariums

Der Schlupf von Tropfenschildkröten *(Clemmys guttata)*

lich. Bei Temperaturen von 23 °C dauert die Entwicklung 80 Tage, es entstehen männliche Tropfenschildkröten. Eine Faltung des Panzers ist beim Schlupfvorgang nicht zu erkennen, da sie schon vorher einsetzt und auch die Breite der weichschaligen Eier verändert. Die Jungtiere haben eine Größe von 25 mm × 23 mm × 10 mm und einen sehr langen Schwanz (23 mm). Sie erinnern in der Körpergeometrie an Schlüpflinge von *Emys orbicularis*.

Aufzucht: Nach Abbau des Restdotters werden die Jungtiere vergesellschaftet. Am Tage hält man sie bei etwa 26 °C. Nachts dagegen müssen die Temperaturen auf Werte um 20 °C gesenkt werden, um die notwendigen Ruhephasen zu gewährleisten und die Tiere zugleich widerstandsfähig zu erhalten. Ständig hohe Temperaturen quittieren die Jungtiere mit einem Nachlassen der Vitalität, das häufig mit dem Tode endet. Da sie ebenfalls schlechte Schwimmer sind, sollte das Wasser nicht tiefer als 2 bis 3 cm sein. Dies macht häufige Reinigungsarbeiten notwendig. Die Jungtiere sind ausschließlich carnivor. Pflanzliche Nahrung wird aktiv nicht aufgenommen. Man bietet ihnen ein sehr abwechslungsreiches Lebendfutter an (Regenwürmer, Mükkenlarven, Kleinkrebse, Schnecken, gewässerte Tubifex) und gestattet ihnen im Sommer Bäder im ungefilterten Sonnenlicht.

Amboina-Scharnierschildkröte
(Cuora amboinensis)

Diese tropische Sumpfschildkröte lebt in seichten Gewässern und angrenzenden Feuchtgebieten, z. B. in Reisfeldern. Schwach ausgebildete Schwimmhäute deuten auf diese terrestrisch-aquatile Lebensweise. Es gibt verschiedene Lokalformen, die jedoch taxonomisch nicht als Unterarten unterschieden werden. Sie besitzen eine sehr unterschiedliche Gestalt. Die Vertreter aus Celebes sind von oben gesehen fast kreisrund und flachrückig, die aus Thailand länglich und sehr hochrückig, Tiere aus Indonesien haben einen länglichen und flachen Carapax. Neuerdings sind auch Gattungsvertreter aus Vietnam bekannt geworden, die bisher weder *Cuora amboinensis* noch *Cuora trifasciata* zuzuordnen sind.

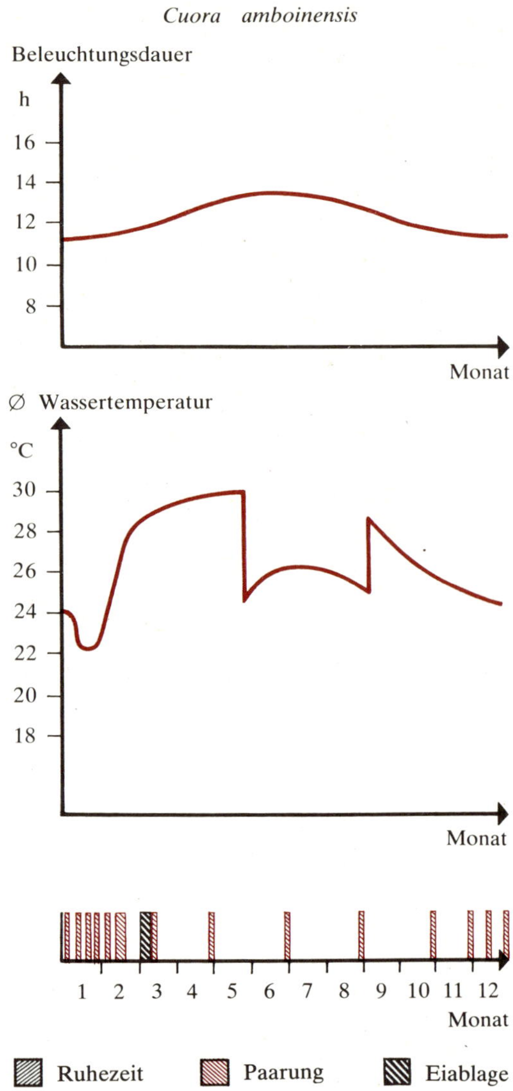

Der Carapax ist hellbraun bis schwarz, das Plastron gelblich mit dunklen Ornamenten. Alle Formen besitzen ein gut entwickeltes Bauchpanzerscharnier. Der bewegliche Vorder- und Hin-

Während der Paarung verbeißen sich bei einigen Arten der Wasserschildkröten die Männchen nach dem Aufreiten unter Wasser in die Nackenhaut der Weibchen. Hier die Kopulation von Amboina-Scharnierschildkröten *(Cuora amboinensis)*

Trotz des groben Bodensubstrates hat die Amboina-Scharnierschildkröte *(Cuora amboinensis)* eine Eigrube angelegt.

terlappen des Plastrons kann dadurch nach Einziehen der Extremitäten und des Kopfes fest an den Carapax gezogen werden. Die Schädelplatte ist schwarz. An den Kopfseiten zieht sich ein sattgelbes Längsband über den oberen Augenrand bis zur Nasenspitze. Parallel dazu verlaufen weitere gelbe und schwarze Kopfbänder. *Cuora amboinensis* ist in Südostasien über Hinterindien, die Sundainseln und die Philippinen verbreitet. Die Tiere werden bis 20 cm groß. Die hochrückige Form hat dann eine Masse von 1,5 kg. Während die Weibchen im Terrarium die Geschlechtsreife in 5 bis 6 Jahren erreichen, benötigen die Männchen 8 bis 9 Jahre. Die sekundären Geschlechtsmerkmale werden erst bei semiadulten Tieren sichtbar. Bei den Männchen ist die Schwanzwurzel verdickt, und die Kloake befindet sich etwa 3,5 cm von der Schwanzwurzel entfernt. Mit zunehmendem Alter wölbt sich das Plastron konkav nach innen. Weibchen haben einen sehr kurzen Schwanz, die Kloake ist 1 cm von der Schwanzwurzel entfernt.

Haltung: Eine Freilandhaltung ist bei warmem Sommerwetter möglich. Die Tiere sind dann jedoch sehr scheu und leben versteckt. Das erschwert sowohl die regelmäßige Kontrolle als auch ein rechtzeitiges Auffinden der Tiere bei Wetterstürzen. Zur artgerechten Zimmerhaltung beansprucht die Amboina-Scharnierschildkröte recht große Aquaterrarien. Ein adultes Paar benötigt eine Wasserfläche von 0,8 m^2 bei einem Wasserstand, der maximal Carapaxhöhe betragen sollte. Der Bodengrund muß rauh sein, da die Tiere schlechte Schwimmer sind. Von dieser Schildkröte sind zahlreiche Berichte bekannt, nach denen die Tiere im Wasserteil ertranken. Der Landteil sollte eine Größe von 0,4 m^2 haben. Wasser und Luft werden beheizt, wobei die Luft etwas wärmer als das Wasser gehalten wird. Wegen der tropischen Herkunft benötigen die Tiere am Tage Umgebungstemperaturen von 25 bis 30 °C. In der Nacht werden die Heizquellen abgeschaltet, wenn das Terrarium im temperierten Wohnraum steht. *Cuora amboinensis* ist omnivor.

Fortpflanzung: Die Schildkröten sind ganzjährig geschlechtlich aktiv. Ruheperioden sind unter Terrarienbedingungen nicht erkennbar. Erhöht man in den Wintermonaten die Temperatur, ist eine Verstärkung der sexuellen Aktivitäten zu erwarten. Das Balzspiel beginnt damit, daß das Männchen stelzbeinig und wasserkauend von vorn auf das sich ruhig verhaltende Weibchen unter Wasser zugeht. Hat es sich genähert und das Weibchen zeigt keine Fluchtreaktion, streicht es rhythmisch abwechselnd über die linke und rechte Kopfseite des Weibchens. Anschließend reitet das Männchen auf und verbeißt sich in die Halshaut der Partnerin. Die Eigrube wird im feuchten Bodensubstrat angelegt. Sie ist etwa 12 cm tief. Unter den beschriebenen Bedingungen werden Anfang März zwei Eier gelegt. Diese sind hartschalig, walzenförmig und mit einer Länge von 52 mm, einem Durchmesser von 28 mm und einer Masse von 22 g im Vergleich zum Körper der Tiere recht groß. Bei einer Temperatur von 28 bis 30 °C und einer relativen Luftfeuchtigkeit von fast 100 % werden die Eier inkubiert. Der Schlupf erfolgt ca. 76 Tage nach der Ablage. Ob auch bei dieser Art die Geschlechtsausbildung temperaturabhängig ist, wurde bisher noch nicht untersucht, ist jedoch zu vermuten. Der Panzer ist beim Schlupf im Bereich der Brücken gefaltet. Die Jungtiere sind ca. 45 mm × 34 mm × 24 mm groß und wiegen 16,5 g.

Aufzucht: Die Aufzucht gestaltet sich problemlos. Die jungen Schildkröten werden in einem separaten Aquaterrarium unter den gleichen Haltungsbedingungen wie die Alttiere aufgezogen. Die erste Futteraufnahme erfolgt drei Tage nach dem Schlupf. Man bietet sich bewegendes Lebendfutter an, beispielsweise zerschnittene Regenwürmer. Obwohl keine große Neigung zu Mangelerscheinungen und Rachitis zu erkennen ist, sollte man auf ein ausgewogenes Futter, das mit einer Vitamin-Mineralstoff-Mischung angereichert wird, achten. Gelegentliche UV-A-Bestrahlung oder direktes Sonnenlicht sind zur Aufzucht günstig.

Europäische Sumpfschildkröte
(Emys orbicularis)

Keine andere Sumpfschildkrötenart dringt so weit in klimatisch ungünstige Regionen vor wie die Europäische Sumpfschildkröte. Sie kann noch über dem 53. Grad nördlicher Breite vorkommen, wenngleich ihr Hauptverbreitungsgebiet unter dem 45. Breitengrad liegt. Da sie das mittlere und südliche Europa, das westliche Asien und das nördliche Afrika besiedelt, bildet sie zahlreiche Lokalformen, die jedoch taxonomisch nicht unterschieden werden. Für den Züchter ist es deshalb äußerst wichtig, das Herkommen seiner Tiere genau zu kennen. Bei der Zucht sollte unbedingt eine Vermischung der Formen vermieden werden! Nicht alle Lokalrassen sind durch ihren Habitus einzuordnen, andere sind recht prägnant. So sind die Tiere aus mecklenburgischen Restpopulationen sehr groß, flach und dunkel gefärbt. Die Rasse aus dem Donaudelta erinnert stark an *Terrapene*-Arten. Ihr Rückenpanzer ist sehr hoch gewölbt, das Bauchpanzerscharnier gut entwickelt und ermöglicht einen fast vollständigen Verschluß. Die Strahlenzeichnung ist dunkel, während die Grundfarbe hell sein kann. Bulgarische Populationen von der südlichen Schwarzmeerküste bestehen aus relativ kleinen, dunkel gefärbten Individuen, die eine goldgelbe bis rötliche Strahlenzeichnung aufweisen. Doch alle diese Unterschiede im Habitus sind nur sekundärer Natur. Entscheidend ist, daß die Fortpflanzungsbiologie der einzelnen Formen voneinander abweicht. Die Vertreter der südlichen Regionen haben unter unserem Freilandklima eine zum Sommer hin verschobene Fortpflanzungsperiode. Die Eier werden nur flach eingegraben. Die Tiere können sich auf natürlichem Wege unter Freilandbedingungen nicht fortpflanzen. Einige nördliche Rassen erreichen 25 cm CL. Die südöstlichen Formen bleiben erheblich kleiner und überschreiten 18 cm CL kaum. Die Männchen bleiben stets kleiner. Sie werden oft nur 14 cm groß. Da vornehmlich in den bestehenden Erhaltungszuchten die Ursprungstiere aus den Balkanländern stammen, beziehen sich die weiteren Angaben auf diese Rasse. Die Geschlechtsreife erlangen die Tiere in 4 bis 7 Jahren. Dabei ist entscheidend, ob und wie lange sie bei der Aufzucht überwintert werden. Die Männchen sind dann etwa 10 und die Weibchen 12 cm groß. Beide Geschlechter besitzen lange Schwänze. Die Kloakenöffnung befindet sich jedoch bei den weiblichen Tieren unter und bei den Männchen hinter dem Panzerrand. Mit zunehmendem Alter bildet sich besonders bei den Weibchen ein Bauchpanzergelenk aus, während die Männchen ein konkav gebogenes Plastron entwickeln. Oftmals besitzen die Männchen eine rote Iris, während die der Weibchen gelb oder weißlich ist.

Haltung: Die Europäische Sumpfschildkröte ist ideal zur Freilandhaltung geeignet, wo sie das

Emys orbicularis

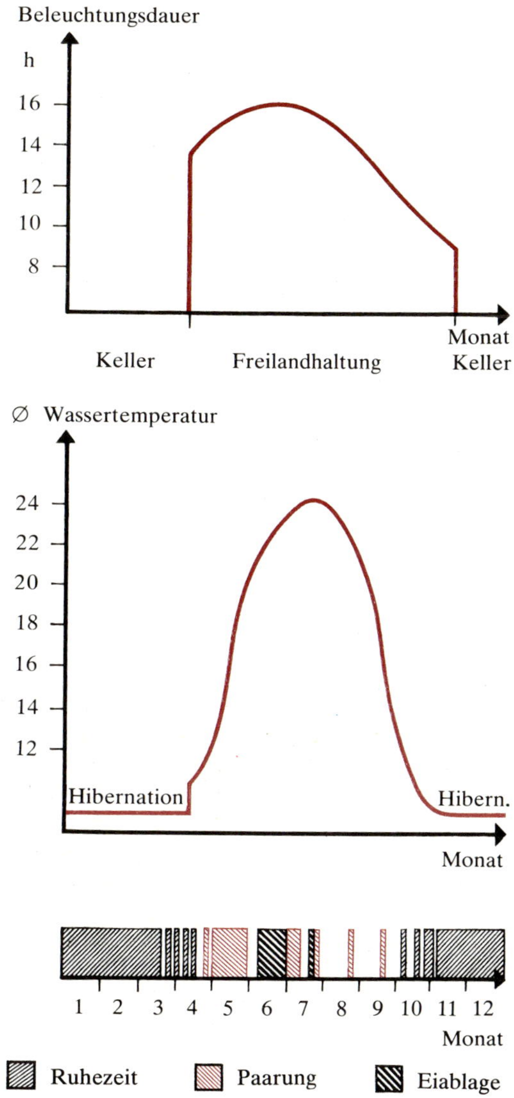

ganze Jahr über verbleiben kann. Eine Zimmerhaltung ist zwar möglich, aber nicht optimal. Die Teichanlage im Freien sollte eine Tiefe von mehr als einem Meter Wasserstand haben, um ein Durchfrieren zu vermeiden. Da diese Schildkröte die Bepflanzung weitgehend schont, ist sie ein idealer Besatz für schön bepflanzte Teiche. Die Umfriedung muß jedoch sehr klettersicher sein, da besonders die trächtigen Weibchen zum Ausbruch neigen. Ein Ablagehügel in sonniger Südlage sollte gleich beim Bau der Anlage vorgesehen werden. Es lohnt sich, das Freilandterrarium sehr großzügig anzulegen und den Besatz gering zu halten. Wenn einer Gruppe von 2,6 Tieren ein Wasserbecken mit einem Volumen von über 10 m^3 Inhalt zur Verfügung gestellt werden kann, ist die Anlage sehr pflegeleicht und bietet zugleich optimale Zuchtbedingungen. *Emys orbicularis* ist carnivor.

Fortpflanzung: Zur Zucht ist eine kalte Überwinterung unerläßlich. Die Tiere können im Keller oder auch in der Freilandanlage überwintert werden. Die Winterruhe sollte bei adulten Exemplaren von November bis März bei einer Temperatur von etwa 4°C erfolgen. Im Freiland überwintern die Tiere vorzugsweise am Grunde des Teiches. Er ist deshalb im Herbst vom Faulschlamm zu reinigen. Dieser Schlamm kann durch die bakterielle Tätigkeit bei geschlossener Eisdecke den im Wasser gelösten Sauerstoff entziehen. Überwintert man die Tiere vorsichtshalber im Keller, braucht man ihnen kein Wasserbecken zur Verfügung zu stellen. Es genügt, wenn sie sich in einer Kiste mit feuchtem Substrat eingraben können. Nach der Winterruhe und einer sehr kurzen Aktivierungsphase beginnt die Paarungszeit, die zwar im Mai ihren Höhepunkt erreicht, aber strenggenommen bis zum Herbst andauert. Die Weibchen werden ständig von den Männchen im Wasser getrieben. Dabei rivalisieren die Männchen untereinander stark. Einige sind so dominierend, daß sie sich nur noch mit der Vertreibung vermeintlicher Rivalen beschäftigen und so das Paarungsgeschehen negativ beeinflussen. Sie sind während dieser Zeit aus der Anlage zu entfernen. Nach dem Treiben und erfolgreichen Aufreiten wird im Wasser kopuliert, wobei sich die Tiere nahe der Oberfläche treiben lassen. Je nach Großwetterlage erfolgt die Eiablage im Juni/Juli. Der Eiablage geht eine tagelange Suche nach geeigneten Ablageplätzen voraus. Da die Weibchen in der Natur zur Eiablage kilometerweite Märsche unternehmen, ist die Ausbruchsgefahr aus der Anlage in dieser Zeit besonders hoch. Ist endlich eine passende Ablagestelle, meist eine schräge Sandfläche in vollsonniger Südlage mit feuchtwarmem Bodenmilieu, gefunden, wird mit den Hinterbeinen eine etwa 10 cm tiefe Nistgrube ausgehoben. Die Eiablage erfolgt oft in den

Die Jungtiere vieler Sumpfschildkröten haben völlig andere Körperproportionen als die Alttiere. Das Bild zeigt einen Schlüpfling der Europäischen Sumpfschildkröte *(Emys orbicularis)*.

Nachmittagsstunden. Es werden 4 bis 12 Eier abgelegt. Ein Zweitgelege ist im August möglich. Die Eier sind ellyptisch (30 mm × 20 mm) und haben eine harte Schale. Ihre Masse beträgt etwa 8 g. Sie müssen aus dem Freilandterrarium entfernt und in einen Inkubator überführt werden. Bei einer relativen Luftfeuchte von etwa 90 % und 24 bis 29 °C werden die Eier inkubiert. Bei einer Temperatur von 25 °C erfolgt der Schlupf in 55 bis 80 Tagen. Die Geschlechtsausbildung ist temperaturabhängig. Die Jungtiere sind beim Schlupf längs der Brücken gefaltet, nehmen aber schnell eine fast kreisrunde Form an. Sie sind ca. 24 mm lang und 20 mm breit.

Aufzucht: Nach Abbau des Restdotters werden die Jungtiere vergesellschaftet. Sie wachsen dann zügiger, da dies den Futterneid anstachelt. Die jungen Sumpfschildkröten sind carnivor. Man füttert sie mit Lebendfutter an. Sooft es die Witterung erlaubt, sollten die Jungtiere dem ungefilterten Sonnenlicht ausgesetzt werden, da sie bei warmer Zimmerhaltung und hohem Futterangebot zu rachitischen Panzerdeformationen neigen. Deshalb sollte sehr ausgewogen gefüttert werden. Regelmäßig muß das Futter mit einer Vitamin-Mineralstoff-Mischung versetzt werden. Bei der Zimmerhaltung werden nur die Sonnenplätze punktförmig bestrahlt und angeheizt, ansonsten genügen Temperaturen um 25 °C. Eine nächtliche Abkühlung ist sehr wichtig. Schon im ersten Lebensjahr sollte eine verkürzte Winterruhe angeboten werden, um eine optimale Entwicklung zu gewährleisten.

Geoemyda spengleri

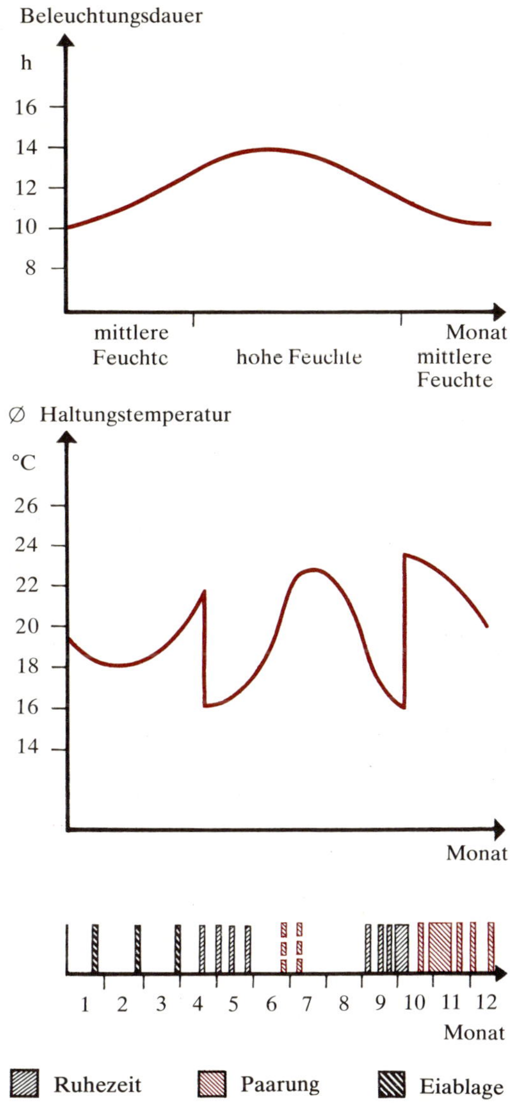

Zacken-Erdschildkröte *(Geoemyda spengleri)*

Obwohl zu den Sumpfschildkröten gehörend, lebt diese Art vorwiegend terrestrisch. Sie ist ein Bewohner feucht-kühler Regenwälder in beträchtlichen Höhenlagen. Der Panzer hat Farbe und Form eines abgestorbenen Blattes. Ein dorsaler Kiel täuscht die Mittelrippe und stark gesägte, etwas aufwärtsgebogene Marginalschilder täuschen den Rand des Blattes vor. Die Grundfarbe des Carapax ist rotbraun in vielen Variationen. Wir unterscheiden zwei Unterarten. Während die Nominatform im südöstlichen Hinterindien, südlichen China und auf den Sundainseln verbreitet ist, kommt die Unterart *Geoemyda spengleri japonica* nur auf den japanischen Riu-Kiu-Inseln vor. Beide Formen unterscheiden sich besonders durch die Färbung des Bauchpanzers. Während die Nominatform ein lackschwarzes Plastron mit rahmgelbem Rand besitzt, ist das Plastron der Japanischen Zacken-Erdschildkröte rot- bis schwarzbraun ohne diese Randfärbung. Weiterhin fällt auf, daß die Nominatform in beiden Geschlechtern sehr lange Schwänze besitzt, während *Geoemyda spengleri japonica* kurzschwänzig ist. Ein kräftiger Hakenschnabel und nach vorn gerichtete, unabhängig voneinander bewegliche Augen verraten den geschickten Jäger. Die Füße besitzen eine starke Beschuppung, Schwimmhäute fehlen. Beide Rassen kommen sehr selten in Gefangenschaft, wobei die japanische Unterart bisher eine echte Rarität darstellt. Die meisten in Gefangenschaft gehaltenen Exemplare gehören der Nominatform an und stammen aus dem Norden Vietnams (Tam-Dau-Gebirge), wo man diese Tiere auf dem Markt unter dem Trivialnamen »Kampfschildkröte« als Delikatesse handelt. Deshalb beziehen sich die weiteren Angaben auf diese Lokalform der Nominatrasse. Die Zacken-Erdschildkröten erreichen nur Größen um 13 cm CL. Die Geschlechtsreife tritt unter Terrarienbedingungen im Alter von 4 bis 5 Jahren ein. Die Tiere haben dann eine Panzerlänge von ca. 9,5 cm. Flüchtig betrachtet, sind die Geschlechter schwer unterscheidbar, da beide lange Schwänze besitzen. Die Kloake der adulten Männchen befindet sich jedoch viel weiter zum Schwanzende hin verlagert. Sie ist bei den Weibchen etwa 1,5 cm und bei den Männchen etwa 3 cm von der Schwanzwurzel entfernt.

Haltung: Da niedrige Temperaturen und Feuchtigkeit vertragen werden, ist die Zacken-Erdschildkröte von Mai bis September gut im Freiland zu halten. Dies wird aber wegen der Seltenheit der Tiere und mangelnder Kontrollmöglichkeit selten praktiziert. Im Zimmer hält man die Schildkröte im unbeheizten Terrarium mit hohem Bodengrund. Der Bodengrund muß ein hohes Wasserspeichervermögen besitzen, da er ständig erdfeucht zu halten ist. Ein Gemisch aus Torf, Sand, Fallaub und zerbröselter Baumrinde zu gleichen Teilen hat sich für die Haltung als günstig erwiesen. Flache Borkenabschnitte bedecken den Boden, und darunter legen die Tiere ihre Wohnhöhlen an. Ein flaches Badebecken, das auch zur Kotabgabe benutzt wird, darf nicht fehlen. Da die Tiere untereinander recht streitsüchtig sind, muß man bei einer Vergesellschaftung mehrere solcher Becken vorsehen. Für ein adultes Paar benötigt man eine Terrariengrundfläche von $0{,}6\,m^2$. Die Haltungstemperaturen liegen zwischen 10 bis 15 °C in der Ruheperiode und 18 bis 25 °C in der Aktivitätsphase. Zacken-Erdschildkröten sind reine Fleischfresser. Pflanzliche Nahrung wird nur über den Darminhalt der Beutetiere aufgenommen. Frischfänge kann man schwer an tote Nahrung gewöhnen. Sie fressen Würmer, Schnecken, Insekten und Eintagsmäuse. Bei der Verfütterung von Mäusen sollte man nur auf so kleine Futtertiere zurückgreifen, die sofort von den Schildkröten getötet werden können, da sonst wahllos Stücke aus dem Körper der Opfer gerissen werden. Es ist zweckmäßig, den Behälter im kühlsten Bereich des Wohnraumes aufzustellen. Dann ergeben sich vor und nach der Heizperiode der Wohnung Temperaturtiefpunkte im April/Mai und September/Oktober. Diese lösen eine leichte Ruhezeit aus.

Fortpflanzung: Steigen durch das Einschalten der Heizung die Temperaturen an, wird die Paarungszeit eingeleitet. Es erfolgt keine Balz. Das Männchen verfolgt das Weibchen bei Sichtkontakt. Ist das Weibchen nicht paarungswillig, greift es mit aufgerissenem Maul das Männchen an. Besteht Paarungswilligkeit, entzieht sich das Weibchen durch eine Scheinflucht. Das Männchen läuft hinterher und reitet beim Überrennen auf. Wird das Weibchen bei der Flucht behindert und muß rückwärts laufen, reitet das Männchen in falscher Richtung auf. Dies kann zu Penisverletzungen führen. Aus diesem Grunde sind die Behälter großzügig zu bemessen und sollten nur wenig Dekorationsmaterialien enthalten. Unter den beschriebenen Bedingungen erfolgt die Eiablage im Januar. Im Abstand von 6 Wochen können weitere Eier gelegt werden. Zur Ablage wird eine flache Nistgrube ausgehoben. Da die Eier im Verhältnis zur Gesamtkörpermasse riesig sind, wird meist nur ein Ei abgelegt. Die Eier sind kalkschalig und walzenförmig. Sie besitzen eine Länge von 47 mm, einen Durchmesser von 18 mm und wiegen etwa 8,5 g. Bei einer relativen

Während der Kopulation pendelt das Männchen der Zacken-Erdschildkröte *(Geoemyda spengleri)* horizontal mit dem Kopf. Wie andere, terrestrisch lebende Sumpfschildkröten auch, paart sich diese Art nur im Flachwasser oder auf dem Landteil.

Die Eiablagegrube wird bei der Zacken-Erdschildkröte *(Geoemyda spengleri)* sehr flach ausgehoben.

Luftfeuchtigkeit von fast 100 % werden die Eier bei 25 °C inkubiert. Dauertemperaturen über 28 °C lassen den Keimling absterben! Vermutlich ist die Geschlechtsausbildung temperaturabhängig. Genaue Untersuchungen stehen aber noch aus. Die Inkubation dauert bei einer Temperatur von 25 °C etwa 65 Tage. Die Schlüpflinge sind im Bereich der Brücke gefaltet. Die Eischale wird zum Schlupf mit den Vorderfüßen gesprengt. Bis zum eigentlichen Ausschlüpfen können die Jungtiere noch einige Tage in der Schale verharren. Sie füllen den Innenraum nicht aus und sind beim Schlupf ca. 30 mm × 24 mm × 14 mm groß. Sie wiegen etwa 4,3 g.

Aufzucht: Werden die Jungtiere einzeln gehalten, ist die Aufzucht recht problemlos, wenn abwechslungsreiches Lebendfutter zur Verfügung steht. Das Wachstum erfolgt sehr rasch. Es besteht eine starke Anfälligkeit zur Rachitis. Da alle Zacken-Erdschildkröten sehr gefräßig sind, muß sparsam gefüttert werden. Jungtiere erbeuten schon im Alter von 85 Tagen selbständig Eintagsmäuse.

Falsche Landkarten-Höckerschildkröte (*Graptemys pseudogeographica*)

Man unterscheidet mehrere Unterarten. Neben der Nominatform sind *Graptemys pseudogeographica outachitensis, Graptemys pseudogeographica sabinensis* und *Graptemys pseudogeographica versa* bekannt. Manche Herpetologen sehen *Graptemys kohni* als weitere Unterart von *Graptemys pseudogeographica* an. Da in Haltung und Zucht keine großen Unterschiede auftreten, kann diese Artbeschreibung auf *Graptemys kohni* übertragen werden. *Graptemys pseudogeographica* lebt sehr aquatil, sonnt sich aber gern und häufig. Der graubraune bis olivgrüne, am hinteren Rand stark gesägte Carapax trägt ein Muster aus gelblichen Linien und ist gekielt. Die hinteren Enden der Wirbelschilder (Vertebralia) enden in dunkel gefärbte Höcker. Das gelbliche Plastron ist dunkel gemustert, die Extremitäten sind fein gestreift. *Graptemys pseudogeographica* ist von *Graptemys kohni* durch die Kopfzeichnung zu unterscheiden. Während *Graptemys pseudogeographica* nur einen kleinen gelben Hinteraugenfleck besitzt, ist dieser bei *Graptemys kohni* sichelförmig hinter dem Auge ausgebildet. Das Auge von *Graptemys pseudogeographica* wird von einer dunklen, horizontalen Linie durchbrochen, die bei *Graptemys kohni* fehlt. Es ist auffällig weiß. Die Höckerschildkröten leben in den nördlichen, mittleren und südlichen USA entlang der Flußsysteme des Missouri, Mississippi, Arkansas, Red River und des Ohio. Die Größe ist unterart- und geschlechtsabhängig. Die Männchen werden 10 bis 14 cm, die Weibchen 22 bis 27 cm groß. Bei optimalsten Pflegebedingungen können die Männchen in 12 bis 18 Monaten bei einer Größe von 9 bis 10 cm CL und die Weibchen nach 3 bis 4 Jahren bei einer Größe von 18 bis 19 cm CL geschlechtsreif werden. Die Männchen haben einen viel längeren und dickeren Schwanz. Die Kloake befindet sich weit vom Carapaxrand entfernt. Die Krallen der Vorderbeine sind verlängert. Die Köpfe adulter Männchen sind schmal, die der adulten Weibchen massig. Die Männchen behalten weitgehend die Jugendfärbung, während die Zeichnungselemente des Panzers bei adulten Weibchen verwischen. Die Männchen sind kleiner, Kiele und Höcker treten stärker hervor.

Haltung: Eine Freilandhaltung ohne Teilüberglasung ist nur im Hochsommer möglich, da die Tiere sehr zu Erkältungen neigen. Im Zimmerterrarium benötigen die bewegungsfreudigen Tiere recht viel Platz. Da Höckerschildkröten sozial zusammenleben, hält man die Tiere in einer Gruppe von 6 bis 8 Tieren mit leichtem Weibchenüberschuß. Dafür benötigt man einen Behälter mit einer Grundfläche von 2 m^2 und einen Wasserstand von 30 bis 40 cm. Daran schließt sich ein bestrahlter Landteil, der ein gleichzeitiges Sonnen aller Tieren gestattet. Ein Eiablagebehälter wird von Ende Januar bis Mai in das Becken eingehangen. Die Tiere benötigen recht hohe Haltungstemperaturen und eine große Lichtfülle. Die Lufttemperatur sollte stets einige Grade über der Wassertemperatur liegen. Starke Strahler erwärmen punktförmig die Sonnenplätze auf 32 bis 35 °C. In der Nacht soll die Temperatur fallen, und es sind zusätzliche Heizquellen abzuschalten. Verschiedene *Graptemys*-

Graptemys pseudogeographica

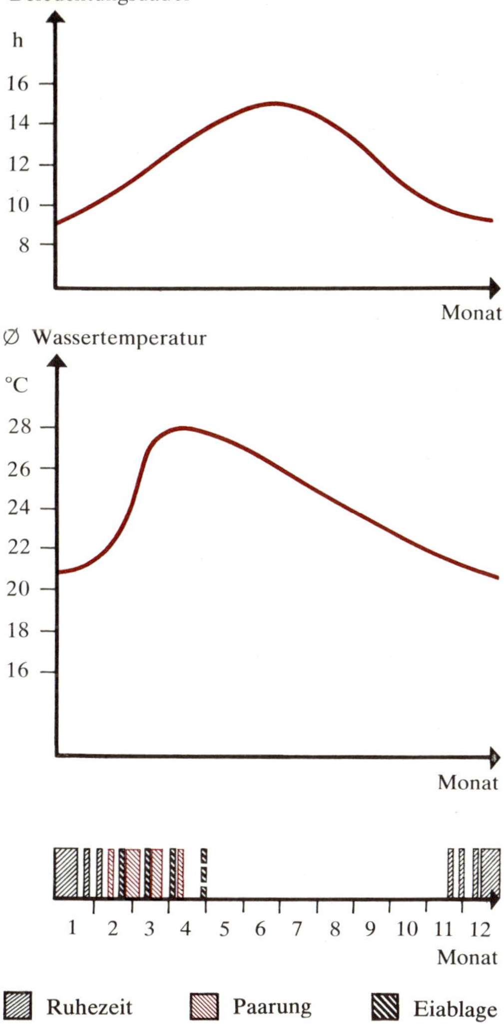

Arten dürfen nicht zusammen gehalten werden, da viele untereinander problemlos bastardisieren! Eine Vergesellschaftung mit anderen lebhaften Wasserschildkröten *(Chrysemys)* ist jedoch möglich. Höckerschildkröten sind vorwiegend carnivor. Es wird täglich gefüttert, jedoch in kleinen Rationen. Manche nehmen auch pflanzliche Nahrung (Wasserpflanzen, Salat, Apfelstücken) an.

Fortpflanzung: Eine Absenkung der Temperaturen um 22°C bei verminderter Tageslänge und Strahlungsintensität genügt zur Auslösung einer Ruhephase und zur Synchronisierung der Brunft. Das Männchen nähert sich unter Wasser von hinten und überschwimmt das Weibchen. Dann dreht es sich ruckartig herum, so daß sich die Tiere gegenüberstehen. Anschließend streckt es dem Weibchen den Kopf und die Vorderbeine entgegen. Dabei berühren sich oft die Nasen. Mit den verlängerten Vorderkrallen streicht das Männchen über den Kopf des Weibchens, das bei Paarungsbereitschaft zum Bodengrund sinkt. Dann dreht das Männchen ab und schwimmt zur Kopulation das Weibchen von hinten an. Nach dem Aufreiten sucht es Kloakenkontakt. Durch den geschlechtsbedingten Größenunterschied steht es fast senkrecht hinter dem Weibchen. Der Eiablagebehälter wird 2 bis 3 Wochen vor Beginn der Fortpflanzungszeit in das Terrarium eingebaut. Er enthält ein erdfeuchtes, feinkörniges Sandgemisch. Die Temperaturen müssen genau stimmen. Durch einen Strahler wird die Oberfläche auf 32 bis 36°C er-

Vollständiges Gelege einer Höckerschildkröte *(Graptemys kohni)*

Frisch geschlüpfte Höckerschildkröte *(Graptemys kohni)*. Der »Eizahn« unterhalb der Nasenlöcher ist bei dieser Art sehr gut entwickelt.

wärmt. In einer Substrattiefe von ca. 15 cm sollte noch eine Temperatur von 26 bis 28 °C herrschen. Der Eiablagebehälter wird sofort nach dem Einbau von den adulten Weibchen gründlich untersucht. Es ist möglich, daß das Vorhandensein einer geeigneten Ablagestelle eine Auslösefunktion für die Fortpflanzung der Höckerschildkröten besitzt. Es wird eine etwa 14 cm tiefe, leicht schiefe Nistgrube ausgehoben. Das Gelege enthält je nach Größe, Kondition und Rasse 1 bis 8 Eier. Pro Jahr sind 2 bis 4 Gelege möglich. Die Eier sind oval und weichschalig. Größe und Gewicht variieren stark. Im Mittel sind die Eier 35 mm × 23 mm groß, sehr kleine oft unbefruchtet, sehr große neigen zu Fehlentwicklungen und sterben ab. Bei einer relativen Luftfeuchtigkeit von 95 % werden die Eier inkubiert. Das Inkubationssubstrat wird am Anfang recht feucht gehalten, später stufenweise trockener. Dabei muß regelmäßig eine Kontrolle der Eischalenspannung erfolgen. Die Inkubationstemperatur ist am Tage auf 28 °C und in der Nacht auf 26 °C einzustellen. Liegen die Temperaturen außerhalb dieser Grenzen, sterben die Embryonen ab, oder es entstehen schwere Mißbildungen. Konstante Dauertemperaturen erwiesen sich ebenfalls als ungünstig. Die Inkubationstemperatur beeinflußt die Geschlechtsausbildung. Der Scheitelpunkt liegt zwischen 27,25 und 27,75 °C. Bei konstant 28 °C schlüpften die Jungtiere nach 57 bis 63 und bei 27 °C nach 72 Tagen. In der unteren Temperaturspanne entwickeln sich Männchen. Der Carapaxrand ist in der Höhe der Brücke und im hinteren Teil nach unten gefaltet. Die Größe des geschlüpften Jungtieres hängt von der Eigröße ab. Die Tiere sind 31 bis 36 mm lang und wiegen 7 bis 11 g.

Aufzucht der Jungtiere: Junge Höckerschildkröten werden allgemein als heikel angesehen. Die Aufzucht gelingt problemlos, wenn man ihnen Wassertemperaturen um 28 °C anbietet. Die Lufttemperatur sollte am Tage um 2 bis 3 °C höher, in der Nacht um 2 bis 3 °C niedriger liegen. Bis zur Halbwüchsigkeit füttert man täglich und reichlich. Jungtiere fressen das gleiche Futter wie adulte, jedoch keine pflanzliche Nahrung. Das Futter muß reichlich Vitamine und Mineralstoffe enthalten. Die Jungtiere werden gruppenweise aufgezogen. Junge Männchen balzen sehr früh, zunächst hauptsächlich gegenseitig, und sie zeigen erst später Interesse für die Weibchen.

Riesen-Erdschildkröte *(Heosemys grandis)*

Die Riesen-Erdschildkröte lebt sowohl terrestrisch als auch aquatil. Ihr Körperbau ist dieser Lebensweise angepaßt: stark reduzierte Schwimmhäute und kräftige Gliedmaßen. Ihre große Beweglichkeit zu Lande und im Wasser macht sie in Verbindung mit den gewaltigen Kiefern zu erfolgreichen Jägern auf Wirbellose und Wirbeltiere. Der gewölbte starre Panzer von brauner Grundfarbe trägt einen dorsalen Kiel, der heller gefärbt sein kann. Der Hinterrand des Carapax ist gesägt. Das Plastron ist auffällig gefärbt. Jedes Schild hat eine kontrastreiche Strahlenzeichnung. Der Kopf ist rötlich. Besonders juvenile Schildkröten sind beliebte Terrarientiere, obwohl sie recht selten importiert werden. Adulte werden sehr groß und stellen hohe Platzansprüche. *Heosemys grandis* lebt im südlichen Hinterindien und auf der Halbinsel Malakka. Zusammen mit der Tempelschildkröte *(Hieremys annandalei)* werden sie in den Teichen der Buddhistenklöster gehalten. Sie erreichen Carapaxlängen bis 45 cm und eine Masse bis 12 kg. Bis zur Geschlechtsreife benötigen die Tiere unter Terrarienbedingungen über 10 Jahre. Sie sind dann etwa 30 cm groß. Die sekundären Geschlechtsmerkmale bilden sich erst spät heraus. Die Männchen haben eine stärkere Schwanzwurzel, der Kopf ist massiger. Sie neigen zu düsteren Farben. Die rote Kopfzeichnung verwischt, und der Panzer ist dunkler.

Haltung: Die Tiere zeichnen sich trotz der tropischen Herkunft durch eine hohe Kälteresistenz aus. Im Sommer ist deshalb eine Freilandhaltung zu empfehlen. Sie vertragen Temperaturen bis 12 °C. In der kälteren Jahreszeit benötigen sie ein sehr geräumiges Aquaterrarium. Für größere Gewächshausanlagen ist diese Art gut geeignet. Wasser- und Landteil müssen der Körpergröße und dem Bewegungsdrang der Tiere angemessen sein. Glasbecken gehen leicht zu Bruch, wenn sich lose Dekorationsmaterialien im Behälter befinden. Da die Tiere sehr große Nahrungsmengen benötigen, wird das Wasser stark belastet. Es muß unbedingt ein fest installierter Abfluß oder eine Wasserdurchlaufanlage vorhanden sein. Aus diesem Grunde ist auf einen Bodengrund aus Sand oder Kies zu verzichten. Trotz Wasserbehälter von 1 m^3 Rauminhalt ist ein täglicher Wasserwechsel notwendig. Man kann auch starke Umwälzfilter vorsehen, die den Pflegeaufwand etwas verringern. Eine Bepflanzung ist nicht möglich, sofern sie von den Tieren erreicht werden kann. Im Winter soll-

Heosemys grandis

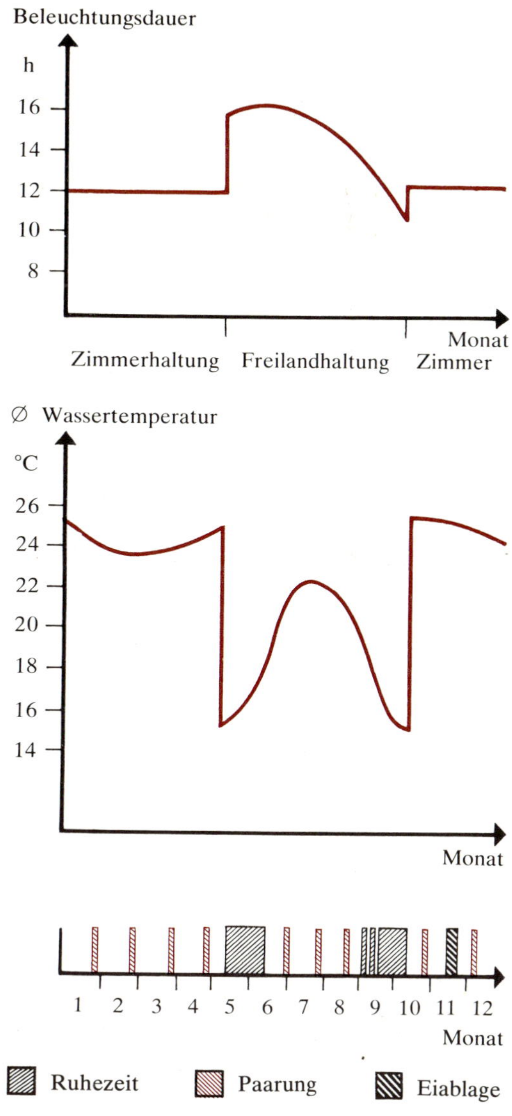

ten die Tiere eine UV-A-Bestrahlung erhalten, da eine leichte Neigung zur Rachitis besteht. Die Riesen-Erdschildkröte ist ein Allesfresser. Jede animalische Nahrung wird angenommen, wenn sie bewältigt werden kann. Es ist trotzdem Vorsicht geboten. Verfüttert man Fleisch mit Knochen (Geflügelklein), versuchen die Tiere diese mit abzuschlucken. Neben tierischer Nahrung nehmen die Schildkröten auch pflanzliche Kost an. Dabei werden Blüten und Früchte mit gelben und roten Farben bevorzugt. Die Tiere nehmen gewaltige Futtermengen innerhalb und außerhalb des Wassers auf. Die Verdauung erfolgt sehr rasch.

Fortpflanzung: Bei Temperaturen unter 15 °C ruhen die Tiere am Grund des Teiches. Bei der Freilandhaltung ist dies im Mai/Juni und im September/Oktober der Fall. In den Zwischenzeiten sind tagelange Aufenthalte in trockenen Schlupfwinkeln zu beobachten. Es erfolgt keine Balz. Das Männchen reitet sofort auf und versucht durch Beißattacken das Weibchen zur Passivität zu zwingen. Es ist keine feste Paarungszeit feststellbar. Außer in den Ruheperioden finden ganzjährige Paarungsversuche statt. Selbst in der Dunkelheit wurden diese Aktivitäten beobachtet. Deshalb trennt man die Tiere, wenn das Weibchen verletzt oder geschwächt ist. Zur Eiablage suchen die Weibchen den Landteil auf. Der Ablagebehälter wird jedoch nicht immer angenommen. Um den Ansprüchen der Tiere zu genügen, muß er eine erhebliche Größe aufweisen. Aus diesem Grunde hat sich die kontrollierte Ablage unter Oxytocin durchgesetzt. Die Eier werden mit großem Druck ausgepreßt, wobei mehrfach Schalenrisse zu beobachten waren. Das Gelege enthält 4 bis 6 Eier. Unter den beschriebenen Bedingungen wurden die Eier im November/Dezember abgelegt. Die Eier sind oval und besitzen eine sehr dicke, harte Schale. Mit etwa 1 mm besitzt sie die doppelte Stärke der eines Hühnereies. Die Eier sind 65 bis 67 mm lang. Bei einer relativen Luftfeuchtigkeit von nahezu 100 % und Temperaturen von 28 °C beträgt die Inkubationszeit etwa 6 Monate. Inwiefern die Inkubationstemperatur das Geschlecht des Keimlings beeinflußt, wurde bisher noch nicht untersucht. Der Schlupf erfolgt innerhalb von 48 Stunden nach stückweisem Aufbre-

Die Schlüpflinge der Riesen-Erdschildkröte *(Heosemys grandis)* sind groß und schnellwüchsig.

chen der Eischale. Eine Faltung des Panzers wurde nicht beobachtet. Die frischgeschlüpften Jungtiere sind 42 mm × 40 mm × 23 mm groß und wiegen etwa 23 g.

Aufzucht: Die Jungtiere zeigen ein rasches Wachstum. Sie nehmen vorwiegend tierische Kost an. Man füttert zuerst sich bewegendes Lebendfutter (Regenwürmer) und bietet später Fleischstücken an. Bis zu einem Alter von 6 Monaten hält man die Tiere einzeln. Nur so ist eine genaue Kontrolle über die Nahrungsaufnahme möglich. Später kann man die Jungtiere mit anderen gleichgroßen Schildkröten vergesellschaften. Der Wasserstand ist nur so hoch zu halten, daß die Tiere bequem atmen können, wenn sie auf dem Grunde liegen. Ungefiltertes Sonnenlicht oder UV-A-Bestrahlung müssen unbedingt angeboten werden, da die Jungtiere zu rachitischen Verformungen neigen. Wichtig ist auch eine ausgewogene Zufuhr von Kalk und Mineralstoffen. Später fressen die Tiere auch pflanzliche Stoffe, und die Neigung zu Mangelerscheinungen nimmt ab.

Schwarzbauch-Erdschildkröte (*Melanochelys trijuga*)

Man unterscheidet sechs Unterarten. Neben der Nominatform sind *Melanochelys trijuga coronata, Melanochelys trijuga edeniana, Melanochelys trijuga indopeninsularis, Melanochelys trijuga parkeri* und *Melanochelys trijuga thermalis* bekannt. Nur die letzte Unterart wird häufig in Gefangenschaft gehalten. Aus diesem Grunde beziehen sich die weiteren Angaben auf diese. *Melanochelys trijuga thermalis* hat einen dunkelbraun bis schwarz gefärbten Carapax, der drei kräftige Kiele trägt. Der Kopf hat eine dunkle Grundfarbe. Ein gelbes bis orangefarbenes Sprenkelmuster zeichnet sich besonders bei jungen Exemplaren ab. Es verblaßt später und macht einer grauen Gesichtsmaske Platz. Die Gliedmaßen sind kräftig, die Schwimmhäute reduziert. Helles Licht mögen die Tiere nicht. Am Tage halten sie sich in dunklen Verstecken auf. Einige Tiere verlassen häufig das Wasser und graben sich gern im feucht-warmen Bodensubstrat ein. Die Schwarzbauch-Erdschildkröten bleiben immer etwas scheu und werden nicht

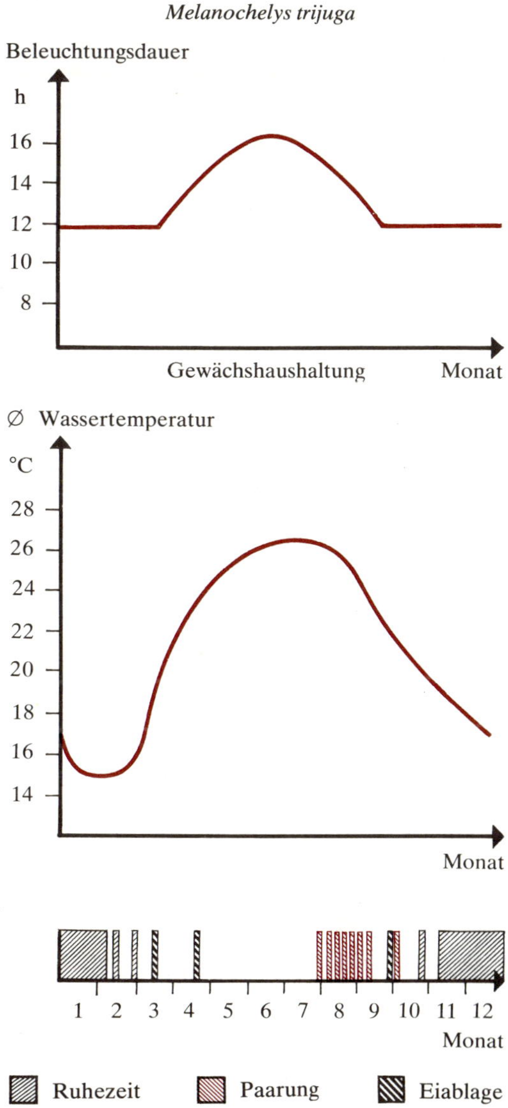

sehr zutraulich. Auch unter Terrarienbedingungen sind sie hauptsächlich nachtaktiv. Im Bereich der Brücke enden Ausführungsgänge von Moschusdrüsen. Eine starke Belästigung der Tiere kann eine Ausschüttung des übelriechenden Sekrets veranlassen. Schwarzbauch-Erdschildkröten leben in Vorder- und Hinterindien sowie auf Sri Lanka (Ceylon). *Melanochelys trijuga thermalis* bewohnt feuchte Höhenlagen auf Sri Lanka. Man findet sie in und an kühlen Bergbächen. Einige Tiere erreichen eine Carapaxlänge bis zu 25 cm. Häufig bleiben sie jedoch etwas kleiner. Mit einer Größe von ca. 15 cm werden die Tiere geschlechtsreif. Sie sind dann unter den beschriebenen Terrarienbedingungen 5 Jahre alt. Ab einer Größe von 12 cm werden die Tiere unterscheidbar. Die Männchen besitzen eine verdickte Schwanzwurzel. An den Hinterfüßen findet man eine Hakenkralle, die eine Ähnlichkeit mit der Hakenkralle der Dosenschildkrötenmännchen aufweist. Das Plastron ist konkav eingedellt, während das der Weibchen konvex gerundet ist.

Haltung: Da die Tiere wenig kälteempfindlich sind, wäre eine Freilandhaltung in den Sommermonaten möglich. Wegen der sehr versteckten nächtlichen Lebensweise und ihres scheuen Wesens wird eine Freilandhaltung jedoch kaum praktiziert. Zur Zimmerhaltung bietet man den Tieren ein geräumiges Aquaterrarium mit großem Landteil an. Am Ausstieg zum Landteil wird ein Strahler angebracht, der eine Wärmeinsel bildet. Hier sonnen sich die Tiere gelegentlich und heizen sich auf ihre Vorzugstemperatur auf. Auf weitere Heizquellen kann verzichtet werden, wenn das Terrarium im Wohnraum aufgestellt wird. Die Füllung des Landteiles kann aus einem Torf-Sand-Gemisch bestehen, das durch hohl aufliegende Schwartenbrettabschnitte bedeckt wird. Sie bilden die notwendigen Verstecke. Auch im Wasser müssen reichliche Versteckmöglichkeiten geboten werden. Schwarzbauch-Erdschildkröten sind omnivor.

Fortpflanzung: Eine periodische Rhythmik ist nicht erkennbar. Auch die Wechselphasen von aquatiler zur terrestrischen Lebensweise sind bisher nicht einzuordnen. Natürlich werden die Tiere bei Temperaturabsenkungen unter 16 °C ruhiger, und die Lebensfunktionen verlangsamen sich. Ob diese Abkühlung zwingend zur Zucht notwendig ist, wurde bisher nicht ermittelt. Sie ergibt sich in unserem Zuchtbeispiel aus einer Gewächshaushaltung. Eine Balz findet nicht statt. Das Weibchen wird von hinten regelrecht überfallen und durch Nackenbisse gefügig gemacht. Obwohl dieses Aufreiten mehrmals vor sich geht, wurde die eigentliche Paarung noch nicht beobachtet, da die Tiere geschlechtlich nur in der Nacht aktiv werden und sehr leicht

Hatchlinge der Schwarzbauch-Erdschildkröte *(Melanochelys trijuga thermalis)*

zu stören sind. Das Weibchen legt eine 12 bis 15 cm tiefe Eigrube an. Die Eiablage erfolgt hauptsächlich im März und April. Mehrere Ablagen sind möglich. Es werden nur 2 bis 3, etwa 45 mm × 22 mm große Eier abgelegt. Sie sind spindelförmig und hartschalig. Bei Temperaturen um 25 °C und einer sehr hohen relativen Luftfeuchtigkeit von annähernd 100 % werden die Eier inkubiert. Der Schlupf erfolgt nach ca. 70 Tagen. Hebt man ein Ei kurz vor dem Schlupf aus dem Inkubator, klappert im Inneren das Jungtier gegen die Schalenwand. Offensichtlich füllt es das Ei nicht ganz aus und frißt vor dem Schlupf das Eiklar. Eine Untersuchung über den Temperatureinfluß auf das Geschlecht der Jungtiere erfolgte bisher noch nicht. Da aber bei der beschriebenen Inkubationsmethode beide Geschlechter bei den Nachzuchten stets vertreten waren, ist anzunehmen, daß der Scheitelwert bei 25 °C liegen muß, sofern die Temperatur bei dieser Art einen Einfluß ausübt. Die Schlüpflinge sind im Bereich der Brücken gefaltet. Sie schlüpfen mit den Carapaxmaßen 40 mm × 20 mm × 20 mm. Nach der Entfaltung des Panzers, die 2 bis 3 Tage dauert, sind die Tiere 40 mm × 35 mm × 18 mm groß.

Aufzucht der Jungtiere: Schwarzbauch-Erdschildkröten sind problemlos aufzuziehen. Wie viele dämmerungs- und nachtaktive Schildkröten neigen auch sie kaum zu Mangelkrankheiten. Sie nehmen problemlos Lebendfutter wie Wasserflöhe, Mückenlarven und kleingeschnittene Regenwürmer an. Des weiteren fressen die Jungtiere auch Fleisch, Fisch und Grünzeug. Sie können gut gemeinsam gehältert und aufgezogen werden. Die Vergesellschaftung mit anderen Wasserschildkrötenarten ist möglich, sofern diese nicht zu lebhaft sind.

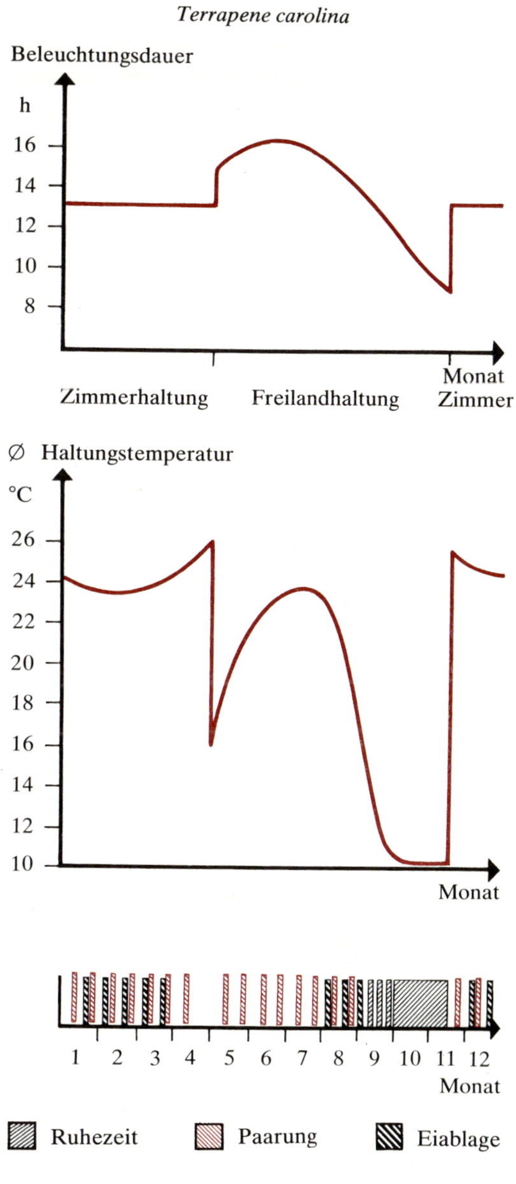

Carolina-Dosenschildkröte
(Terrapene carolina carolina)

Diese Schildkröte lebt vorwiegend terrestrisch, obwohl sie zu den Sumpfschildkröten gehört. Der Habitus hat sich dieser Lebensweise angepaßt. Der Panzer ist landschildkrötenähnlich hochgewölbt und kann durch zwei bewegliche Plastronlappen völlig verschlossen werden. Diese Plastronlappen sind untereinander und an der Brücke durch Bindegewebe scharnierartig verbunden. Der Carapax besitzt einen bei adulten Tieren nur noch schwach vorhandenen Mittelkiel und ist von bräunlicher Grundfarbe mit sehr variabler heller Fleckenzeichnung. Das Plastron ist unregelmäßig gefleckt bis einfarbig braun. Der kräftig gebaute Kopf sowie die Vordergliedmaßen sind gelb bis orangefarben gezeichnet. Die Schwimmhäute sind nur noch rudimentär ausgebildet. Wir kennen neben der Nominatform noch fünf weitere Unterarten, die sich durch Färbung und Größe unterscheiden. *Terrapene carolina carolina* lebt an Waldrändern, Wiesen, Weiden und Gebüsch in Wassernähe. Sie besiedelt Südkanada und die USA im Norden von Michigan ostwärts bis Maine, im Süden von Missouri ostwärts bis Georgia. Die Tiere erreichen eine Carapaxlänge bis 16 cm. Mit etwa 4 bis 6 Jahren sind sie geschlechtsreif und messen dann ca. 12 cm CL. Die Geschlechter sind nur aus der Summe der angeführten Merkmale und nach einem Alter von mehreren Jahren sicher zu bestimmen. Die Männchen besitzen einen schlankeren Carapax. Das Plastron ist leicht konkav nach innen gedellt. Der Kopf ist klobiger, der Schnabel hakenförmig, die Iris meist rot. Die Zeichnung ist kontrastreicher und farbiger, besonders die des Kopfes und der Vordergliedmaßen. Die Zehen der Hinterfüße sind stärker ausgebildet. Bei der Nominatform ist die »Kopulationsklaue« nur schwach verstärkt.

Haltung: Eine Freilandhaltung von Mai bis zum Beginn der Frostperiode ist für diese Tiere nahezu ideal. Leider erschwert sich aber eine ständige Kontrolle, da die Tiere sich oft vergraben und recht versteckt leben. Dies sollte unbedingt bei dem Bau der Anlage berücksichtigt werden. Ein eingesenktes Maschendrahtnetz und dichte Verstecke (kriechender Wacholder, kontrollierbare künstliche Höhlen) können hilfreich sein. Das Wasserbecken kann groß sein, muß aber flach auslaufende Ufer besitzen. Einen vollsonnig gelegenen Eiablagehügel nehmen die Tiere meist an. In der Frostperiode läßt man die Tiere warm im Zimmerterrarium überwintern. Dazu wird ein schwach geheiztes, halbfeuchtes Terrarium mit Badebecken benutzt, das lokal an einer Seite durch einen Strahler und eine schwache Bodenheizung die notwendige Wärme erhält. Wichtig ist ein hoher Bodengrund. Er besteht aus einem erdfeuchten Torf-Sand-Gemisch. Auch im Zimmerterrarium muß man für viele Versteckmöglichkeiten sorgen. Bietet man diese nicht an, graben die Tiere ständig den Bodengrund um. Dosenschildkröten benötigen auch relativ große Behälter. Ein adultes Paar benötigt eine Mindestbodenfläche von 1 m^2, wovon das Badebecken etwa ein Viertel einnimmt. Die Haltungstemperaturen schwanken im Zimmerterrarium zwischen 20 und 28 °C. In der Nacht werden die Heizquellen abgeschaltet, damit die Temperaturen sinken können. Die Tiere ernähren sich vorzugsweise animalisch. Es werden Insekten, Regenwürmer, Schnecken, frischtote Jungmäuse und kleine Ratten sowie Fischfleisch gefüttert. Fett wird unverdaut ausgeschieden. Nehmen die Tiere auch Obst an, dann sollte es immer wieder angeboten werden.

Fortpflanzung: Unter den beschriebenen Haltungsbedingungen legen die Tiere von September bis November im Freien eine Ruheperiode ein. Diese Ruhephase genügt vollständig zur Synchronisation der geschlechtlichen Aktivität. Eine strenge Winterruhe ist zur Fortpflanzung nicht erforderlich und bei Exemplaren aus dem südlichen Verbreitungsgebiet ungünstig. Im Hochsommer ist bei Hitzeperioden ebenfalls eine Ruheperiode zu beobachten, die Tiere vergraben sich in dieser Zeit. Die Balz ähnelt der der Landschildkröten. Nach olfaktorischer Prüfung werden die Weibchen ständig umkreist. Rammstöße und Bisse nach den Extremitäten, Kopf und Hals drängen das Weibchen zur Passivität. Nach dem Aufreiten rammt das Männchen seine Hinterbeine zwischen den Carapax und hinteren Plastronlappen. Dadurch kann das Weibchen die Analregion nicht mehr verschließen. Nun läßt sich das Männchen nach hinten fallen, und es erfolgt die Kopulation. Dabei kann das Männchen eine stark rückwärts geneigte Stellung einnehmen. Paarungen erfolgen ganzjährig mit Ausnahme der Ruhezeiten. Unter den beschriebenen Haltungsbedingungen sind zwei Eiablagezeiten zu beobachten. Im Freiland legen die Tiere im August und im Zimmerterrarium von Anfang Dezember bis Ende März Eier ab, und zwar bis zu sechs Gelege pro Jahr. Das Gelege kann bis acht Eier enthalten, meist werden 3 bis 5 Eier abgelegt. Zur Ablage graben die Tiere mit den Vorderbeinen eine flache Grube. Sie wird mit den Hinterbeinen vertieft und endet in einer birnenförmigen Kammer, die einen Durchmesser von ca. 8 cm besitzt. Die Eier haben eine pergamentartige flexible Schale, eine ellyptische Form und sind im Verhältnis zu den Muttertieren sehr groß. Die

Durchschnittswerte liegen bei einer Länge von 42,2 mm und einem Durchmesser von 22,8 mm. Die Eimasse beträgt 13,3 g. Im Laufe der Inkubation nehmen die Eier durch die Schale Wasser auf. Dadurch erhöhen sich die Größe und Masse geringfügig. Die Inkubation von Dosenschildkröteneiern ist problematisch. Durch die besondere Struktur der Schale ist der Keim nicht gegen Austrocknen geschützt. Deshalb erfolgt bei einer Temperatur um 28 °C die Inkubation bei einer relativen Luftfeuchtigkeit von fast 100 %. Um diese hohen Feuchtigkeitswerte zu erreichen, ist nur eine sehr schwache Lüftung möglich. Dennoch darf dabei der Sauerstoffpegel nicht zu weit absinken, da sonst der Keim geschädigt wird. Deshalb gelingt die Inkubation nur, wenn alle diese Voraussetzungen aufeinander abgestimmt werden können. Der Schlupf erfolgt nach ca. 65 Tagen. Eine Faltung der Jungtiere ist beim Schlupf nicht zu erkennen. Bei einer Größe von 34,5 mm × 30,5 mm × 17,5 mm wiegen die Schlüpflinge ca. 10 g.

Aufzucht: Die Aufzucht junger Carolina-Dosenschildkröten erfolgt rasch und problemlos, wenn sie bei hoher Luft- und Substratfeuchtigkeit gehalten werden können. Sie werden mit geeignetem Lebendfutter (kleine Regenwürmer) angefüttert. Mit einem Alter von nur 4 Wochen erbeuten sie schon selbständig Eintagsmäuse.

Steppen- oder Vierzehenschildkröte (*Agrionemys horsfieldi*)

Diese Landschildkröte wurde sehr häufig in großen Stückzahlen durch den Zoohandel importiert. Der Rückenpanzer ist abgeflacht, sehr glatt, die Schilder zeichnen sich wenig ab. Auffällige Zeichnungsmuster gibt es bei dieser Schildkröte nicht. Die Vorderbeine sind mit nur vier Krallen versehen, die jedoch sehr kräftig entwickelt sind und den Tieren als Grabewerkzeug dienen. Viele adulte Steppenschildkröten haben beschädigte Panzer. Manchmal sind dadurch die Umrisse ganzer Schilderpartien nach der Regeneration der Hornschicht nicht mehr erkennbar. Die Ursache dafür ist noch nicht genau bekannt. Möglicherweise werden die Tiere in der Natur oft von Steppenbränden überrascht. Zugleich besteht eine gewisse Anfälligkeit für Panzernekrosen. Manchmal werden einige Schilder ohne erkennbare Erkrankung abgestoßen. Steppenschildkröten eignen sich wenig als Terrarientiere, und ihre Zucht gelingt selten. Dies wird verständlich, wenn man ihren Lebensraum betrachtet. Die Tiere sind in den mittelasiatischen Steppen und Wüsten der UdSSR, des Iran, in Afghanistan und Nordpakistan beheimatet. Das Klima gestattet den Tieren nur sehr kurze Aktivitätsperioden im Frühjahr und im Herbst. Um zu überleben, müssen sich die Tiere Wohnhöhlen in den lehmigen Boden graben. Darin wer-

Agrionemys horsfieldi

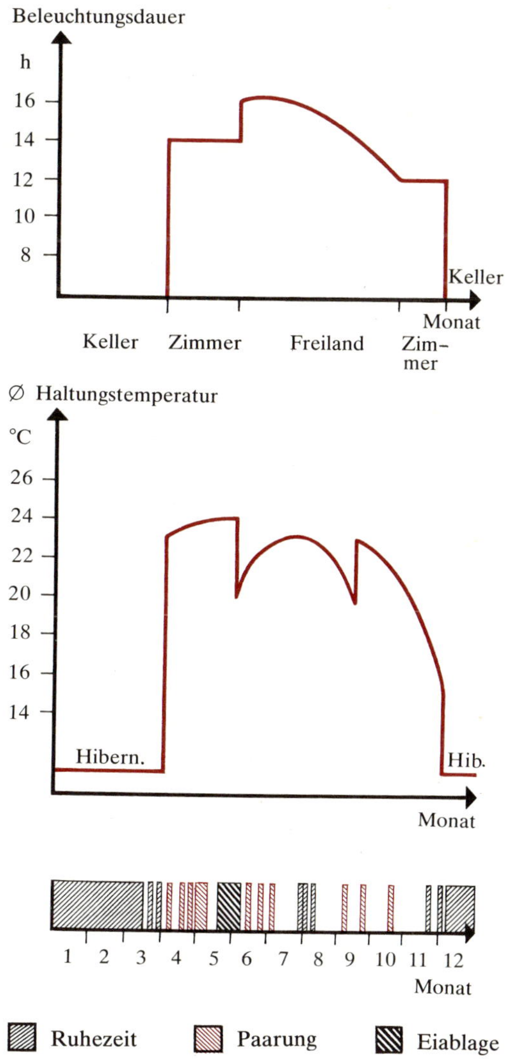

den die kalte und die heiße Jahreszeit verbracht. Die Wohnhöhle reicht bis zu 2 m tief in den Boden und endet in einer engen Kammer. Die Höhlen werden in den Aktivitätsphasen nur kurz in den frühen Vormittagsstunden zur Äsung verlassen. Die Weibchen erreichen eine Carapaxlänge bis 20 cm, während die Männchen deutlich kleiner bleiben. Die Geschlechtsreife erlangen die Tiere mit 8 bis 10 Jahren. Die Weibchen sind dann ca. 15 cm und die Männchen 14 cm groß. Die Männchen besitzen einen dickeren und längeren Schwanz. Die Kloake befindet sich hinter dem Panzerrand. Sie bleiben im Wachstum hinter den Weibchen zurück und erreichen nicht deren Stockmaß.

Haltung: Wie unschwer aus der Biotopbeschreibung erkennbar wird, ist die artgerechte Haltung der Vierzehenschildkröte problematisch. Es ist im Zimmerterrarium zwar sehr leicht möglich, wüstenähnliche Bedingungen zu schaffen, aber allein auf Temperatur und Luftfeuchte kommt es bei der Haltung nicht an. Die Tiere benötigen einen Freilandaufenthalt, wenn sie über längere Zeit in guter Kondition gehalten werden sollen. Naßkaltes Wetter schadet ihnen jedoch sehr. Man muß deshalb vernüftige Kompromisse eingehen und eine kombinierte Haltung zwischen Freiland und Zimmerterrarium ermöglichen. Im Freiland können kontrollierbare Wohnbauten mit Bodenheizungen und Heizstrahler die Haltung hilfreich unterstützen. Ein besonderes Problem ist die Grabetätigkeit. Tiefgründige Umfriedungsfundamente allein können einen Ausbruch der Tiere nicht verhindern. Durch einen Sandhügel in vollbesonnter Südlage kann die Aktivität auf dieses Gebiet begrenzt werden. Besonders im Herbst ist darauf zu achten, daß die Tiere nicht unkontrolliert zum Winterschlaf im Erdreich verschwinden. Sie überstehen zwar die Frostperiode in ihrem tiefen Winterquartier sehr gut, problematisch ist aber das Erwachen. Gibt es nämlich im zeitigen Frühjahr einige warme Tage, graben die Tiere sich aus und erwarten den Beginn einer Schönwetterperiode. Sie werden dann häufig ein Opfer erneuter Fröste, wenn sie nicht rechtzeitig entdeckt und in ein Zimmerterrarium umgesetzt werden. Es ist deshalb anzuraten, die Vierzehenschildkröten nur bis September im Freiland zu halten und sie anschließend bis Oktober oder November im Zimmerterrarium auf die Winterruhe einzustimmen. Da *Agrionemys horsfieldi* mit *Testudo hermanni* bastardisiert, sollte man die Tiere nicht gemeinsam halten.

Fortpflanzung: Die Winterruhe ist zur Zucht eine wichtige Voraussetzung. Sie sollte bei adulten Tieren etwa 4 bis 5 Monate dauern. Bei sehr heißer, trockener Witterung graben sich die Tiere ein und halten eine Sommerruhe. Unter unserem Klima ist eine Sommerruhe nur selten zu beobachten und hat für die Fortpflanzung keine Bedeutung. Wenn die Tiere im März aus der Winterruhe erwachen, werden sie im Zimmerterrarium warm gehalten und gleich kräftig gefüttert. Bei günstiger Witterung können sie im Mai in die Freilandanlage umgesetzt werden. Gleich nach der Hibernation beginnt die Balz. Sie wird nach typischer Landschildkrötenart mit Rammstößen und Treiben der Weibchen eingeleitet. Ist das Weibchen paarungswillig, verhält es sich nach dem Aufreiten des Männchens passiv. Verstärkte geschlechtliche Aktivitäten sind unter Freilandbedingungen im März, Juni und September zu beobachten. Die Eiablage erfolgt von Mitte Mai bis Mitte Juni je nach Wetterlage. Bei andauernden Schlechtwetterperioden können die Eier resorbiert werden, sofern die Schale noch nicht verkalkt ist. Zur Ablage wird von den Tieren ein Eiablagehügel angenommen, in den 2 bis 5 länglich-ovale, hartschalige Eier abgelegt werden. Sie sind ca. 46 mm lang, 28 mm dick und haben eine Masse von ca. 19 g. Bei einer relativen Luftfeuchtigkeit von 70 bis 95 % und Temperaturen von 24 bis 32 °C werden die Eier inkubiert. Die Inkubation dauert 84 bis 102 Tage. Ob die Geschlechtsausbildung temperaturabhängig ist, wurde bisher wegen der geringen Reproduktionsrate noch nicht ermittelt. Vermutlich besteht auch bei dieser Art eine Abhängigkeit von der Bruttemperatur. Beim Schlupf liegen die Jungtiere quer im Ei, und die Schale wird auch an der Breitseite aufgebrochen. Der Bauchpanzer weist eine starke Querfalte auf. Schon während des Schlupfes, der sich mehrere Tage hinziehen kann, entfalten sich die Jungtiere. Sie sind dann in der Aufsicht fast kreisrund, haben eine Länge und Breite von etwa 33 mm und eine Masse von ca. 16 g.

Aufzucht der Jungtiere: Die Aufzucht junger Steppenschildkröten verläuft meist problemlos. Man bringt die Tiere in geräumigen Zimmerterrarien unter und setzt sie bei günstiger Witterung dem ungefilterten Sonnenlicht aus. Sie entwickeln wenig Neigung zu rachitischen Deformationen. Abwechslungsreiches Futter mit gelegentlicher Kalkgabe fördert eine zügige Entwicklung. Schon im ersten Lebensjahr bietet man den Tieren eine kurze Winterruhe an.

Indische Sternschildkröte *(Geochelone elegans)*

Sie ist eine prachtvoll gefärbte Landschildkröte. Auf schwarzem Grund haben die Schilder gelbe Areolen, von denen eine gelbe sternförmige Strichzeichnung ausgeht. Die Schilder jüngerer Sternschildkröten besitzen meist 4 bis 5 diagonal gezeichnete Radien, während bei älteren Tieren in der weiteren Entwicklung am Rand der Schilder neue Zeichnungselemente entstehen. Sie bilden dann bei geschlechtsreifen Exemplaren etwa zehn mit der Areole in Verbindung stehende Radien. Im Gegensatz zu anderen Landschildkröten mit einem Strahlenmuster fehlt *Geochelone elegans* das Nackenschild (Nuchale). Durch die ansprechende Färbung ist früher diese Schildkröte durch den Tierhandel stark abgesammelt worden, bis sie unter Naturschutz gestellt wurde. *Geochelone elegans* ist in Zentral- und Südindien sowie auf Sri Lanka heimisch. In großen Teilen ihres Verbreitungsgebietes sind jedoch die Bestände erloschen oder stark gefährdet. Die Maximalgröße ist geschlechtsabhängig, wobei die Weibchen die größeren Maße erreichen. Das größte vermessene Weibchen hatte eine Carapaxlänge von 38 cm und wog 7 kg. Mit 8 bis 10 Jahren erreichen Sternschildkröten im Terrarium die Geschlechtsreife. Die Weibchen sind dann etwa 20 cm und die Männchen 16 cm (CL) groß. Der Schwanz der männlichen Tiere ist erheblich länger und reicht bei adulten bis an die Kniekehle der Hinterbeine. Obwohl von kleinerer Körpergröße, besitzen die Männchen massigere Köpfe.

Haltung: Eine Freilandhaltung ist von Juni bis Anfang September bei schönem Wetter möglich und wird trotz der tropischen Herkunft gut vertragen. In der Mittagshitze verstecken sich die Tiere unter Wurzelstöcken und Büschen. Sehr aktiv werden sie in den Abendstunden und bei warmen Gewitterregen. Offensichtlich lieben sie hohe Temperaturen, wenn diese mit hoher Luftfeuchtigkeit zusammenfallen. Deshalb sollte auch immer eine Bademöglichkeit im Terrarium zur Verfügung stehen. Fallen die Mini-

Geochelone elegans

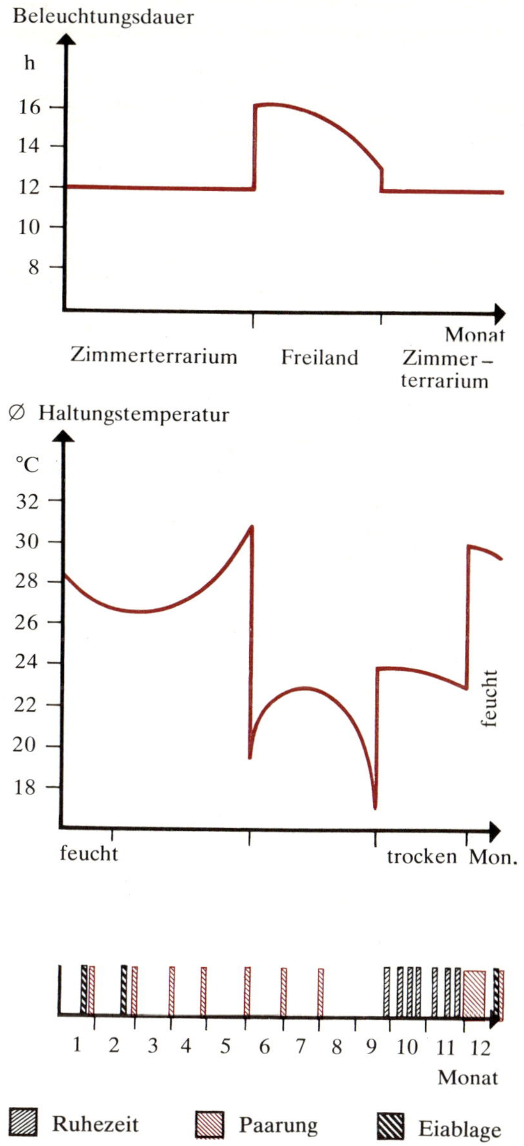

Sternschildkröten *(Geochelone elegans)* legen recht große Eier, wie der Vergleich mit einem Hühnerei (A) zeigt.

maltemperaturen unter 12 °C, oder setzt kühler Regen ein, sind die Tiere aus der Freianlage zu nehmen, sofern nicht eine Teilverglasung angebracht wurde. Bei der Zimmerhaltung muß man den Tieren recht geräumige Behälter zur Verfügung stellen. Eine Seite des Behälters sollte ein feuchteres Bodensubstrat enthalten. Auch hier darf eine Badegelegenheit nicht fehlen. Bei der Verwendung eines Bodenheizers muß ein Teil des Behälters unbeheizt bleiben, damit die Tiere zwischen verschiedenen Möglichkeiten wechseln können. Während am Tage bei hoher relativer Luftfeuchte (60 bis 70 %) die Temperaturen auf 32 bis 36 °C steigen sollten, können sie in der Nacht auf 18 bis 20 °C abfallen. Keinesfalls dürfen die Tiere bei hohen Dauertemperaturen gehalten werden! Sternschildkröten leben vorwiegend vegetarisch. Kohlarten lehnen einige Exemplare ab, während andere auch Fisch, Fleisch und Würmer fressen.

Fortpflanzung: Zur Stimulierung der Fortpflanzung senkt man für 3 bis 5 Wochen die Temperatur und gleichzeitig die Feuchtigkeit. Die Tiere werden dann inaktiv. Nach dieser Phase erhöht man die Temperatur und sprüht reichlich mit lauwarmem Wasser. Dadurch kommen die Tiere in Paarungsstimmung. Prinzipiell finden Paarungen ganzjährig statt, sind aber nach erwähnter Stimulation verstärkt zu beobachten. Die Paarung wird ohne vorherige Balz eingeleitet. Das Männchen reitet von hinten auf das Weibchen auf. Ächzende Laute begleiten die Kopulationsbewegung. Während der Kopulation steht das Männchen senkrecht hinter der Partnerin. Das bei den Landschildkröten sonst übliche Rammen und Beißen ist bei den Sternschildkröten bei der Paarung nicht zu beobachten. Ändert man die natürliche Periodik (Sommer = Regenzeit, Winter = Trockenzeit mit gesenkten Temperaturen) nicht, werden die Eier von Dezember bis März abgelegt. Dazu ist ein Eiablagebehälter von mindestens 20 cm Substrattiefe erforderlich. Es können mehrere Ablagen erfolgen. Je nach Größe und Kondition des Weibchens werden 1 bis 6 Eier abgelegt. Die Eier sind hartschalig und länglich-rund. Die Maße können relativ weit divergieren und liegen im Mittel bei 47 mm × 34 mm. Die Masse beträgt dann ca. 32 g. Die Eier werden bei einer relativen Luftfeuchtigkeit von 90 % und Temperaturen von 28 bis 30 °C inkubiert. Wie bei einigen anderen Schildkröten auch, entwickeln sich die Eier bei *Geochelone elegans* in unterschiedlichen Zeiträumen. Die Inkubationsdauer beträgt 47 bis 54 oder 111 bis 178 Tage. Fehlentwicklungen und kurz vor oder nach dem Schlupf abgestorbene Jungtiere sind häufig. Die Ursachen dafür sind leider nicht bekannt. Im Ei sind die Jungtiere von Brücke zu Brücke quergefaltet. Die Streckung setzt jedoch schon kurz vor dem Schlupf ein. Bei einer Länge von 35 mm wiegen die Schlüpflinge etwa 20 g.

Aufzucht: Die Jungtiere sind schwierig aufzuziehen. Da sie sehr wärmebedürftig sind, ist eine Freilandhaltung problematisch. *Geochelone elegans* neigt schon in der Natur zu starken Verhökkerungen des Rückenpanzers. Das bereitet unter Terrarienbedingungen Probleme, zumal die Tiere auch zur Rachitis tendieren. Eine sehr abwechslungsreiche Fütterung, regelmäßige Mineralstoff- und Vitamingaben unter täglicher UV-A-Bestrahlung müssen gewährleistet werden.

Spornschildkröte *(Geochelone sulcata)*

Die Spornschildkröte ist die größte kontinentale Landschildkröte der Erde. An der Hinterseite der Oberschenkel ragen zu beiden Seiten der Schwanzwurzel hohe, spornartige Höckerschuppen auf. Der massige Carapax ist längs der Mitte abgeflacht. Die Schilder sind um die Areole herum stark konzentrisch gefurcht. Die hinteren Marginalschilder sind gesägt, während die vorderen bei adulten Exemplaren zusätzlich verlängert und aufwärts gebogen sind. An den Vorderbeinen fallen auch die sehr großen Hornschuppen auf, die den Tieren ein rauhes Aussehen verleihen. Die Farbe des Panzers ist hornfarben bis braunoliv, Zeichnungen sind nicht erkennbar. Die Spornschildkröte besiedelt trockene Steppen und Halbwüstenhabitate in Zentralafrika von Senegal bis Äthiopien. Sie ist in der Sahel-Zone zu finden. Dies sind Gebiete, in denen nur harte und dornige Kräuter wachsen. Regen fällt dort nur aller 2 bis 3 Jahre. Geschlechtsspezifisch werden die Männchen etwas größer und massiger. Sie erreichen eine Panzerlänge von 80 cm und wiegen dann 100 kg. Obwohl es so gewaltige Schildkröten sind, wird die Geschlechtsreife unter Terrarienbedingungen recht schnell erreicht und kann im Alter von 10 Jahren eintreten. Die Gularschilder sind bei beiden Geschlechtern verlängert. Sie laufen jedoch bei den Weibchen parallel, während sie sich bei den männlichen Tieren vorn verbreitern. Die Analschilder sind bei den Weibchen fast kreisrund ausgeschnitten, während der Rand bei den Männchen annähernd gerade abschließt. Das Plastron adulter Männchen ist konkav nach innen gewölbt, der Schwanz und seine Wurzel sind dicker.

Haltung: Diese große Landschildkröte benötigt zur optimalen Haltung eine eigene Anlage mit Freifläche und heizbarem Schildkrötenhaus. In den Sommermonaten hält man die Tiere von Juni bis September in der geräumigen, fest eingefaßten Freianlage. Die Freifläche sollte der Sonne voll ausgesetzt sein. Als Bodenbedekkung dient ein strapazierfähiger Rasen, der regelmäßig erneuert werden muß. Das Schildkrötenhaus bietet den Tieren während des Sommers Schutz bei Wetterstürzen. Es muß so groß bemessen sein, daß die Tiere dort auch im Winter optimal gepflegt werden können. Eine Bodenheizung sorgt für die notwendigen Temperaturen. Trink- und Futtergefäße müssen stabil befestigt werden, eine weitere Einrichtung ist nicht sinnvoll. Der Bodengrund besteht aus Sand oder Holz. Im Schildkrötenhaus sollte ganzjährig eine Temperatur zwischen 22 und 32 °C herrschen. Kurzfristige Temperaturabsenkungen bis auf 16 °C werden noch vertragen. Temperaturen über 35 °C sind den Tieren sichtbar unangenehm. Das Schildkrötenhaus muß bei heißer Witterung wegen des Treibhauseffektes im Sommer gut entlüftet sein, ohne daß Zugluft entsteht. Adulte Spornschildkröten sind anspruchslose Vegetarier. Sie werden mit Obst, Gemüse,

Geochelone sulcata

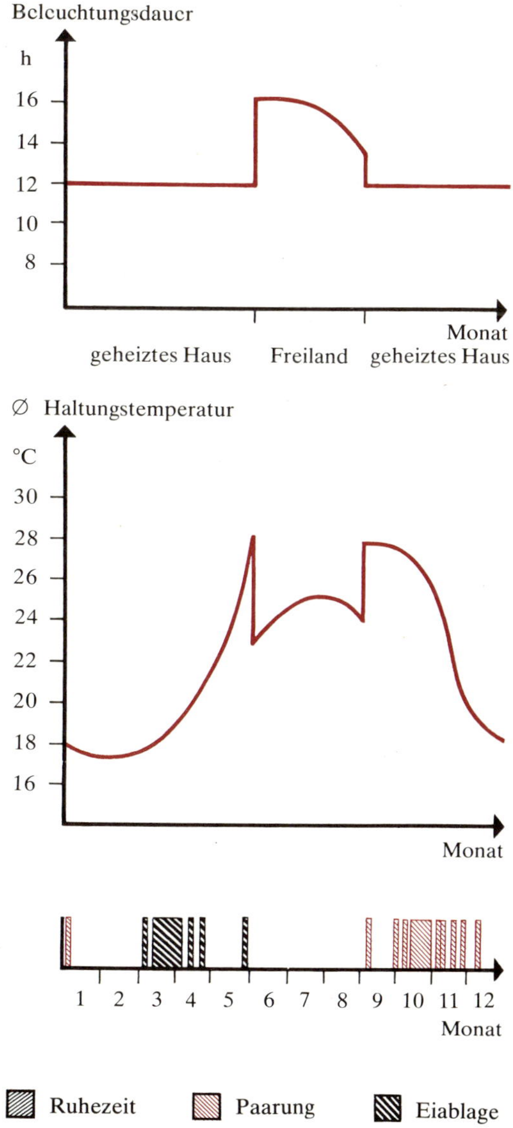

Salat und Wildkräutern je nach Saisonangebot gefüttert. Ganz eindeutig werden jedoch frische Brennesseln bevorzugt. Die benötigten erheblichen Futtermengen können durch Reis, Haferflocken oder Quetschkartoffeln ergänzt werden.

Fortpflanzung: Unter den beschriebenen Haltungsbedingungen kann man keine Ruheperioden beobachten. In der Natur halten die Tiere in selbstgegrabenen Höhlen oder in verlassenen Stachelschweinbauten in der heißen Jahreszeit einen Trockenschlaf. Balz und Paarung vollziehen sich in der für Landschildkröten üblichen Weise. Die Partnerin wird durch Rammstöße, wofür auch das verlängerte Gularschild eingesetzt wird, zur Passivität gezwungen. Danach reitet das Männchen von hinten auf. Paarungen sind vom September bis Januar zu beobachten. Die Hauptpaarungszeit fällt unter Terrarienbedingungen in die Monate Oktober und November. Da die Eier im zeitigen Frühjahr abgelegt werden, muß das Schildkrötenhaus dafür einige Voraussetzungen bieten. Meist sind die Grabemöglichkeiten dort durch bauliche Notwendigkeiten begrenzt (Bodenheizungen, fester Untergrund). Deshalb werden die Eier vielfach frei abgelegt. Sie zerbrechen meist noch während der Ablage. Zur rationellen Bergung der Eier hat sich die Haltung der Tiere in der Eiablagezeit auf Holzrosten bewährt. Die Rostabstände sind etwa 5 cm × 5 cm groß zu wählen, der Freiraum unter dem Rost sollte über 10 cm hoch sein. Auf diese Weise fallen die Eier bei der Ablage durch den Rost und können durch die Tiere nicht beschädigt werden. Das Gelege kann aus bis zu 21 Eiern bestehen. Häufig jedoch sind Einzelablagen zu beobachten, die nach der Hauptablagezeit im März bis zum Juni erfolgen. Die kalkschaligen Eier sind fast kugelrund und haben einen Durchmesser von 40 bis 45 mm. Die Masse liegt zwischen 40 und 50 g. Bei einer relativen Luftfeuchtigkeit von 60 bis 80 % und Temperaturen von 30 °C erfolgt der Schlupf nach 89 bis 136 Tagen. Untersuchungen auf den Temperatureinfluß zur Geschlechtsausbildung liegen noch nicht vor. Das Plastron ist zwischen den Brücken quergefaltet. Die Jungtiere wiegen etwa 35 g und sind nach der Streckung 46 mm mal 42 mm × 33 mm groß.

Aufzucht: Die Jungtiere werden in Zimmerterrarien vorgestreckt. Die Nahrung darf nicht zu proteinarm sein, da sonst Panzerschäden (Deformationen) auftreten. Auf eine gute Ver-

Schlupf von Spornschildkröten *(Geochelone sulcata)*

sorgung mit Kalk-Vitamin-Mineralstoff-Gemischen ist zu achten. Bei schönem Sommerwetter werden die Tiere dem natürlichen Sonnenlicht ausgesetzt. Die Ernährung muß vielseitig sein. Neben Obst, Gemüse und Wildkräutern füttert man auch Insekten oder deren Larven (Mehlwürmer). Einmal pro Woche erhalten die Jungtiere einen Brei aus Haferflocken.

Testudo graeca

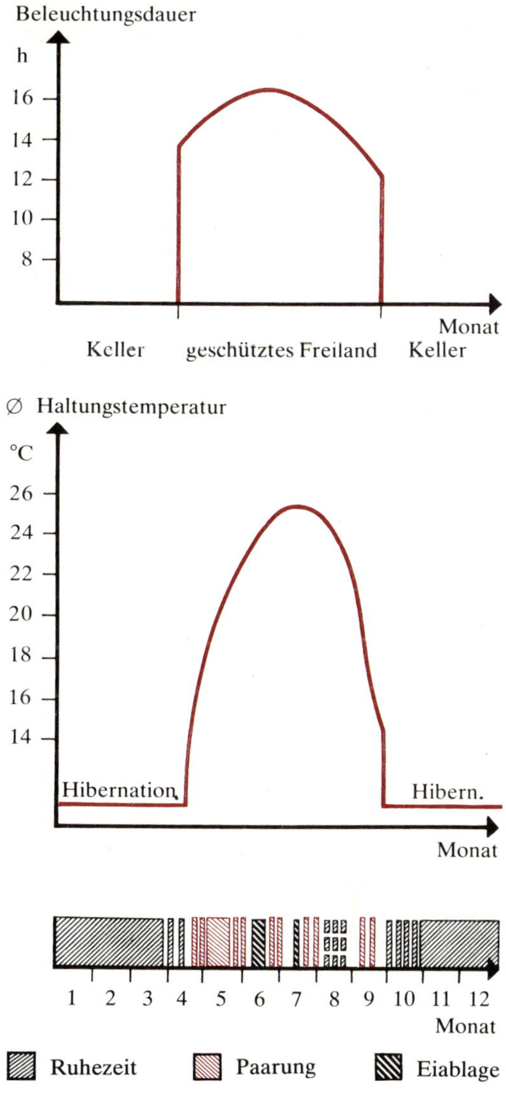

Maurische Landschildkröte *(Testudo graeca)*

Die Maurische Landschildkröte wird häufig in Gefangenschaft gehalten und wurde schon in einigen Generationen gezogen. Sie ist jedoch wärmebedürftiger als die Griechische Landschildkröte *(Testudo hermanni)*. Wir unterscheiden vier Unterarten. Die Nominatform *Testudo graeca graeca* ist in Südspanien, auf den Pityusen und in Nordwest-Afrika von Marokko bis Libyen heimisch. In Nordost-Afrika von Libyen bis Ägypten und im vorderen Kleinasien lebt *Testudo graeca terrestris*. Daran schließt sich östlich das Verbreitungsgebiet von *Testudo graeca zarudnyi* an. Diese Formen der Maurischen Landschildkröte sind nur bei schönstem Sommerwetter im Freiland zu halten. Ihre Pflege bereitet deshalb besondere Probleme. Da zudem diese Unterarten nur sehr selten im Terrarium gehalten werden, wenden wir uns der bei uns am häufigsten gepflegten Rasse *Testudo graeca ibera* zu. Sie ist auf der Balkanhalbinsel und in den Kaukasus-Ländern bis zur nordwestlichen Türkei und Nordiran verbreitet. Die meisten Tiere dieser Rasse, die bei uns gepflegt werden, stammen aus den »Urlaubsländern« und wurden von Touristen mitgebracht. Obwohl diese Tiere schon lange Schutz genießen, wurden die einschlägigen Artenschutzgesetze erst in den letzten Jahren richtig wirksam. Die Maurische Landschildkröte besitzt einen ebenmäßigen, hoch gewölbten Carapax. Eine Höckerbildung ist immer auf rachitische Erscheinungen zurückzuführen. Die Grundfarbe ist gelblich bis orangebraun mit großen schwarzen Flecken. Der Hinterlappen des Plastrons ist bei adulten Tieren leicht beweglich, das Schwanzschild in der Regel ungeteilt. Beiderseits der Schwanzwurzel befindet sich je eine kräftige Höckerschuppe. Das Schwanzende ist fleischig und endet ohne Nagel. Weibchen erreichen eine Größe bis 30 cm CL, Männchen bleiben etwas kleiner. Mit 5 bis 7 Jahren sind sie geschlechtsreif. Die Tiere haben dann ein Stockmaß von etwa 17 cm. Die Weibchen haben nur einen kurzen Stummelschwanz, der kaum den Panzerrand überragt. Das Plastron ist plan oder schwach konkav. Bei den Männchen entspricht die Schwanzlänge etwa der zweifachen Schwanzwurzelbreite, ihr Plastron ist konkav eingedellt.

Haltung: Testudo graeca ibera kann gut im Freiland gehalten werden. Da sie wärmebedürftiger als *Testudo hermanni* ist, muß eine entsprechende Wärmeaufstockung in der Freilandanlage durch bauliche Maßnahmen gewährleistet sein. Unter unseren klimatischen Bedingungen hält man die Tiere dort von April bis Oktober. Setzen längere Schlechtwetterperioden ein, kontrolliert man häufig die Tiere auf Erkältungen oder setzt sie in entsprechende Zimmerbehälter um. Die Temperaturen im Zimmerterrarium sollten nicht zu hoch sein und nachts abfallen, um eine Rückführung in das Freiland zu ermöglichen. Erkältete Schildkröten werden stets im Zimmerterrarium behandelt und erst nach völliger Genesung bei sehr schönem Wetter unter ständiger Kontrolle in das Freiland zurückgesetzt. Eine dauernde Zimmerhaltung ist problematisch und nicht zu empfehlen, da die Tiere dann auch stark anfällig für Rachitis sind. Von Oktober bis April werden die Schildkröten bei Temperaturen um 4°C kalt überwintert. Will man die Aktivitätsphase für schwächliche Tiere verlängern, hält man sie von September bis zur endgültigen Einwinterung im Zimmerterrarium. Da *Testudo graeca* mit *Testudo marginata* bastardisiert, sollte man auf eine gemeinsame Haltung verzichten. *Testudo graeca* ist wenig wählerisch. Sie frißt das übliche Landschildkrötenfutter. Einige fressen auch Zwieback oder pelletiertes Fisch- und Haustierfutter.

Fortpflanzung: Eine Winterruhe, die 5 bis 6 Monate dauern sollte, ist zur Zucht eine wichtige Voraussetzung. Gelegentlich vergraben sich die Tiere auch noch im Hochsommer bei Hitzeperioden. Besonders ist diese Tendenz im August festzustellen, wenn die Wetterlage eine solche Sommerruhe erlaubt. Gleich nach Beendigung der Winterruhe beginnt die Balz. Die Weibchen werden mit kräftigen Rammstößen, die kurz aufeinander erfolgen, und Bissen zur Flucht getrieben. Hat das Männchen das flüchtende Weibchen eingeholt, versucht es, aufzureiten. Ist das Weibchen paarungsbereit, verhält es sich passiv. Flüchtet es weiter, wiederholt sich die Balz. Dabei können paarungswütige Männchen die vergesellschafteten Weibchen so stark verfolgen, daß diese geschwächt und auch verletzt werden. Deshalb muß die Anlage ausreichend Raum und Ausweichmöglichkeiten bieten, und es sollte stets die Anzahl der geschlechtsreifen Weibchen überwiegen. Ist das Aufreiten geglückt, stößt das Männchen in kurzer Folge mit weit geöffnetem Maul bei der Kopulation piepsende Töne aus. Durch leichtes Drehen des Hinterteiles erleichtert das Weibchen dem Männchen den Kloakenkontakt. Nach mehrtägiger Unruhe und Legeplatzsuche wird mit den Hinterbeinen vorzugsweise an einer Südhanglage die Eigrube ausgehoben. Die Eiablage erfolgt von Ende Mai bis Juli. Es sind zwei Gelege im Abstand von 21 bis 30 Tagen möglich. Die Eier werden im Abstand von 2 bis 3 Minuten ausgepreßt, mit den Hinterbeinen abgefangen und in der Grube »geordnet«. Die Gelege bestehen aus 2 bis 12 Eiern, abhängig von Kondition und Körpergröße der Weibchen. Die Eier sind leicht oval, hartschalig und messen durchschnittlich 34 mm × 28 mm bei einer Masse von 16 g. Bei einer Temperatur von 24 bis 30°C und einer relativen Luftfeuchtigkeit von 80 bis 100 % erfolgt die Inkubation. Die Geschlechtsausbildung ist temperaturabhängig, der Scheitelpunkt liegt bei 27,5°C. Nach 57 bis 65 Tagen schlüpfen die Jungen. Sie haben einen quergefalteten Panzer, wobei die Falte von Brücke zu Brücke verläuft. Schon im Ei beginnt während des Schlupfes die Streckung. Da sich das Jungtier zusätzlich noch in der Schale dreht, wird diese regelrecht gesprengt. Die Schlüpflinge wiegen je nach Eigröße 13 bis 17 g und haben eine Carapaxlänge von 34 bis 37 mm. Die Panzerbreite beträgt 32 bis 34 mm.

Aufzucht der Jungtiere: Die Aufzucht erfolgt in halbfeuchten Zimmerterrarien mit hohem Bodengrund. Lokale Strahler erwärmen einige Plätze bis auf 30°C. In der Nacht werden die zusätzlichen Heizquellen abgeschaltet. Sooft es die Witterung erlaubt, werden die Jungtiere der ungefilterten Sonnenbestrahlung ausgesetzt. Da eine hohe Anfälligkeit für Mangelerscheinungen besteht, muß protein- und abwechslungsreich gefüttert werden. Zusätzliche UV-Bestrahlung und Beimischung eines Vitamin-Mineralstoff-Gemisches zum Futter sind notwendig. Kalk wird von den Jungtieren auch in Tablettenform angenommen. Die Aufzuchtbehälter müssen reichlich bemessen sein, wenn die Aufzucht problemlos gelingen soll. Die Unterschlupfmöglichkeiten werden zum Schlafen genutzt und sollten groß genug sein, daß sich die Tiere nicht bedrängen müssen.

Griechische Landschildkröte
(Testudo hermanni)

Sie bildet zwei Unterarten: *Testudo hermanni hermanni* und *Testudo hermanni robertmertensi*. Beide Formen unterscheiden sich vor allem in der Körpergröße. Die Nominatform ist größer und von Gestalt länglicher. *Testudo hermanni robertmertensi* hat einen gelben Fleck hinter den Augen. Dies kann jedoch nicht als alleiniges Erkennungsmerkmal herangezogen werden, da einige Lokalformen der Nominatrasse ebenfalls einige gelbe Schuppen hinter den Augen besitzen. Im Terrarium wird vorwiegend die Nominatform gehalten und regelmäßig vermehrt. Da es Biotopüberschneidungen sowie eine gewisse Ähnlichkeit mit der Maurischen Landschildkröte *(Testudo graeca)* gibt, werden beide Arten oft verwechselt. Die Griechische Landschildkröte hat stets am Schwanzende einen hornigen Nagel. Das Schwanzschild ist meist geteilt, und sie besitzt keine Sporne an den Hinterschenkeln. Durch starkes Absammeln ist sie besonders in den touristisch erschlossenen Regionen vom Aussterben bedroht, während sie in anderen Landstrichen als Delikatesse betrachtet wird, obwohl sie wie alle anderen Landschildkröten unter Schutz steht. Die Nominatform besiedelt die Balkanhalbinsel und Süditalien. *Testudo hermanni robertmertensi* ist westlich davon heimisch. Sie wird von Mittelitalien über Südfrankreich bis Ostspanien sowie auf Korsika, Sardinien und den Balearen gefunden. Die Nominatform kann eine Größe bis 28 cm CL erreichen. Die meisten Exemplare überschreiten jedoch kaum 22 cm CL. *Testudo hermanni robertmertensi* bleibt deutlich kleiner und erreicht selten eine Länge über 18 cm. Geschlechtsreif werden die Tiere unter Terrarienbedingungen nach 7 bis 9 Jahren. Die Männchen besitzen einen längeren Schwanz mit dicker Schwanzwurzel. Das Plastron ist konkav eingedellt. Diese Merkmale bilden sich aber erst nach dem 3. Lebensjahr aus.

Haltung: Die Griechische Landschildkröte eignet sich am besten für die Freilandhaltung

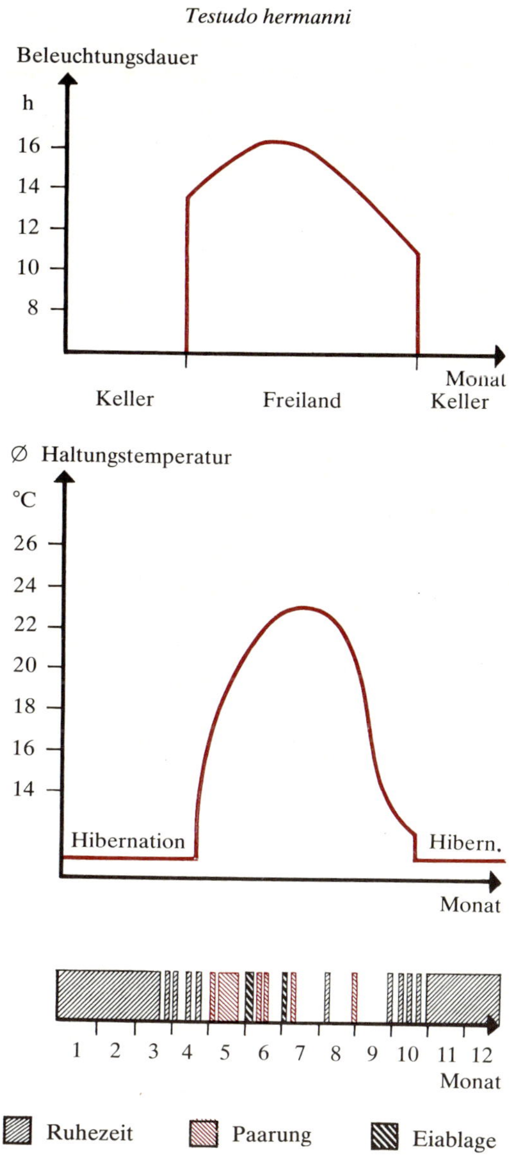

und ist unter diesen Bedingungen gut zu züchten. Da außer im ersten Lebensjahr die Zimmerhaltung keine Vorteile für die Tiere erbringt, ist von einer ausschließlichen Zimmerhaltung abzusehen. Die Griechische Landschildkröte kann ganzjährig unter unseren klimatischen Bedingungen in der Freilandanlage gehalten werden. Man legt das Freilandterrarium in exponierter Südlage an. Ein Schutzhaus mit tiefer Bodenfüllung aus Heu, Laub oder Stroh ist jedoch Voraussetzung für eine problemlose Überwinterung. Unter natürlichen Bedingungen sind die Haltungs- und Nachzuchtergebnisse optimal. Eine »Verlängerung« des Jahres durch eine Teilzimmerhaltung ist nur für Jungtiere ratsam und birgt höhere Risiken als die totale Freilandhaltung in sich. Bei den Tieren, die teilweise im Zimmerterrarium gehalten werden, ist eine erhöhte Anfälligkeit für Erkältungskrankheiten und Mangelerscheinungen auffällig. Griechische Landschildkröten sind Allesfresser. In der Natur fressen sie auch Aas und Kot.

Fortpflanzung: Eine Winterruhe ist zur Zucht der Tiere unbedingt notwendig, und zwar von Ende Oktober bis Mitte März. Jungtiere können im ersten Lebensjahr warm überwintert werden, um sie für die Freilandhaltung »vorzustrecken«. Das Aussetzen in die Freilandanlage kann dann aber erst bei stabiler warmer Witterung im Frühsommer des 2. Lebensjahres erfolgen, da diese Tiere eine erhöhte Erkältungsanfälligkeit besitzen. Das Balzspiel ist rauh. Die Weibchen werden verfolgt und umkreist. Durch Bisse in die Hinterbeine wird die Flucht verhindert. Anschließend richten sich die Bisse gegen Kopf, Hals und Vorderbeine. Dadurch wird das Weibchen zum Einziehen des Kopfes und der Vorderextremitäten gezwungen. Durch die Massenverdrängung tritt der Analbereich aus dem Panzer heraus. Dies erleichtert nach dem anschließenden Aufreiten die Kopulation. Bei der Kopulation reißt das Männchen das Maul weit auf und stößt bei jeder Kopulationsbewegung pfeifend die Luft aus den Lungen. Balz und Paarung sind während der gesamten Aktivitätsperiode zu beobachten. Deutliche Höhepunkte bildet jedoch die Zeit kurz nach der Winterruhe und direkt nach der Eiablage. Bei der Haltung der Griechischen Landschildkröten achte man sehr auf ein ausgewogenes Geschlechterverhältnis. Weibliche Tiere sollten sich stets in der Überzahl befinden, da sie sich sonst den permanenten Nachstellungen der Männchen nicht entziehen können. Unter den beschriebenen Bedingungen erfolgt die Eiablage im Mai bis Juni. Ein Zweitgelege ist möglich. Als Eiablagestelle wird die Südseite von Sandhügeln deutlich bevorzugt. Es werden 3 bis 7 hartschalige, länglich-runde Eier abgelegt. Die Länge beträgt 34,5 mm, der Durchmesser 29 mm, die Masse 15,5 g. Bei einer relativen Luftfeuchtigkeit von 70 bis 90 % und einer Temperatur von 27 bis 28 °C werden die Eier gezeitigt. Die Inkubation dauert 55 bis 70 Tage. Das Geschlecht der Jungtiere ist temperaturabhängig, der Scheitelpunkt liegt bei 27,5 °C. Der Panzer ist beim Schlupf quer über die Mitte des Bauchpanzers von Brücke zu Brücke gefaltet. Die Schlüpflinge liegen quer zur Längsrichtung im Ei. Die Panzerbreite entspricht der Eilänge. Sie beträgt im Durchschnitt 34 mm. Schon während des Schlupfvorganges beginnt die Entfaltung des Panzers. Häufig drehen sich die Jungtiere auch in der Eischale, so daß große Stücken abgesprengt werden. Nach der Entfaltung des Panzers sind die Tiere von oben betrachtet fast kreisrund und haben eine Masse von etwa 26 g.

Aufzucht: Da den Jungtieren im Freiland vielfältige Gefahren drohen (Katzen, Vögel, Nager, aber auch Wetterstürze), werden sie im Zimmerterrarium aufgezogen. Die Aufzucht ist wie bei allen Landschildkrötenarten problematisch. Neben einer sehr ausgewogenen, proteinreichen Nahrung müssen ausreichend Kalk, Mineralstoffe und Vitamine über die Nahrung zur Verfügung stehen. Kann kein natürliches ungefiltertes Sonnenlicht angeboten werden, ist mit schwachen UV-A-Strahlern regelmäßig zu arbeiten. Schon im ersten Jahr ist es zweckmäßig, den Tieren eine kurze Winterruhe von 3 bis 4 Wochen anzubieten. Zur optimalen Aufzucht überführt man die Jungtiere später bei stabiler Wetterlage in eine separate geschützte Aufzuchtfreianlage, in der sie bis zu einer Panzerlänge von 10 bis 12 cm verbleiben und dort schon ganzjährig gehalten werden.

Breitrandschildkröte *(Testudo marginata)*

Die Breitrandschildkröte ist die stattlichste und wohl auch schönste Landschildkröte Europas. Der dunkle Panzer ist längsoval mit leichter Einschnürung in der Mitte. Die hinteren Marginalschilder sind bei adulten Tieren verlängert und schirmartig ausgestellt. Der Rand ist gesägt. Bei Halbwüchsigen und Jungtieren sind die Areolen der Schilder hell. Der Bauchpanzer ist hornfarben mit acht typischen dunklen Dreiecksflekken. Jungtiere sind anhand dieser Flecken und durch das Fehlen deutlicher Höckerschuppen beiderseits der Schwanzwurzel leicht von *Testudo graeca* zu unterscheiden, der sie sonst im Habitus als Jungtiere ähneln. Die Breitrandschildkröte ist die seltenste Landschildkröte Europas. Ihre Bestände sind in der Natur stark bedroht. Wie alle anderen europäischen Schildkröten steht sie unter Schutz, der sich aber leider nur auf das Individuum und nicht auf ihren Lebensraum bezieht. Es ist deshalb sehr zu begrüßen, daß auch diese Art in jüngerer Zeit regelmäßig in entsprechenden Freilandterrarien gezogen wird. Die Breitrandschildkröte ist in Griechenland, südlich des Olymp, und auf einigen ägäischen Inseln heimisch. Das Vorkommen auf Sardinien geht vermutlich auf eine Faunenverfälschung durch den Menschen zurück. Breitrandschildkröten besiedeln offene Landschaften mit dünner Vegetation (Strauchwerk). Sie halten sich besonders in bergigen Habitaten auf und steigen bis auf eine Höhe von 1600 m. Die Tiere erreichen Panzerlängen von über 35 cm. Die Männchen sind allgemein größer als weibliche Tiere. Im Alter von 8 bis 12 Jahren werden sie geschlechtsreif. Sie sind dann ca. 20 bis 22 cm groß. Die Schwanzlänge beträgt bei den Männchen das Zweifache des Schwanzwurzeldurchmessers, während dieses Verhältnis bei den weiblichen Breitrandschildkröten gleich ist. Die hinteren Randschilder laden bei adulten Männchen weiter aus. Da bei beiden Geschlechtern das Plastron konkav eingedellt sein kann, darf dieses Merkmal bei der Breitrandschildkröte nicht zur Geschlechtsbestimmung herangezogen werden!

Haltung: Eine Zimmerhaltung ist nur für Jungtiere zur »Vorstreckung« für einen späteren Freilandaufenthalt sinnvoll. Sie benötigen Trockenterrarien mit staubfreiem Sandboden. Wärmestrahler, lokale Bodenheizungen und weiche UV-A-Strahler schaffen tagsüber optimale Bedingungen. In der Nacht muß eine Abkühlung gewährleistet sein, um die Tiere abzuhärten. Im Freiland hält man Breitrandschildkröten wie die anderen europäischen *Testudo*-Arten. Man muß dabei aber bedenken, daß die Breitrandschildkröten besonders wärmeliebend sind. Zwar ist auch die Breitrandschildkröte

Testudo marginata

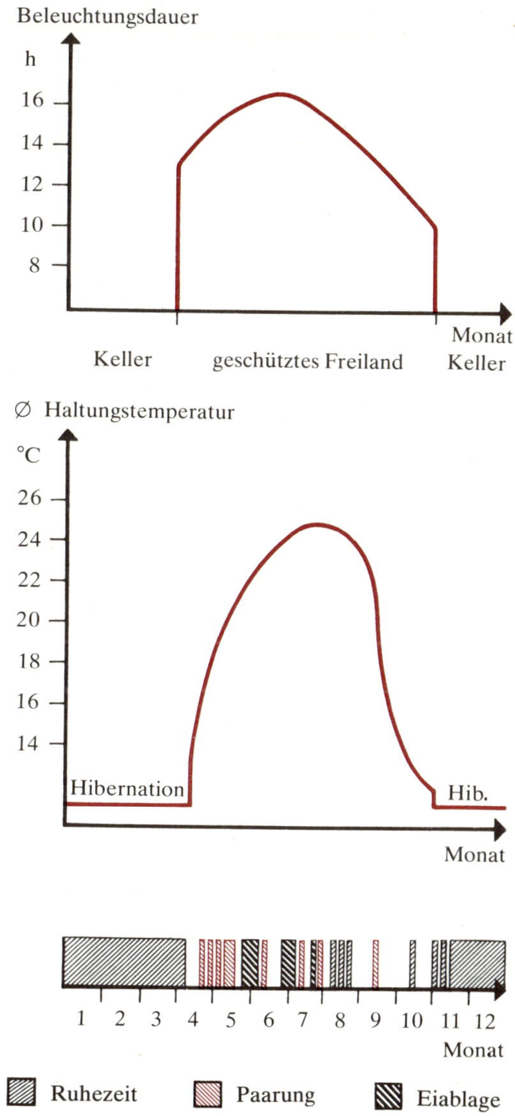

ganzjährig im Freiland haltbar, aber man wird wegen der Seltenheit der Tiere die Überwinterung im frostfreien Keller unter ständiger Kontrolle durchführen. Obwohl adulte Tiere sehr groß werden, sind sie auch kleineren Landschildkröten gegenüber sehr verträglich und gliedern sich leicht in bestehende Schildkrötenherden ein. Besondere Vorsicht ist aber dennoch geboten, denn unter Terrarienbedingungen bastardisieren sie in der Regel leicht mit *Testudo graeca*.

Eine Breitrandschildkröte *(Testudo marginata)* bei der Eiablage

Da der Habitus junger Bastarde nach der Mutter geht und gleichzeitig eine Vorratsbefruchtung stattfindet, kann solch eine Bastardisierung noch Jahre undefinierbare Nachkommen erbringen. Breitrandschildkröten fressen das übliche Landschildkrötenfutter. Gelegentlich kann man den Tieren auch mageres geschabtes Fleisch anbieten. Von November bis März werden die Tiere kalt überwintert.

Fortpflanzung: Die Ruhepause ist zur Zucht eine wichtige Voraussetzung. Gleich nach dieser Phase beginnt die Paarungszeit. Das Männchen treibt mit einzelnen Rammstößen das Weibchen zur Flucht, verfolgt es rasch und beißt es in die Hinterbeine. Bleibt das Weibchen stehen, läuft das Männchen nach vorn und beißt in Richtung des Kopfes, der Vorderbeine und der vorderen Marginalschilder. Flieht das Weibchen erneut, wiederholt sich die Prozedur. Paarungsbereitschaft zeigt das Weibchen durch Passivität an. Bleibt es stehen und zieht Kopf und Vordergliedmaßen ein, läuft das Männchen nach hinten und reitet auf. Mit weit geöffnetem Maul stößt das Männchen im Abstand von 2 bis 4 Sekunden die Luft unter ächzenden Lauten aus den Lungen. Im gleichen Rhythmus dreht dabei das Weibchen den Kopf von einer Seite zur anderen. Die Paarungen dauern bis 30 Minuten und können sich mehrmals am Tag wiederholen. Fast während der gesamten Jahresaktivitätsphase sind die Tiere paarungsbereit. Besondere Höhepunkte sind jedoch die Monate Mai/Juni und der September. Setzt bei den Weibchen die Trächtigkeit ein, verhalten sie sich wie die Männchen. Sie treiben und rammen andere Schildkröten und reiten sogar auf. Bei diesen Scheinpaarungen werden sogar Laute ausgestoßen, die den echten Kopulationslauten nicht unähnlich sind. Mit den Hinterbeinen legen die Tiere eine faustgroße Nistgrube an einem südexponierten Ablagehügel aus einem Sand-Lehm-Gemisch an. Die Ablagen erfolgen von Ende Mai bis Anfang Juni. Je nach Kondition und Größe der Tiere können bis zu drei Gelege in dieser Periode gebracht werden. Die Gelege bestehen aus 5 bis 10, gelegentlich sogar aus 15 Eiern. Die Eier sind kugelförmig bis leicht oval und haben eine harte Schale. Die Größe schwankt zwischen 29 mm × 27 mm

Zur Kopulation reiten nach Rammstößen mit dem Panzer die Männchen der Landschildkröten von hinten auf und stoßen mit weit aufgerissenem Maul pfeifende Laute aus. Hier kopulieren Breitrandschildkröten *(Testudo marginata)*.

Schlupf einer Breitrandschildkröte *(Testudo marginata)*

bei einer Masse von 12 g und 36 mm × 34,5 mm bei einer Masse von 20 g. Die Inkubation erfolgt bei 90 % relativer Luftfeuchtigkeit und Temperaturen um 28 °C. Da eine Geschlechtsbestimmung erst bei semiadulten Exemplaren erfolgen kann, ist der Einfluß der Inkubationstemperatur auf das Geschlecht der Tiere noch nicht untersucht worden. Vermutlich ist auch bei dieser Art die Geschlechtsausprägung temperaturabhängig. Die Jungtiere sind beim Schlupf von Brücke zu Brücke quergefaltet. Ihre Schlupfgröße richtet sich nach der Eigröße. Nach Entfaltung sind sie zwischen 29 mm × 26 mm (Masse 9 g) und 35 mm × 30 mm (Masse 17 g) groß.

Aufzucht: Ideal ist bei warmem Wetter eine ortsveränderliche Umfriedung auf Futterrasen mit Klee, Löwenzahn und anderen Wildkräutern. Die Jungtiere fressen bereits am ersten Lebenstag. Neben dem Futter wird auch Sand gefressen. Bei einem Mangel an proteinreicher Nahrung und hohen Haltungstemperaturen wird die Höckerbildung des Panzers begünstigt. Um rachitischen Erscheinungen vorzubeugen, ist auf ein sehr ausgewogenes Futter, gute Versorgung mit Vitaminen, Kalk und anderen Mineralstoffen, ungefiltertes Sonnenlicht (UV-A), frische Luft und nächtliche Temperaturabsenkung zu achten. Mit einer Körpermasse von 30 g wird eine 4- bis 8wöchige Winterruhe gut vertragen und sollte den Tieren unbedingt gewährt werden.

Chinesische Weichschildkröte (*Trionyx sinensis*)

Trionyx sinensis ist eine bissige, unverträgliche Weichschildkröte. Eine Einzelhaltung ist schon bei Jungtieren notwendig, da sie kannibalische Eigenschaften entwickeln. Die Tiere verletzen besonders den Panzerrand, indem sie Stücke herausbeißen. Diese Schäden verwachsen nie. Durch das riesige Verbreitungsgebiet haben sich zahlreiche Lokalformen herausgebildet, die sich besonders in Färbung, Größe und Bedornung der Carapaxhaut unterscheiden. Die Grundfarbe der Tiere ist graugrün. Mächtige Paddelfüße mit scharfen Klauen und der flache Panzer zeichnen diese hochaquatile Schildkröte als gewandten Schwimmer aus. Der im hinteren Teil stark reduzierte Bauchpanzer gestattet eine hohe Beweglichkeit. Der Kopf besitzt eine Schnorchelnase sowie hoch angebrachte Augen. Zum Luftholen tauchen deshalb nur Nasenspitze und Augen über dem Wasserspiegel auf. Die Kiefer sind glatt und tragen sehr scharfe Hornschneiden, die durch wulstige Lippen verborgen werden. Durch den langen, beweglichen Hals haben die Tiere einen hohen Aktionsradius. Kinderhände dürfen Terrarien mit bissigen Weichschildkröten nicht erreichen können. Das

Trionyx sinensis

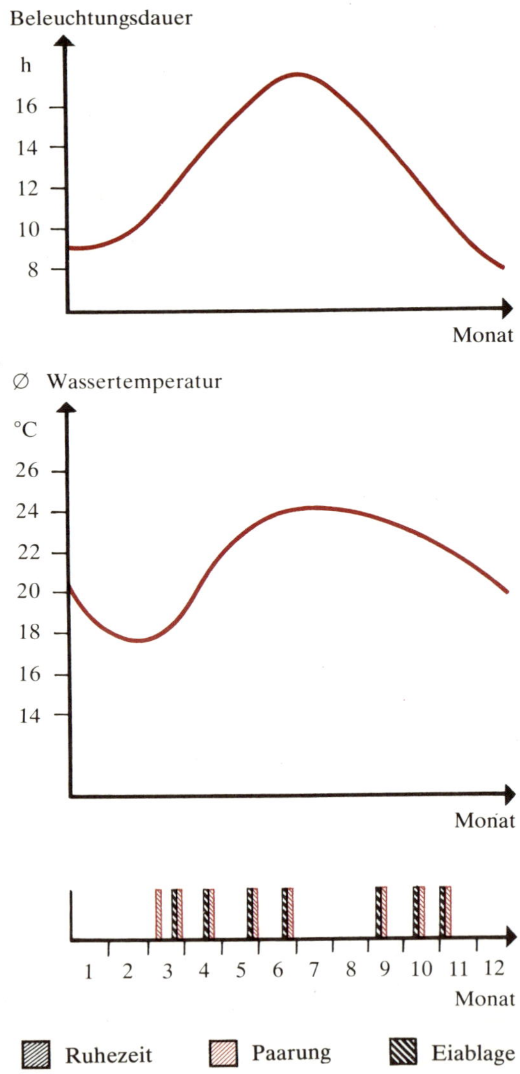

Verbreitungsgebiet reicht vom Südosten der UdSSR (Amur-Gebiet) über China und die koreanische Halbinsel bis Japan. Die westliche Verbreitungsgrenze liegt in Hinterindien. In der Natur besiedeln die Tiere die unterschiedlichsten Gewässer. Sie können in seichten Reisfeldern, Teichen und Flüssen gefunden werden. Die Maximalgröße einiger Formen liegt bei 45 cm Carapaxlänge, die Mehrzahl wird jedoch nur 25 cm groß. Wir pflegen meist die kleineren Lokalrassen. Sie erreichen die Geschlechtsreife unter Terrarienbedingungen schon im Alter von 2 bis 4 Jahren und sind dann 12 bis 15 cm groß. Die Männchen haben einen längeren und dickeren Schwanz. Die Kloakenöffnung befindet sich hinter dem Carapaxrand, während die Schwanzspitze der Weibchen diesen Rand kaum überragt.

Haltung: Eine Freilandhaltung ist bei den Vertretern aus dem nördlichen Verbreitungsgebiet möglich. In Bayern versuchte man um die Jahrhundertwende, Chinesische Weichschildkröten zu Speisezwecken in Fischteichen zu züchten. Dies gelang nicht, da sich die Tiere unter diesen Bedingungen nicht fortpflanzten, obwohl sie jahrelang ausdauerten. Einer Freilandhaltung steht die Unverträglichkeit und Bissigkeit der Tiere entgegen. Sie wird deshalb nicht praktiziert. Im Zimmer hält man die Tiere in geräumigen Aquarien oder Aquaterrarien. Der Bodengrund besteht aus feinem Flußsand. Darin graben sich die Tiere ein. Nur so häutet sich der Lederpanzer problemlos. Einen Landteil für die Eiablage kann man vorsehen, er wird aber vielfach nicht angenommen. Trotzdem sollte ein Ausstieg aus dem Wasser für die Tiere möglich sein, z. B. durch eine schräg aus dem Wasser ragende Platte, über der man einen Strahler anbringt. Chinesische Weichschildkröten sind carnivor. Einige Jungtiere nehmen auch Wasserpflanzen *(Eichhornia)* an.

Fortpflanzung: Zur Zucht benötigt diese Weichschildkrötenart keine Ruheperiode. Ein Jahresrhythmus mit Lang- und Kurztag synchronisiert bereits die Fortpflanzung. Eine Balz gibt es bei der Chinesischen Weichschildkröte nicht. Zur Paarung sind die Tiere unter ständiger Kontrolle zusammenzusetzen, wobei man vorher

Während der Kopulation, sie erfolgt bei allen Weichschildkröten unter Wasser, verbeißt sich das Männchen der Chinesischen Weichschildkröte *(Trionyx sinensis)* in den Hals des weiblichen Partners.

Gerätschaften wie Kescher und dicke Gummihandschuhe zum Trennen der Tiere bereitlegt. Meist reitet das Männchen sofort auf. Besteht keine Paarungswilligkeit, kann es schon nach einigen Sekunden zu wüsten Beschädigungskämpfen kommen, und die Tiere müssen unverzüglich getrennt werden. Zur Paarung verbeißt sich das Männchen in den Hals des Weibchens. Ist Kloakenkontakt hergestellt, formt das Männchen aus den Hinterfüßen eine Tasche, die um die Kloakenregion gelegt wird. Die Kopulation kann etwa eine Stunde dauern. Unmittelbar nachdem sich die Tiere getrennt haben, ist wieder eine Einzelhaltung erforderlich. Eine »normale« Eiablage mit Anlegen einer Nistgrube ist in der Gefangenschaft selten. Die Ursachen dafür sind noch nicht ausreichend bekannt. Wahrscheinlich stellen die Weibchen hohe Anforderungen an den Nistplatz und legen deshalb die Eier meist im Wasser ab. Werden sie nicht unmittelbar geborgen, sind sie verloren. Sie werden von den Tieren zerbissen und aufgefressen. Zum Schutz der Eier sind verschiedene Methoden gebräuchlich. Roste über dem Boden sind nur wirksam, wenn die Eier zwar hindurchfallen können, aber für die recht schmalen Köpfe zu eng sind. Besser ist es, wenn man in Glasklebetechnik spezielle Ablagebehälter mit einer schräg eingesetzten Zwischenscheibe und einem schützenden »Eisammelbehälter« anfertigt. Natürlich müssen auch hier die Eier nach kurzer Zeit entfernt werden, da im Wasser durch Sauerstoffentzug die Keime absterben. Letztlich hat sich zur rationellen Zucht die künstliche Wehenauslösung durch Medikamente durchgesetzt. Dazu muß jedoch die Trächtigkeitsermittlung vom Pfleger beherrscht werden. Es sind pro Jahr mehrere Gelege möglich. Pro Gelege werden 5 bis 25 relativ kleine Eier abgelegt. Einige Weibchen neigen unter Terrarienbedingungen zur Hyperfertilität. Dies muß durch Einschalten von kühleren Ruhephasen und längere Trennung von den Männchen gebremst werden, da sonst eine Schädigung eintritt. Die Eier sind kugelrund und hartschalig. Der Durchmesser beträgt nur etwa 20 mm, die Masse liegt bei 3,8 g. Bei einer relativen Luftfeuchtigkeit von 90 % und Temperaturen von 24 bis 31 °C werden die Eier inkubiert. Die Inkubation dauert bei Konstanttemperaturen von 27 °C 55 Tage. Da *Trionyx sinensis* Geschlechtschromosomen besitzt, ist schon zum Zeitpunkt der Befruchtung das Geschlecht festgelegt und kann durch die Bruttemperatur nicht beeinflußt werden. Der gesamte Carapaxrand ist beim Schlupf in Richtung Bauchpanzer gebogen. Die lange Schnorchelnase steht nach oben. Die Jungtiere sind nach der Streckung, die unmittelbar beim Schlupf beginnt, viel größer, als dies die Eischale vermuten läßt. Sie haben die Maße von 23 mm × 20 mm × 7 mm und wiegen 2,6 g.

Die Schlüpflinge der Chinesischen Weichschildkröte *(Trionyx sinensis)* besitzen eine starke Querfaltung des Bauchpanzers sowie eine aufwärts gebogene Schnorchelnase.

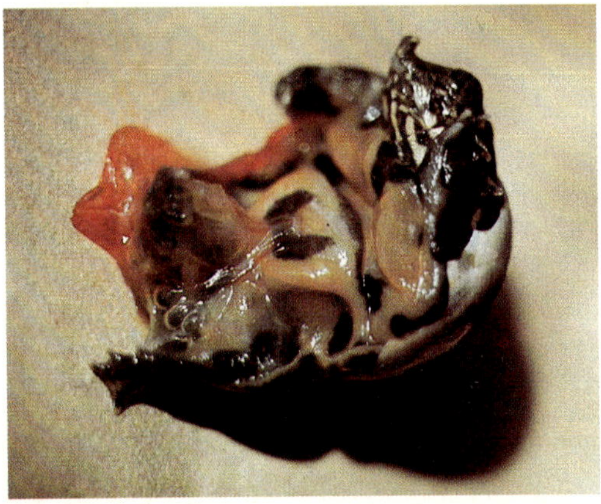

Aufzucht: Nach dem Schlupf sind die Jungtiere einzeln unterzubringen. Man setzt sie in kleine Plastikaquarien (Kühlschrankdosen) mit einem Bodengrund aus Flußsand. Aus dieser Deckung heraus nehmen sie viel früher das Erstfutter an, das aus Enchyträen, großen Daphnien, Bachflohkrebsen oder gut gewässerten Tubifex und Regenwurmstücken bestehen kann. Die Jungtiere sind schnellwüchsig und problemlos aufzuziehen.

Malayen-Weichschildkröte
(Trionyx subplanus [Dogania subplana])

Sie gehört zu den kleineren Weichschildkrötenarten und wird deshalb recht häufig gehalten. Die Grundfarbe des Rückenpanzers ist graubraun mit hellen Sprenkeln. Ein Aalstrich verläuft längs der Rückenlinie. Manche besitzen solide, scharf begrenzte, symmetrische, bis zu 3 cm große dunkle Flecken. Sie können im Alter verblassen. Das stark reduzierte Plastron ist hell gefärbt und mit rötlichen Adern durchzogen. Den massigen Kopf zieren dunkle Linien, die nach hinten schräg auseinanderlaufen. Manche Tiere besitzen einen orangefarbenen Wangenfleck, der mit zunehmendem Alter verblassen kann. Die Bißkraft ist gewaltig. In Verbindung mit scharfen Kieferschneiden, die durch wulstige Lippen verdeckt werden, stellt sie für den Pfleger bei Arbeiten im Terrarium eine nicht zu unterschätzende Gefahr dar. Die Tiere sind vollaquatil und vorwiegend tagaktiv. Da sie starke Räuber sind, können sie nicht vergesellschaftet werden. Sie kommen in den unterschiedlichsten Gewässern vor und besiedeln auch kleinste Tümpel. Die Malayen-Weichschildkröte ist in Südost-Asien weit verbreitet. Sie kommt im westlichen Hinterindien, auf den Sundainseln und den Philippinen vor. Die Tiere erreichen Panzerlängen bis 28 cm, die Weibchen bleiben kleiner. Die Geschlechtsreife erlangen die Tiere ab einer Größe von etwa 19 cm CL. Die Geschlechter sind auch adult kaum unterscheidbar. Die Schwanzwurzelbreite und die Schwanzlänge der Männchen sind nur unwesentlich größer. Dafür zeichnen sich männliche Tiere durch eine größere Carapaxlänge im Verhältnis zur Carapax-

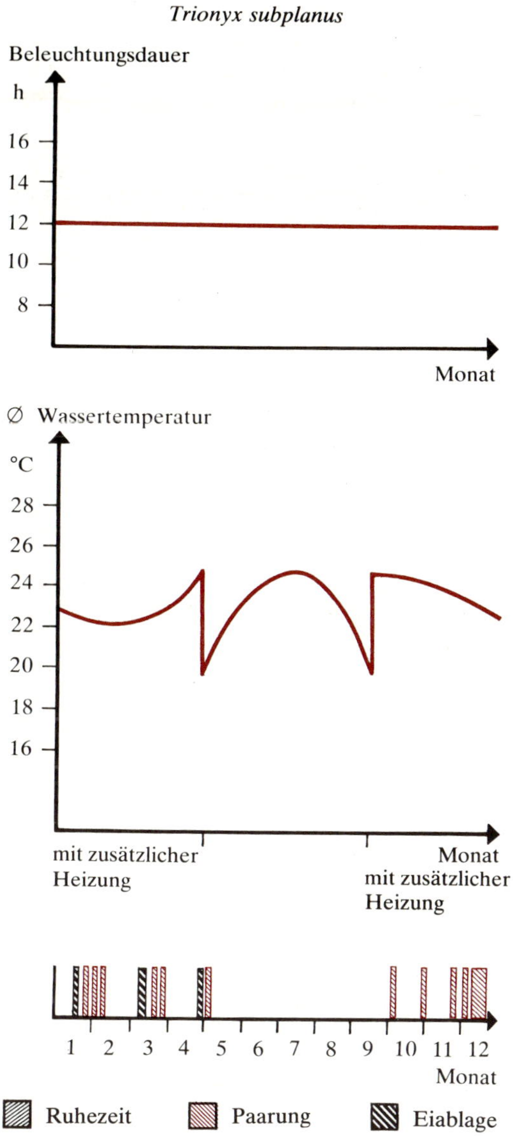

höhe aus. Sie sind dadurch flacher. Der Kopf der Männchen ist massiger, die Angriffslust höher.

Haltung: Man benötigt Aquarien mit ausreichend Schwimmraum. Für ein adultes Tier sollte die Grundfläche mindestens 0,75 m² bei einem Wasserstand von 25 cm betragen. Ein Landteil ist nur zur Eiablage notwendig. Der Bodengrund besteht aus feinem Flußsand und sollte so hoch sein, daß sich die Tiere darin vollständig vergraben können. Dies ist für eine reibungslose Häutung des Panzers eine wichtige Voraussetzung. Schwimmblattpflanzen oder Fadenalgenpolster bieten weitere Versteckmöglichkeiten, die die Tiere gern aufsuchen. Die Temperaturen sollten um 25 °C liegen. Eckwerte von 17 bis 30 °C werden vertragen. Eine Freilandhaltung ist sinnlos und nicht ratsam. Die Tiere sind grundsätzlich einzeln zu halten und dürfen auch nicht mit anderen Schildkrötenarten vergesellschaftet werden. *Trionyx subplanus* ist streng carnivor. Pflanzensubstrat wird aktiv nicht aufgenommen. Sie frißt aber jede tierische Nahrung, die bewältigt werden kann. Da sie ein guter Futterverwerter ist, benötigt sie nur relativ geringe Futtermengen. Problemlos wird auch Fleisch von Schlachttieren und Fisch angenommen. Dies verführt den Pfleger leicht, den Tieren ständig solche Nahrung anzubieten. Als Folge kommt es zu Mangelerscheinungen und sinkender Schlupfrate der Eier. Ein günstiges Futter sind frischtote Mäuse und nestjunge Ratten sowie unzerteilter Süßwasserfisch. Kann dieses Futter abgeschluckt werden, ohne daß die Schildkröten es mit Hilfe ihrer scharfen Krallen zerreißen müssen, bleibt das Wasser sauber.

Fortpflanzung: Ruheperioden sind bei dieser Weichschildkröte nicht erkennbar. Unter Terrarienbedingungen liegen im Frühherbst die niedrigsten Haltungstemperaturen. Sie steigen, wenn die Heizperiode beginnt. Dies hat vermutlich für die Tiere Signalwirkung. Man setzt sie unter ständiger Beobachtung zur Paarung im Spätherbst oder Winter zusammen. Hat man keinen entsprechend großen Wasserbehälter zur Verfügung, kann die Badewanne für diesen Zweck kurzfristig umfunktioniert werden. Den Wasserstand hält man hoch, die Wanne wird zu drei Viertel mit temperiertem Wasser gefüllt. Die runden Ecken verhindern, daß sich das Weibchen verletzt, wenn es vom Männchen getrieben wird. Anschließend reitet das Männchen auf und verbeißt sich in die Halshaut. Dabei kommt es nur zu geringfügigen Verletzungen. Unmittelbar nach der Kopula werden die Tiere wieder getrennt gehalten. Erfolgt eine Eiablage, setzt man die Tiere unmittelbar danach wieder zur Paarung zusammen. Eine natürliche Eiablage erfolgt selten, da ein Eiablagebehälter nicht immer angenommen wird und die Eier dann im

Die Malayen-Weichschildkröte *(Trionyx subplanus)* legt nur wenige, dafür aber relativ große kugelrunde Eier ab.

Wasser abgelegt werden. Im Gegensatz zur Chinesischen Weichschildkröte stellen aber die Weibchen den eigenen Eiern nicht so stark nach. Werden sie kurzfristig geborgen, ist eine erfolgreiche Inkubation möglich. Da sich die recht großen Eier gut ertasten lassen und den Weibchen die Trächtigkeit äußerlich angesehen werden kann, hat sich der Einsatz von Oxytocin bewährt. Von Januar bis Juni erfolgen 3 bis 4 Eiablagen mit jeweils 3 bis 7 Eiern. Die Eier sind kugelförmig und hartschalig. Ihre Dicke schwankt in weiten Grenzen von 22 bis 31 mm. Die Eier werden bei einer relativen Luftfeuchtigkeit von 80 bis 95% und Temperaturen um 28 °C inkubiert. Die Inkubation dauert ca. 72 Tage. Das Geschlecht der Jungtiere ist temperaturunabhängig, da diese Art Geschlechtschromosomen besitzt. Die Jungtiere entfalten sich beim Schlupf. Erkennbar ist nur noch eine Verformung der Schnorchelnase. Aus den unterschiedlich großen Eiern schlüpfen entsprechend verschieden große Jungtiere. Die Schlüpflinge sind sehr intensiv gezeichnet und haben ein Pfauenaugenmuster auf dem Carapax.

Aufzucht: Die frisch geschlüpften Malayen-Weichschildkröten bringt man einzeln in kleinen Aquarien mit hohem Bodengrund unter. Nach Abbau des Restdotters füttert man sie mit sich bewegendem Lebendfutter an. Geeignet sind kleinere Regenwürmer, Mehlkäferlarven und gut gewässerte Tubifex. Die anfängliche Scheu legt sich schnell. Die Tiere neigen zur Futterbettelei. Sie wachsen rasch und problemlos. Man biete qualitativ wertvolles Futter mit vielen Ballaststoffen in nur kleinen Mengen an, da die Tiere gierig fressen und dadurch natürlich leicht verfetten.

Rotbauch-Spitzkopfschildkröte *(Emydura australis subglobosa)*

Sie ist eine der farbenprächtigsten Schildkröten. Ihr Carapax ist braun bis schwarz, das Plastron rot, orange oder gelb gefärbt. Den Kopf zieren auf dunklem Grund rote und gelbe Schläfenbänder. Die flache Körperform und große, mit breiten Schwimmhäuten versehene Flossen weisen den guten Schwimmer aus. *Emydura australis* ist eine typische Flußschildkröte. Als tagaktives Tier benötigt sie neben viel Schwimmraum auch einen Sonnenplatz. Der Uferrand und der Landteil werden auch zur Nachtruhe benutzt. Es sind mehrere Lokalformen bekannt, die sich in Größe und Färbung unterscheiden. In älterer Literatur wird häufig das Synonym *Emydura »albertisi«* verwendet. Die Tiere sind in Neuguinea und Nordwestaustralien (Cape York) heimisch, wo sie größere Gewässer und Flüsse der tropischen Monsun-Regenwaldgebiete und angrenzende Savannen besiedeln. Bei den Lokalformen ist die Maximalgröße verschieden. Auf dem australischen Kontinent finden wir größere Tiere als auf Neuguinea. Die Maximalgröße beträgt bei den Weibchen der Kontinentalform etwa 26 cm CL, während die Weibchen der Inselform nur 22 cm CL erreichen. Artgemäß bleiben die Männchen mit 21 bis 17 cm CL kleiner. Meist werden die Formen von Neuguinea in Terrarien gehalten, da die australischen Tiere besonderen Schutz genießen. Mit einer Größe von 13 cm sind die Männchen, mit 17 cm die Weibchen geschlechtsreif. Die Tiere sind dann 4 bis 6 Jahre alt. Ab einer Größe von 5 cm CL sind die Geschlechter leicht unterscheidbar, da der Schwanz der männlichen Tiere länger und die Kloake weit nach hinten verlagert ist. Die Kloake adulter Männchen befindet sich hinter dem Carapaxrand.

Haltung: Eine Freilandhaltung ist bei warmem Hochsommerwetter möglich, wird aber wegen der Seltenheit der Tiere wenig praktiziert. Die Tiere benötigen große Aquaterrarien mit hohem Wasserstand. Da sie sehr schwimmfreudig sind, sollte der Wasserteil für ein adultes Paar die Mindestgröße von 150 cm × 60 cm bei einem Wasserstand von 30 cm aufweisen. Ein nicht zu glatter Uferrand und ein breiter Ausstieg zum Landteil müssen vorhanden sein, da sich dort die Tiere in der Nacht zum Schlafen festklammern. Der Ausstieg sollte am Tage stark bestrahlt werden, da sich im Nahbereich des »Fluchtweges zum Wasser« die Tiere gern sonnen. Zur Eiablage werden nur geräumige Behälter angenommen. Aus diesem Grunde muß auch der Landteil großzügig bemessen sein. In den schöneren Jahreszeiten hat sich für diese lebhaften Schildkröten eine Gewächshaushaltung sehr bewährt. Die Temperaturen sollten jedoch auch kurzzeitig nicht unter 18 °C fallen und 34 °C nicht überschreiten. In der Auswahl des Futters sind die Tiere anspruchslos, benötigen aber recht hohe Futtermengen. Sie sind omnivor. Der pflanzliche Anteil kann über 50 % der Gesamtfuttermenge betragen. Es werden gern Wasserpflanzen gefressen, wie Wasserhyazinthen *(Eichhornia)* und »Entengrütze« *(Lemna, Spirodela, Wolffia)*. Da der Panzer in regelmäßigen Abständen häutet, ist auf einen ausgewogenen Kalk-Mineral-Vitamin-Haushalt zu achten. Die Farbe des Bauchpanzers ist futterabhängig. Durch hohen Carotin-Gehalt im Futter wird der Rotanteil verstärkt (große rote Daphnien, rote Mückenlarven, frische Leber).

Emydura australis

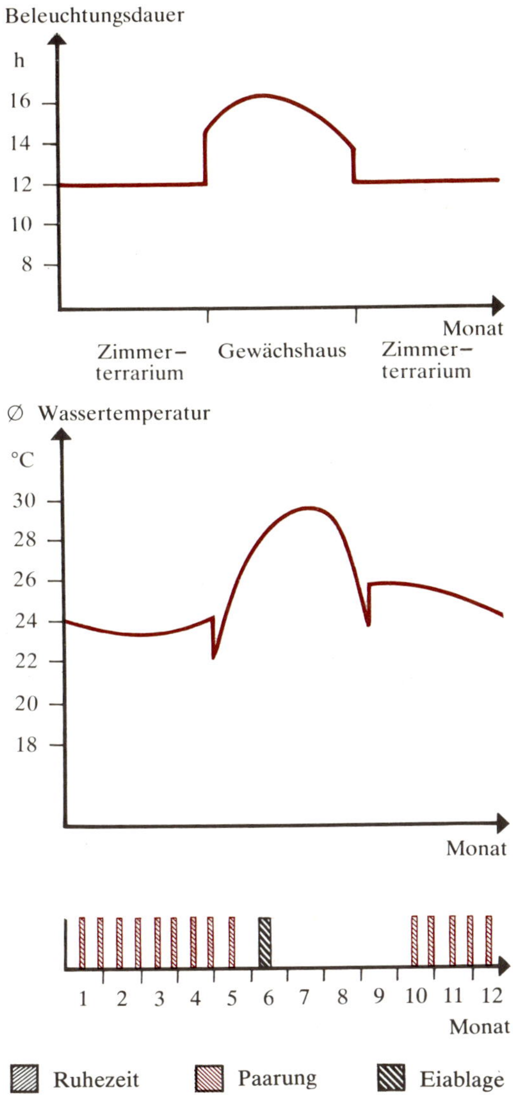

Fortpflanzung: Durch die tropische Herkunft der Tiere sind keine Ruheperioden erkennbar. Geschlechtlich sind die Tiere ganzjährig aktiv. *Emydura australis subglobosa* zeigt ein ausgeprägtes Balzverhalten. Die Männchen schwimmen die Weibchen von vorn an und fächern dabei mit den Vorderbeinen vor dem Kopf des Weibchens. Die Balz erinnert stark an die der Schmuckschildkröten. Besteht beim Weibchen keine Paarungsbereitschaft, wird das Männchen hart verbissen. Nach dem Aufreiten, dem oft ein Beriechen der Analregion vorausgeht, wird das Weibchen gelegentlich durch Nackenbisse in eine passive Stellung gezwungen. Die Paarung gelingt jedoch selten und ist nicht oft beobachtet worden. Sie wird stets unter Wasser vollzogen. Unter Terrarienbedingungen sind geschlechtliche Aktivitäten besonders von Oktober bis Mai zu beobachten. Unter diesen Bedingungen erfolgen die Eiablagen im Sommer. Wie viele andere Halswender ist auch die Rotbauch-Spitzkopfschildkröte recht produktiv. Es werden 4 bis 20 Eier abgelegt. Je nach Kondition und Körpergröße ist mit mehreren Eiablagen im Abstand von 6 bis 8 Wochen zu rechnen. Leider nehmen einige Weibchen in der Gefangenschaft die angebotenen Eiablagebehälter nicht an und legen die Eier im Wasser ab, wenn man keine künstliche Ablage durch wehenauslösende Medikamente einleitet. Die Eier sind länglich-oval, hart und dünnschalig. Ihre Größe beträgt etwa 36 mm × 20 mm bei einer Masse von 9 g. Die Inkubation erfolgt bei einer Temperatur zwischen 26 und 30 °C. Die relative Luftfeuchtigkeit beträgt ca. 95 %. Unter diesen Bedingungen schlüpfen die Jungtiere nach etwa 56 Tagen. Vermutlich ist auch bei dieser Art die Geschlechtsausbildung temperaturabhängig. Genaue Untersuchungen stehen jedoch noch aus. Die Jungtiere schlüpfen mit einer Größe von 28 mm Länge und 25 mm Breite, ihre Masse beträgt 3,5 bis 4 g. Schon vor dem Schlupf beginnt die Entfaltung des Panzers, so daß die Jungtiere schließlich breiter als die ehemalige unversehrte Eischale sind.

Aufzucht der Jungtiere: Da die Jungtiere sehr scheu sind, müssen viele Versteckmöglichkeiten angeboten werden. Man sollte aus diesem Grund den Aufzuchtbehälter möglichst in der obersten Etage der Terrarienanlage unterbringen, damit die Tiere nicht alle Bewegungen im Raum als Bedrohung wahrnehmen. Die Aufzucht gelingt leicht, bei sehr abwechslungsreicher und kräftiger Fütterung wachsen die Jungtiere schnell und entwickeln wenig Neigung zu Mangelerscheinungen. Es sollten jedoch nie zu viele Futterreste im Behälter verbleiben. Das Wasser muß wegen des hohen Nahrungsumsatzes sehr oft gewechselt werden.

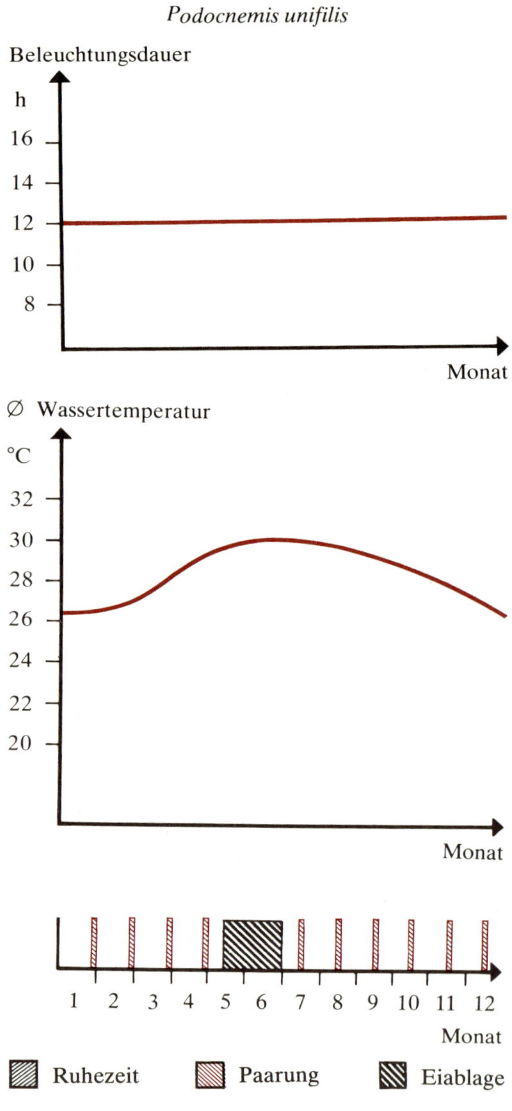

Terekay-Schienenschildkröte
(Podocnemis unifilis)

Die Terekay-Schildkröte ist eine sehr groß werdende Flußschildkröte. Der schwarze Rückenpanzer ist nur wenig gewölbt und trägt einen Mittelkiel, der Bauchpanzer ist hellgrau. Der Kopf ist dreieckig geformt. Zwischen den Augen erstreckt sich eine Längsfurche, die von der Nasenspitze bis zur Schädelmitte reicht. Die Grundfarbe des Kopfes ist schwarz, sie wird von einigen symmetrischen gelben Flecken unterbrochen. Am Kinn befindet sich ein kleiner Bartel. Die Zehen besitzen kräftige Schwimmhäute. *Podocnemis unifilis* ist in ihrem Bestand bedroht und steht unter Schutz. Die Jungtiere wurden für den Tierhandel und die Eier zur Ölgewinnung abgesammelt. Die Terekay-Schienenschildkröte ist von Venezuela über Guyana, Suriname bis Nordbrasilien verbreitet. Sie ist ein typischer Bewohner der großen Urwaldströme. Die Carapaxlänge alter Exemplare kann 45 cm erreichen. Die Geschlechtsreife tritt unter Terrarienbedingungen im Alter von 10 bis 12 Jahren ein. Die Tiere sind dann 28 bis 32 cm groß. Semiadulte Tiere sind durch die relative Schwanzlänge und Schwanzwurzeldicke ab einem Alter von 5 bis 6 Jahren unterscheidbar. Die Männchen besitzen den größeren und dickeren Schwanz.

Haltung: Eine Freilandhaltung ist wegen der hohen Temperaturansprüche der Tiere nicht anzuraten. Sie benötigen sehr große Aquaterrarien mit Landteil. Der Schwimmraum muß reichlich bemessen sein, da die Tiere ein hohes Bewegungsbedürfnis besitzen und zugleich sehr gute und ausdauernde Schwimmer sind. Aus diesem Grunde sind Aquaterrarien für Terekay-Schildkröten in der Wohnung kaum realisierbar. Ausreichend Platz kann man nur in großen Gewächshausanlagen schaffen. Die Tiere sind sehr aktiv und ruhen zum Sonnen auf dem Landteil. Der trockene Sonnenplatz ist aus diesem Grund unverzichtbar und muß so reichlich bemessen sein, daß sich die Tiere nicht gegenseitig stören. Durch die tropische Herkunft der Tiere müssen die Temperatur und die relative Luftfeuchtigkeit ganzjährig gleichbleibend hoch gehalten werden. Die Haltungstemperatur sollte zwischen 26 und 30°C liegen, die relative Luftfeuchtigkeit schwankt um 75 %. Unter diesen Bedingungen legen die Tiere keine Ruheperioden ein. Terekay-Schildkröten sind omnivor. Der Futterbedarf ist hoch. Erwachsene Tiere können auch mit Fertigfutter für Hunde und Katzen ernährt werden. Kalk in Form von Sepiaschale oder Kalktabletten werden problemlos angenommen.

Fortpflanzung: Die Tiere sind ganzjährig geschlechtlich aktiv. Zur Balz umschwimmen die Männchen die weiblichen Schildkröten, und die Werbung erfolgt ähnlich wie bei Schmuckschildkröten. Das Männchen streckt dem Weibchen die Vorderbeine entgegen und beträllert dessen Kopf durch vibrierende Bewegungen. Gelegentlich werden auch Bisse gegen Kopf oder Hals gerichtet. Die eigentliche Paarung konnte bisher noch nicht beobachtet werden. Aller Wahrscheinlichkeit nach wird sie nachts im Wasser vollzogen. In der Natur erfolgt die Eiablage auf den Sandbänken entlang der großen Ströme. Meist kommen sehr viele Tiere gleichzeitig zur Eiablage zusammen. Diese Tatsache nutzen kommerzielle Eiersammler für einen skrupellosen Raubbau aus. Im Terrarium kann natürlich kein Eiablagebehälter angeboten werden, der das Format einer Sandbank aufweist. In der Regel wird die Eiablage nicht ordnungsgemäß mit Anlage einer Nistgrube und Verscharren der Eier erfolgen. Die Eier werden teils im Wasser und teils auf dem Landteil wahllos abgelegt. Eine Trächtigkeitsuntersuchung und der Einsatz von wehenauslösenden Mitteln (Oxytocin) erscheint sinnvoll, wenn alle Eier unbeschädigt geborgen werden sollen. Je nach Größe und Kondition der Weibchen werden 12 bis 35 Eier abgelegt. Meist erfolgt nur eine Eiablage pro Jahr. Die Eier sind hartschalig, walzenförmig und etwa 40 mm × 26 mm groß. Sie werden bei Temperaturen von 26 bis 32°C und einer relativen Luftfeuchtigkeit von 60 bis 85 % inkubiert. Die Inkubation dauert 59 bis 78 (90) Tage. Beim Schlupf haben die Jungtiere eine Länge von 38 bis 40 mm und wiegen etwa 9 g. Eine Faltung ist nicht erkennbar.

Aufzucht der Jungtiere: Die Aufzucht gestaltet sich unproblematisch. Es besteht keine Neigung zu Rachitis und anderen Mangelerscheinungen. Den Jungtieren ist abwechslungsreiches Futter animalischer und pflanzlicher Natur zu bieten. Da der Nahrungsbedarf relativ hoch ist, muß das Wasser häufig gewechselt werden.

Literaturverzeichnis

Arnold, N. E., u. J. A. Burton (1978): Pareys Reptilien- und Amphibienführer Europas. Paul Parey, Hamburg

Balazs, D. (1973): Galapagos. VEB F. A. Brockhaus, Leipzig

Behler, J. L., u. F. W. King (1979): The Audubon

Society Field Guide to North American Reptiles and Amphibians. Alfred A. Knopf, New York
Cann, J. (1978): Tortoises of Australia. Angus-& Robertson Publishers, London, Sydney, Melbourne, Singapore, Manila
Carr, A. (1978): Handbook of turtels. Cornell University Press, Ithaca, London
Cogger, H. G. (1979): Reptiles & Amphibians of Australia. A. H. & A. W. Reed PTY Ltd., Sidney, Wellington, London
Engelmann, W. E., J. Fritzsche, R. Günther u. F. J. Obst (1985): Lurche und Kriechtiere Europas. Neumann-Verlag, Leipzig, Radebeul
Ernst, C. H., u. R. W. Barbour (1972): Turtles of the United States. The University of Kentucky
Freiberg, M. (1981): Turtles of South America. T. F. H. Publications, Inc. Ltd. Neptune, N. J.
Fritzsche, J. (1981): Das praktische Terrarienbuch. Neumann-Verlag, Leipzig, Radebeul
Gläss, H., u. W. Meusel (1972): Die Süßwasserschildkröten Europas. Die Neue Brehm-Bücherei. A. Ziemsen, Wittenberg-Lutherstadt
Jocher, W. (1972): Schildkröten. Franckh'sche Verlagshandlung, Stuttgart
Klingelhoeffer, W. (1959): Terrarienkunde Bd. 4, A. Kernen, Stuttgart
Matz, G., u. M. Vanderhaege (1980): BLV Terrarienführer. BLV Verlagsgesellschaft, München, Wien, Zürich
Nietzke, G. (1984): Fortpflanzung und Zucht der Terrarientiere. Landbuch-Verlag, Hannover
Nöllert, A. (1987): Schildkröten. Landbuch-Verlag, Hannover
Obst, F. J. (1980): Schildkröten. Urania-Verlag, Leipzig, Jena, Berlin
Obst, F. J. (1983): Schmuckschildkröten. Die Neue Brehm-Bücherei, A. Ziemsen, Wittenberg-Lutherstadt
Obst, F. J. (1985): Die Welt der Schildkröten. Edition Leipzig
Obst, F. J., u. W. Meusel (1978): Die Landschildkröten Europas. Die Neue Brehm-Bücherei, A. Ziemsen, Wittenberg-Lutherstadt
Obst, F. J., Richter, K., u. U. Jacob (1984): Lexikon der Terraristik und Herpetologie. Edition Leipzig
Peters, G. (1969): Urania Tierreich, Urania-Verlag, Leipzig, Jena, Berlin
Phillippen, H. D., u. M. Rogner (1985): Unsere Schmuckschildkröte. Franck'sche Verlagshandlung, Stuttgart
Pritchard, P. C. H. (1967): Living Turtles of the World. T. H. F. Publications, Jersey City
Pritchard, P. C. H. (1979): Encyclopedia of Turtles, T. H. F. Publications, Neptune, N. J.
Stettler, P. H. (1978): Handbuch der Terrarienkunde. Franck'sche Verlagshandlung, Stuttgart
Wermuth, H., u. R. Mertens (1961): Schildkröten, Krokodile, Brückenechsen. VEB G. Fischer, Jena
Zappalorti, R.T. (1976): The Amateur Zoologist's Guide to Turtles and Crocodilians. Stackpole books, Harrisburg
Zimmermann, E. (1983): Das Züchten von Terrarientieren. Kosmos, Stuttgart

Fachperiodika

Aquarienmagazin. Neue Monatshefte für Aquarien- und Terrarienkunde. Franck'sche Verlagshandlung, Stuttgart (seit 1967)
Aquarien und Terrarien. Monatsschrift für Vivarienkunde und Zierfischzucht. Urania-Verlag, Leipzig (seit 1954)
Die Aquarien- und Terrarien-Zeitschrift (DATZ). Alfred Kernen Verlag, Stuttgart (seit 1948)
Das Aquarium mit AQUA TERRA. Zeitschrift für Aquarien- und Terrarienfreunde. Albrecht Philler Verlag, Minden (seit 1967)
De Schildpad. Zeitschrift der Nederlandse Schildpadden Vereniging. Voorschoten, Niederlande (seit 1975)
Die Schildkröte (N. F.). Zeitschrift der Interessengemeinschaft Schildkröten-Schutz (IGS). Heinsberg-Grebben (seit 1978)
elaphe. Arbeitsmaterial des ZFA Terraristik, Kulturbund der DDR, Berlin (seit 1979)
herpetofauna. Die Zeitschrift für den Terrarianer. Herpetofauna Verlagsgesellschaft GmbH, Weinstadt (seit 1979)
I. T. T. S. Journal. Fachzeitschrift der International Turtle and Tortoise Society, Los Angeles (1967–1973)

Lacerta. Zeitschrift der Niederländischen Vereinigung für Herpetologie und Terrarienkunde »Lacerta«. 's-Gravenhage (seit 1942)
Salamandra. Zeitschrift für Herpetologie und Terrarienkunde. Frankfurt/Main (seit 1965)
Sauria. Zeitschrift der Terrariengemeinschaft Berlin e. V. Berlin-West (seit 1979)
Testudo. Das Journal der British Chelonia Group (B. C. G.) Bristol (seit 1984)
Tortuga-Gazette. Zeitschrift des California Turtle and Tortoise Club. Fountain Valley (seit 1964)

Anhang

Artenschutz

Das Washingtoner Artenschutzabkommen regelt den internationalen Handel mit gefährdeten Arten freilebender Tiere und Pflanzen. Die im Anhang 1 aufgeführten Schildkröten sind vom Artentod bedroht und dürfen nur in besonderen Ausnahmefällen gehandelt werden. Die Arten im Anhang 2 sind stark bedroht, und der Handel mit diesen Tieren wird streng kontrolliert.

Anhang 1
– Stand 1985 –

Batagurschildkröte
Batagur baska
Strahlen-Dreikielschildkröte
Geoclemys hamiltoni
Dreikiel-Erdschildkröte
Melanochelys tricarinata
Hinterindische Pfauenaugenschildkröte
Morenia ocellata
Wasser-Dosenschildkröte
Terrapene coahuila
Strahlenschildkröte
Asterochelys radiata
Madagassische Schnabelbrustschildkröte
Asterochelys yniphora
Elefantenschildkröten
Chelonoides elephantopus ssp.
Gelbrand-Gopherschildkröte
Gopherus flavomarginata
Geometrische Landschildkröte
Psammobates geometrica
Suppenschildkröten
Chelonia spec.
Karettschildkröten
Eretmochelys spec.
Bastardschildkröten
Lepidochelys spec.
Lederschildkröte
Dermochelys coriacea
Indische Klappenweichschildkröte
Lissemys punctata punctata
Schwarze Weichschildkröte
Trionyx ater
Ganges-Weichschildkröte
Trionyx gangeticus

Anhang 2

Tabasco-Schildkröte
Dermatemys mawi
Muhlenberg-Wasserschildkröte
Clemmys muhlenbergi
Landschildkröten
alle restlichen Gattungen

Danksagung

Für die vielfältige Unterstützung, die ich bei der Erstellung dieses Bandes erfahren habe, schulde ich Dank. Am Zustandekommen des Buches war ein großer Kreis engagierter Schildkrötenzüchter beteiligt, die mir wertvolle Zuchtdaten und Bilder vom Zuchtgeschehen zur Verfügung stellten. Besonders danken möchte ich folgenden Damen und Herren:

Herrn Dr. Siegfried Czernay, Erfurt; Herrn Jann-Cassen Drews, Bargteheide; Herrn Dr. med. vet. Peter Hentschel, Wittenberg; Herrn Henry A. Janssen, Brugge (Belgien); Herrn Peter Matuschek, Berlin; Herrn Dipl.-Biol. Fritz Jürgen Obst, Dresden; Herrn Ger Ophorst, Honselerdijk (Holland); Herrn Dipl.-Ing. Ingo Pauler, Wachenheim; Herrn VR Dr. Lutz Sassenburg, Berlin; Herrn Paul-Heinrich Stettler, Bern (Schweiz); Herrn Hans Triet, Bern (Schweiz); dem Kollektiv der Tierklinik Wittenberg-Lutherstadt; dem Thüringer Zoopark Erfurt; Herrn Jürgen Zimmermann, Wittenberg.

Außerdem gilt mein Dank den Mitgliedern der ehemaligen Zentralen Arbeitsgruppe »Schildkröten und Panzerechsen« im Kulturbund der DDR: Herrn Uwe Bechmann, Wittenberg; Frau Helga Czieslik, Wismar; Herrn Claus Golle, Berlin; Herrn Horst Hartmann, Berlin; Herrn Edlef Heimann, Pirna; Herrn Hans-Volker Karl, Erfurt; Herrn Werner Knappik, Leipzig; Herrn Jürgen Langmann, Klein-Nemerow; Herrn Joachim Langula, Erfurt; Herrn Detlef Mendau, Berlin; Herrn Jürgen Opitz, Frankfurt/O.; Herrn Günter Praedicow, Erfurt; Herrn Klaus Stark, Berlin; Herrn Dr. med. Ronald Weser, Forst; Herrn Karl-Heinz Wittwer, Berlin.

Dem Urania-Verlag Leipzig schulde ich Dank dafür, daß die Problematik der Fortpflanzung der Schildkröten in das Konzept ihrer bewährten populärwissenschaftlichen Darstellungen Aufnahme fand.

Besonders verpflichtet bin ich meinen Freunden, dem Ehepaar Gerd und Uta Loos, das mir bei einer Vielzahl schwieriger Sachaufnahmen und den Schreibarbeiten half. Meiner Familie danke ich für die Hilfe und persönlichen Opfer, die mir bei der Ausübung meines Hobbys über viele Jahre hinweg gebracht wurden.

Bildnachweis

Archiv ZAG (Hartmann) 51, 100
Bechmann 69
Drews 27, 80
Heimann 56, 58 oben, 124, 125 oben und unten
Janssen 90 oben und unten, 105, 106
Karl 58 unten
Kantz 2
Langmann 108
Langula 16
Ledig 66
Loos 25, 57, 59, 103 unten
Ophorst 95 oben u. unten
Opitz 73 oben, 110
Praedicow 97 oben u. unten, 118
Rudloff 37 oben, 53 unten, 60 oben und Mitte, 69, 82, 86, 103 oben, 130
Sassenburg 70
Stark 37 unten, 67, 73, 116
Triet 53 oben
Weser 49, 70, 72, 127, 128
Zimmermann 60 unten, 61, 81

Gesetzliche Bestimmungen in der Bundesrepublik Deutschland

Mögen die Haltungs- und Zuchtbedingungen, die Sie Ihren Pfleglingen bieten können, noch so optimal und vielleicht gar »besser als in der Natur« sein, so sollte sich jedoch niemand dazu verleiten lassen, geschützte oder gar besonders geschützte Tierarten aus der Natur zu entnehmen und zu Hause zu halten, sofern er dafür nicht triftige Gründe und eine Genehmigung der zuständigen Naturschutzbehörde besitzt. Um die rechtliche Situation in der BRD für jeden deutlicher zu machen, finden Sie im folgenden für den Schildkrötenhalter wichtige Auszüge aus dem Bundesnaturschutzgesetz (BNatSchG), der Bundesartenschutzverordnung (BArtSchV) sowie dem Tierschutzgesetz (TSchG).

Gesetz über Naturschutz und Landschaftspflege

(Bundesnaturschutzgesetz - BNatSchG)

in der Bekanntmachung der Neufassung vom 11.3.1987 (BGBl. I, S. 889) (Auszug – Punktzeilen bedeuten ausgelassene Abschnitte)

§ 20a

Begriffsbestimmungen

(1) Im Sinne dieses Abschnittes sind

Tiere:

a) wildlebende, gefangene oder gezüchtete und nicht herrenlos gewordene sowie tote Tiere wildlebender Arten,

b) Eier, Larven, Puppen und sonstige Entwicklungsformen von Tieren wildlebender Arten,

. . . .

(2) Als Tiere und Pflanzen im Sinne dieses Abschnittes gelten auch ohne weiteres erkennbare Teile von Tieren und Pflanzen wildlebender Arten sowie ohne weiteres erkennbar aus ihnen gewonnene Erzeugnisse. Bei Tieren und Pflanzen der Arten, die der Verordnung (EWG) Nr. 3626/82 des Rates vom 3. Dezember 1982 zur Anwendung des Übereinkommens über den internationalen Handel mit gefährdeten Arten freilebender Tiere und Pflanzen in der Gemeinschaft (ABI, EG Nr. L 384 S. 1) unterliegen, gelten für die Besitz-, Vermarktungs- und sonstigen Verkehrsverbote (§ 20 f Abs. 2) und die Vorschriften über die Ein- und Ausfuhr (§§ 21 bis 21f) als ohne weiteres erkennbar nur die in Artikel 2 dieser Verordnung genannten Teile und Erzeugnisse.

(3) Für die Abgrenzung einer Tier- oder Pflanzenart im Sinne dieses Abschnittes ist ihre wissenschaftliche Bezeichnung maßgebend. Die Art schließt alle untergeordneten Ordnungsstufen der zoologischen oder botanischen Systematik ein.

(4) Heimisch im Sinne dieses Abschnittes ist eine wildlebende Tier- oder Pflanzenart, die ihr Verbreitungsgebiet oder regelmäßiges Wanderungsgebiet ganz oder teilweise

1. im Geltungsbereich dieses Gesetzes hat oder in geschichtlicher Zeit hatte oder
2. auf natürliche Weise in den Geltungsbereich dieses Gesetzes ausdehnt.

Als heimisch gilt eine wildlebende Tier- oder Pflanzenart auch, wenn sich verwilderte oder durch menschlichen Einfluß eingebürgerte Tiere oder Pflanzen der betreffenden Art im Geltungsbereich dieses Gesetzes in freier Natur und ohne menschliche Hilfe über mehrere Generationen als Population erhalten.

(5) Population im Sinne dieses Abschnittes ist die sich selbst erhaltende Gemeinschaft wildlebender Tiere oder Pflanzen einer bestimmten Art innerhalb eines bestimmten Raumes.

(6) Im Sinne dieses Abschnittes ist ferner

1. Inverkehrbringen: das Anbieten, Vorrätighalten zur Abgabe, Feilhalten und jedes Abgeben an andere,
2. Mitgliedstaat: ein Staat, der Mitglied der Europäischen Gemeinschaften ist,
3. Drittland: ein Staat, der nicht Miglied der Europäischen Gemeinschaften ist.

(7) Der Ein- und Ausfuhr im Sinne dieses Abschnittes steht jedes sonstige Verbringen in den oder aus dem Geltungsbereich dieses Gesetzes gleich.

§ 20b

Allgemeine Vorschriften für den Arten- und Biotopschutz

(1) Zur Vorbereitung, Durchführung und Überwachung der Aufgaben nach § 20 Abs. 1 treffen die Länder geeignete Maßnahmen

1. zur Darstellung und Bewertung der unter dem Gesichtspunkt des Artenschutzes bedeutsamen Populationen, Lebensgemeinschaften und Biotope wildlebender Tier- und Pflanzenarten, insbesondere der in ihrem Bestand gefährdeten Arten,
2. zur Festlegung von Schutz-, Pflege- und Entwicklungszielen und zu deren Verwirklichung.

(2) Die Länder erlassen zur Verwirklichung des Arten- und Biotopschutzes weitere Vorschriften, insbesondere über den Schutz von Biotopen wildlebender Tier- und Pflanzenarten.

§ 20d

Allgemeiner Schutz wildlebender Tiere und Pflanzen

(1) Es ist verboten,

1. wildlebende Tiere mutwillig zu beunruhigen oder ohne vernünftigen Grund zu fangen, zu verletzen oder zu töten.

. . . .

(2) Gebietsfremde Tiere und Pflanzen wildlebender und nicht wildlebender Arten dürfen nur mit Genehmigung der nach Landesrecht zuständigen Behörde ausgesetzt oder in der freien Natur angesiedelt werden. Dies gilt nicht für den Anbau von Pflanzen in der Land- und Forstwirtschaft. Die Genehmigung ist zu versagen, wenn die Gefahr einer Verfälschung der heimischen Tier- oder Pflanzenwelt oder eine Gefährdung des Bestandes oder der Verbreitung heimischer wildlebender Tier- oder Pflanzenarten oder von Populationen solcher Arten nicht auszuschließen ist.

(3) Die Länder können weitere Vorschriften erlassen; sie können insbesondere die Voraussetzungen bestimmen, unter denen die Entnahme von Tieren oder Pflanzen wildlebender nicht besonders geschützter Arten aus der Natur zulässig ist.

§ 20e

Besonders geschützte Tier- und Pflanzenarten

(1) Der Bundesminister für Umwelt, Naturschutz und Reaktorsicherheit wird ermächtigt, durch Rechtsverordnung mit Zustimmung des Bundesrates bestimmte wildlebende Tier- und Pflanzenarten oder Populationen solcher Arten unter besonderen Schutz zu stellen, soweit dies

1. wegen der Gefährdung des Bestandes heimischer Arten durch den menschlichen Zugriff im Geltungsbereich dieses Gesetzes oder wegen der Verwechslungsgefahr mit solchen gefährdeten Arten oder
2. wegen der Gefährdung des Bestandes nichtheimischer Arten oder Populationen durch den internationalen Handel oder wegen der Verwechslungsgefahr mit solchen gefährdeten Arten

erforderlich ist (besonders geschützte Arten). Besonders geschützte Arten, die vom Aussterben bedroht sind, sind in der Rechtsverordnung als solche zu bezeichnen (vom Aussterben bedrohte Arten). In Rechtsverordnungen nach Satz 1 können bestimmte besonders geschützte Tier- und Pflanzenarten sowie durch Anbau gewonnene Pflanzen bestimmter besonders geschützter Arten und aus Pflanzen solcher Arten gewonnene Erzeugnisse von Verboten der §§ 20f und 21 Abs. 5 ausgenommen werden, soweit der Schutzzweck dadurch nicht gefährdet wird und

Rechtsakte des Rates oder der Kommission der Europäischen Gemeinschaften oder Verpflichtungen aus internationalen Artenschutzübereinkommen nicht entgegenstehen. In Rechtsverordnungen nach Satz 1 kann auch näher bestimmt werden, welche Teile von Tieren oder Pflanzen oder aus ihnen gewonnene Erzeugnisse als ohne weiteres erkennbar im Sinne des § 20a Abs. 2 Satz 1 anzusehen sind.

. . . .

(3) Besonders geschützte Arten sind auch die in den Anhängen I und II des Washingtoner Artenschutzübereinkommens in der Fassung des Anhangs A der Verordnung (EWG) Nr. 3626/82 sowie in Anhang C dieser Verordnung aufgeführten Arten. Vom Aussterben bedroht sind die in Anhang I des Washingtoner Artenschutzübereinkommens aufgeführten Arten. Der Bundesminister für Umwelt, Naturschutz und Reaktorsicherheit wird ermächtigt, durch Rechtsverordnung mit Zustimmung des Bundesrates weitere Arten im Sinne des Satzes 1 als vom Aussterben bedroht zu bezeichnen.

. . . .

§ 20f

Schutzvorschriften für besonders geschützte Tier- und Pflanzenarten

(1) Es ist verboten,

1. wildlebenden Tieren der besonders geschützten Arten nachzustellen, sie zu fangen, zu verletzen, zu töten oder ihre Entwicklungsformen, Nist-, Brut-, Wohn- oder Zufluchtstätten der Natur zu entnehmen, zu beschädigen oder zu zerstören,

. . . .

(2) Es ist ferner verboten, Tiere und Pflanzen der besonders geschützten Arten

1. in Besitz zu nehmen, zu erwerben, die tatsächliche Gewalt über sie auszuüben oder sie zu be- oder verarbeiten (Besitzverbote),
2. zu verkaufen, zum Verkauf vorrätig zu halten, anzubieten oder zu befördern oder zu kommerziellen Zwecken zur Schau zu stellen (Vermarktungsverbote), sofern sich inhaltsgleiche Vermarktungsverbote nicht bereits aus Artikel 6 Abs. 1 oder 2 der Verordnung (EWG) Nr. 3626/82 ergeben,
3. zu anderen als den in Nummer 2 genannten Zwecken in den Verkehr zu bringen, zu befördern oder zur Schau zu stellen (sonstige Verkehrsverbote).

. . . .

§ 20g

Ausnahmen

(1) Von den Besitz-, Vermarktungs- und sonstigen Verkehrsverboten sind, soweit sich aus Satz 2, Absatz 2 oder einer Rechtsverordnung nach § 26 Abs. 2 nichts anderes ergibt, ausgenommen

1. Tiere, die im Geltungsbereich dieses Gesetzes in Übereinstimmung mit den Vorschriften zum Schutz der betreffenden Art gezüchtet worden und nicht herrenlos geworden sind,

. . . .

4. Tiere und Pflanzen, die vor dem 1. Januar 1987 in Übereinstimmung mit den Vorschriften zum Schutz der betreffenden Art oder vor deren Unterschutzstellung im Geltungsbereich dieses Gesetzes der Natur entnommen worden sind,
5. Tiere und Pflanzen, die in Übereinstimmung mit den Vorschriften zum Schutz der betreffenden Art in den Geltungsbereich dieses Gesetzes gelangt sind.

Satz 1 gilt nicht, soweit die Tiere und Pflanzen am 31. Dezember 1986 landesrechtlichen Besitz-, Vermarktungs- und sonstigen Verkehrsverboten unterlagen.

(2) Tiere und Pflanzen der vom Aussterben bedrohten Arten oder der in Anhang C Teil 1 der Verordnung (EWG) Nr. 3626/82 aufgeführten Arten, die der Natur entnommen worden sind, dürfen nicht verkauft, zum Verkauf vorrätig gehalten, angeboten oder befördert oder zu kommerziellen Zwecken zur Schau gestellt werden, auch wenn die in Absatz 1 Satz 1 Nr. 3 bis 5 genannten Voraussetzungen vorliegen.

. . . .

(4) Abweichend von den Verboten des § 20f Abs. 1 Nr. 1 sowie den Besitzverboten ist es vorbehaltlich jagdrechtlicher Vorschriften ferner zulässig, verletzte oder kranke Tiere aufzunehmen, um sie gesund zu pflegen. Die Tiere sind unverzüglich in die Freiheit zu entlassen, sobald sie sich dort selbständig erhalten können. Im üb-

rigen sind sie an die von der nach Landesrecht zuständigen Behörde bestimmte Stelle abzugeben. Handelt es sich um Tiere der vom Aussterben bedrohten Arten, so hat der Besitzer die Aufnahme des Tieres der nach Landesrecht zuständigen Behörde zu melden. Die nach Landesrecht zuständige Behörde kann die Herausgabe des aufgenommenen Tieres verlangen.

(5) Die nach § 21c oder nach Landesrecht zuständigen Behörden können Ausnahmen von den Besitz-, Vermarktungs- und sonstigen Verkehrsverboten zulassen, soweit dies für die Verwertung beschlagnahmter oder eingezogener Tiere und Pflanzen erforderlich ist.

(6) Die nach Landesrecht zuständigen Behörden können im Einzelfall, die Landesregierungen allgemein durch Rechtsverordnung weitere Ausnahmen von den Verboten des § 20f Abs. 1 und den Besitz-, Vermarktungs- und sonstigen Verkehrsverboten zulassen, soweit dies

1. zur Abwendung erheblicher land-, forst-, fischerei-, wasser- oder sonstiger gemeinwirtschaftlicher Schäden,
2. zum Schutz der heimischen Tier- und Pflanzenwelt oder
3. für Zwecke der Forschung, Lehre, Zucht, des Anbaus oder der Ansiedlung

erforderlich ist, der Bestand und die Verbreitung der betreffenden Population oder Art dadurch nicht nachteilig beeinflußt wird und sonstige Belange des Artenschutzes sowie Vorschriften einer Rechtsverordnung nach § 26 Abs. 2, Rechtsakte des Rates oder der Kommission der Europäischen Gemeinschaften oder Verpflichtungen aus internationalen Artenschutzübereinkommen nicht entgegenstehen. Die Landesregierungen können die Befugnis nach Satz 1 durch Rechtsverordnung auf oberste Landesbehörden übertragen.

. . . .

§ 21

Ein- und Ausfuhr

(1) Es ist verboten, Tiere und Pflanzen der Arten, die der Verordnung (EWG) Nr. 3626/82 unterliegen, ohne die nach Artikel 5 Abs. 1 oder 2, Artikel 10 oder 12 dieser Verordnung vorgeschriebenen Genehmigungen, Bescheinigungen oder sonstigen Dokumente (Dokumente) aus einem Drittland einzuführen, in ein Drittland auszuführen oder aus dem Meer einzubringen.

(2) Als vorgeschriebene Dokumente im Sinne des Absatzes 1 gelten

1. im Falle der Einfuhr von Tieren und Pflanzen der nicht im Anhang I des Washingtoner Artenschutzübereinkommens oder Anhang C der Verordnung (EWG) Nr. 3626/82 aufgeführten Arten auch eine Einfuhrbescheinigung nach Artikel 10 Abs. 2 dieser Verordnung,

. . . .

Die Einfuhrbescheinigung wird erteilt, wenn nachgewiesen wird, daß die Ausfuhr oder Wiederausfuhr in Übereinstimmung mit den Vorschriften des Washingtoner Artenschutzübereinkommens erfolgt. Bei der Wiederausfuhr aus Staaten, die nicht Vertragsparteien des Washingtoner Artenschutzübereinkommens sind, ist zusätzlich die Ausfertigung einer vergleichbaren Ausfuhrgenehmigung des Ursprungsstaates vorzulegen, wenn er nicht Vertragspartei dieses Übereinkommens ist.

(3) Es ist verboten, Tiere und Pflanzen der Arten, die der Verordnung (EWG) Nr. 3626/82 unterliegen, ohne die nach Artikel 29 Abs. 1 der Verordnung (EWG) Nr. 3418/83 vorgeschriebenen Dokumente aus einem Mitgliedstaat einzuführen oder in einen Mitgliedstaat auszuführen.

. . . .

(5) Es ist verboten, Tiere und Pflanzen der nicht der Verordnung (EWG) Nr. 3626/82 unterliegenden besonders geschützten Arten ohne Genehmigung nach § 21b ein- oder auszuführen. Pflanzen, die durch Anbau gewonnen worden sind, dürfen ohne Genehmigung ausgeführt werden, wenn ein Pflanzengesundheitszeugnis vorgelegt wird.

. . . .

§ 21b

Ein- und Ausfuhrgenehmigung

(1) Eine nach § 21 Abs. 5 oder einer Rechtsverordnung nach § 21a Abs. 1 Satz 1 Nr. 1 bis 3 erforderliche Ein- oder Ausfuhrgenehmigung wird nur für

1. Tiere, die gezüchtet, oder Pflanzen, die durch Anbau gewonnen worden sind,
2. aus Pflanzen gewonnene Erzeugnisse,
3. Tiere oder Pflanzen, die für Zwecke der Forschung oder Lehre bestimmt sind,
4. Tiere oder Pflanzen, die für Zwecke der Zucht, des Anbaus oder der Ansiedlung bestimmt sind,

erteilt. In Rechtsverordnungen nach § 20e Abs. 1 Satz 1 und § 21a Abs. 1 Satz 1 Nr. 1 bis 3 können von Satz 1 abweichende Regelungen getroffen werden.

(2) Die Erteilung der Genehmigung setzt ferner voraus, daß die Tiere oder Pflanzen rechtmäßig der Natur entnommen, gezüchtet oder durch Anbau gewonnen worden sind und

1. im Falle der Einfuhr
   a) von Tieren oder Pflanzen, die der Natur entnommen worden sind, die Entnahme den Bestand und die Verbreitung der betreffenden Population oder Art nicht nachteilig beeinflußt,
   b) lebender Tiere gewährleistet ist, daß der vorgesehene Empfänger über geeignete Räumlichkeiten und Einrichtungen verfügt, die den tierschutzrechtlichen Anforderungen genügen, und die Tiere fachgerecht betreut und gepflegt werden,
   c) die Ausfuhr in Übereinstimmung mit den Rechtsvorschriften des Herkunftslandes erfolgt und
   d) sonstige Belange des Artenschutzes im Geltungsbereich dieses Gesetzes, insbesondere die Gefahr einer Verfälschung der heimischen Tier- oder Pflanzenwelt oder eine Gefährdung des Bestandes oder der Verbreitung heimischer wildlebender Tier- oder Pflanzenarten oder von Populationen solcher Arten, sowie Vorschriften einer Rechtsverordnung nach § 26 Abs. 2, Rechtsakte des Rates oder der Kommission der Europäischen Gemeinschaften oder Verpflichtungen aus internationalen Artenschutzübereinkommen nicht entgegenstehen,
2. im Falle der Ausfuhr
   a) lebender Tiere gewährleistet ist, daß die Vorbereitung für den Transport und die Versendung in Übereinstimmung mit den tierschutzrechtlichen Vorschriften erfolgt und
   b) keine Vermarktungs- und sonstigen Verkehrsverbote entgegenstehen.

(3) Der Antragsteller hat nachzuweisen, daß die in den Absätzen 1 und 2 genannten Voraussetzungen erfüllt sind, soweit dies nicht offensichtlich ist; im Falle des Absatzes 2 Nr. 1 Buchstabe a genügt die Glaubhaftmachung. Der Bundesminister für Umwelt, Naturschutz und Reaktorsicherheit macht im Bundesanzeiger das Muster für einen Vordruck bekannt, auf dem die Ein- oder Ausfuhrgenehmigung zu beantragen ist.

§ 21e
Verfahren bei der Ein- und Ausfuhr

(1) Tiere und Pflanzen sind zur Ein- oder Ausfuhr unter Vorlage der nach § 21 Abs. 1 oder 5 oder einer Rechtsverordnung nach § 21a Abs. 1 Satz 1 für die Ein- oder Ausfuhr vorgeschriebenen Genehmigungen oder sonstiger Dokumente bei einer nach § 21d Abs. 3 bekanntgegebenen Zollstelle anzumelden und auf Verlangen vorzuführen. Die nach § 21 Abs. 3 vorgeschriebenen Dokumente sind der zuständigen Zollstelle auf Verlangen vorzulegen.

(2) Die voraussichtliche Ankunftszeit lebender Tiere ist der abfertigenden Zollstelle unter Angabe der Art und Zahl der Tiere mindestens 18 Stunden vorher mitzuteilen.

§ 22
Nachweispflicht, Einziehung

(1) Wer
1. lebende Tiere oder Pflanzen der besonders geschützten Arten, ihre Entwicklungsformen oder im wesentlichen vollständig erhaltene tote Tiere oder Pflanzen der besonders geschützten Arten oder
2. ohne weiteres erkennbare Teile von Tieren oder Pflanzen der vom Aussterben bedrohten Arten oder der in Anhang C Teil 1 der Verordnung (EWG) Nr. 3626/82 aufgeführten Arten oder ohne weiteres erkennbar aus ihnen gewonnene Erzeugnisse

besitzt oder die tatsächliche Gewalt darüber ausübt, kann sich gegenüber den nach Landesrecht zuständigen Behörden auf eine Berechtigung hierzu nur berufen, wenn er auf Verlangen diese Berechtigung nachweist oder nachweist, daß er oder ein Dritter die Tiere oder Pflanzen vor dem 31. August 1980 in Besitz hatte.

. . . .

(4) Tiere oder Pflanzen, für die der erforderliche Nachweis oder die erforderliche Glaubhaftmachung nicht erbracht wird, können von den nach Landesrecht zuständigen Behörden eingezogen werden. § 21f Abs. 2 bis 6 gilt entsprechend.

. . . .

§ 30

Bußgeldvorschriften

(1) Ordnungswidrig handelt, wer vorsätzlich oder fahrlässig

1. entgegen § 20f Abs. 1 Nr. 1 wildlebenden Tieren einer besonders geschützten Art nachstellt, sie fängt, verletzt oder tötet oder ihre Entwicklungsformen, Nist-, Brut-, Wohn- oder Zufluchtstätten der Natur entnimmt, beschädigt oder zerstört,

. . . .

3. entgegen § 20f Abs. 2 Nr. 2 oder Artikel 6 Abs. 1 der Verordnung (EWG) Nr. 3626/82 Tiere oder Pflanzen einer besonders geschützten Art verkauft, sie zum Verkauf vorrätig hält, anbietet oder befördert oder sie zu kommerziellen Zwecken zur Schau stellt,
4. entgegen § 21 Abs. 1 Tiere oder Pflanzen einer der Verordnung (EWG) Nr. 3626/82 unterliegenden Art ohne die vorgeschriebenen Dokumente aus einem Drittland einführt, in ein Drittland ausführt oder aus dem Meer einbringt oder
5. entgegen § 21 Abs. 5 Satz 1 Tiere oder Pflanzen einer nicht der Verordnung (EWG) Nr. 3626/82 unterliegenden besonders geschützten Art ohne Genehmigung nach § 21b ein- oder ausführt.

(2) Ordnungswidrig handelt auch, wer vorsätzlich oder fahrlässig

1. einer Rechtsverordnung nach
   a) § 20d Abs. 4 Satz 1 Nr. 1,
   b) § 20d Abs. 4 Satz 1 Nr. 2 oder § 26 Abs. 1 oder 3 Satz 1 Nr. 1, 3 oder 4,
   c) § 21a Abs. 1 Satz 1,
   d) § 21d Abs. 2,
   e) § 26 Abs. 2 oder
   f) § 26 Abs. 3 Satz 1 Nr. 2

   zuwiderhandelt, soweit sie für einen bestimmten Tatbestand auf diese Bußgeldvorschrift verweist,

. . . .

4. entgegen § 20f Abs. 2 Nr. 1 Tiere oder Pflanzen einer besonders geschützten Art in Besitz nimmt, erwirbt, die tatsächliche Gewalt über sie ausübt oder sie be- oder verarbeitet,
5. entgegen Artikel 6 Abs. 2 der Verordnung (EWG) Nr. 3626/82 Tiere oder Pflanzen einer dort genannten Art verkauft, sie zum Verkauf vorrätig hält, anbietet oder befördert oder sie zu kommerziellen Zwecken zur Schau stellt,
6. entgegen § 20f Abs. 2 Nr. 3 Tiere oder Pflanzen einer besonders geschützten Art zu anderen als den in § 20f Abs. 2 Nr. 2 genannten Zwecken in den Verkehr bringt, befördert oder zur Schau stellt,
7. entgegen § 21e Abs. 1 Satz 1 Tiere oder Pflanzen nicht zur Ein- oder Ausfuhr anmeldet oder nicht auf Verlangen vorführt,
8. entgegen § 21e Abs. 2 die voraussichtliche Ankunftszeit lebender Tiere nicht, nicht richtig, nicht vollständig oder nicht rechtzeitig mitteilt,
9. entgegen § 23 Abs. 1 eine Auskunft nicht, nicht richtig oder nicht vollständig erteilt,
10. entgegen § 23 Abs. 2 Satz 2 eine Maßnahme nicht duldet, beauftragte Personen nicht unterstützt oder geschäftliche Unterlagen nicht vorlegt oder
11. entgegen einer in einer Einfuhrgenehmigung nach § 21b oder nach Artikel 10 Abs. 1 der Verordnung (EWG) Nr. 3626/82 enthaltenen vollziehbaren Auflage Tiere oder Pflanzen einer besonders geschützten Art in den Verkehr bringt, befördert oder zur Schau stellt.

(3) Die Ordnungswidrigkeit kann in den Fällen

1. der Absätze 1 und 2 Nr. 1 Buchstabe c und e, Nr. 4 bis 6 mit einer Geldbuße bis zu hunderttausend Deutsche Mark,

2. des Absatzes 2 Nr. 1 Buchstabe a, b, d, f, Nr. 2, 3, 7 bis 11 mit einer Geldbuße bis zu zwanzigtausend Deutsche Mark

geahndet werden.

§ 30a

Strafvorschriften

(1) Mit Freiheitsstrafe bis zu drei Jahren oder mit Geldstrafe wird bestraft, wer eine in § 30 Abs. 1 bezeichnete vorsätzliche Handlung gewerbs- oder gewohnheitsmäßig begeht.

(2) Mit Freiheitsstrafe bis zu fünf Jahren oder mit Geldstrafe wird bestraft, wer eine in § 30 Abs. 1 bezeichnete vorsätzliche Handlung begeht, die sich auf Tiere oder Pflanzen einer vom Aussterben bedrohten Art bezieht.

(3) Wer in den Fällen des Absatzes 2 die Tat gewerbs- oder gewohnheitsmäßig begeht, wird mit Freiheitsstrafe von drei Monaten bis zu fünf Jahren bestraft.

(4) Handelt der Täter fahrlässig, so ist die Strafe Freiheitsstrafe bis zu sechs Monaten oder Geldstrafe bis zu einhundertachtzig Tagessätzen.

§ 30b

Einziehung

Ist eine Ordnungswidrigkeit nach § 30 oder eine Straftat nach § 30a begangen worden, so können

1. Gegenstände, auf die sich die Straftat oder die Ordnungswidrigkeit bezieht, und
2. Gegenstände, die zu ihrer Begehung oder Vorbereitung gebraucht worden oder bestimmt gewesen sind,

eingezogen werden. § 23 des Gesetzes über Ordnungswidrigkeiten und § 74a des Strafgesetzbuches sind anzuwenden.

§ 30c

Befugnisse der Zollbehörden

Die zuständigen Verwaltungsbehörden und die Staatsanwaltschaft können bei Ordnungswidrigkeiten und Straftaten nach diesem Gesetz, die im Zusammenhang mit der Ein- oder Ausfuhr von Tieren und Pflanzen begangen werden, Ermittlungen (§ 161 Satz 1 der Strafprozeßordnung) auch durch die Hauptzollämter oder die Zollfahndungsämter vornehmen lassen. § 42 Abs. 2 bis 5 des Außenwirtschaftsgesetzes gilt entsprechend.

§ 31

Befreiungen

(1) Von den Verboten und Geboten dieses Gesetzes, ausgenommen § 21 Abs. 1 und 3, und den auf Grund dieses Gesetzes erlassenen Rechtsvorschriften kann auf Antrag Befreiung gewährt werden, wenn

1. Die Durchführung der Vorschrift im Einzelfall
   a) zu einer nicht beabsichtigten Härte führen würde und die Abweichung mit den Belangen des Naturschutzes und der Landschaftspflege zu vereinbaren ist

. . . .

Satz 1 gilt entsprechend für die Verbote des Artikels 6 Abs. 1 und 2 der Verordnung (EWG) Nr. 3626/82, sofern zusätzlich einer der dort für die Zulassung von Ausnahmen genannten Gründe vorliegt, und für die Verordnungen, die auf Grund des Reichsnaturschutzgesetzes erlassen worden sind, soweit sie nach Landesrecht weiter gelten.

Verordnung zum Schutz wildlebender Tier- und Pflanzenarten

(Bundesartenschutzverordnung–BArtSchV)

Vom 19. Dezember 1986 (BGBl. I, S. 2705)
(Auszug – Punktzeilen bedeuten ausgelassene Abschnitte)

Der Bundesminister für Umwelt, Naturschutz und Reaktorsicherheit verordnet

auf Grund des § 20d Abs. 4 Satz 1 Nr. 1, des § 26 Abs. 3 Satz 1 Nr. 2 und des § 26a des Bundesnaturschutzgesetzes vom 20. Dezember 1976 (BGBl. I S. 3574; 1977 I S. 650), zuletzt geändert durch das Gesetz vom 10. Dezember 1986 (BGBl. I S. 2349), im Einvernehmen mit den Bundesministern der Finanzen und für Wirtschaft, auf Grund des § 20d Abs. 4 Satz 1 Nr. 2, des § 20e Abs. 1 und 3 Satz 3, des § 21b Abs. 1 Satz 2, des § 26 Abs. 2 und des § 26a des Bundesnaturschutzgesetzes,

auf Grund des § 21a Abs. 1 Satz 1 Nr. 1 bis 3 und Satz 2, des § 21b Abs. 1 Satz 2 und des § 26a des Bundesnaturschutzgesetzes im Einvernehmen mit dem Bundesminister der Finanzen und

auf Grund des § 26 Abs. 1 und 3 Satz 1 Nr. 4 des Bundesnaturschutzgesetzes im Einvernehmen mit dem Bundesminister für Wirtschaft,

im Einvernehmen mit dem Bundesminister für Ernährung, Landwirtschaft und Forsten mit Zustimmung des Bundesrates:

Erster Abschnitt
Nicht der Verordnung (EWG) Nr. 3626/82 unterliegende besonders geschützte Arten

§ 1

Unterschutzstellung

(zu § 20e Abs. 1 Satz 1 und 2, § 26a BNatSchG)

Die in Anlage 1 Spalte 1 aufgeführten wildlebenden Tier- und Pflanzenarten werden unter besonderen Schutz gestellt. Vom Aussterben bedroht sind die in Spalte 1 durch Fettdruck besonders hervorgehobenen Arten.

. . . .

§ 3

Besondere Bestimmungen für die Ein- und Ausfuhr

(zu § 21b Abs. 1 Satz 2 BNatSchG)

(1) Die in § 21b Abs. 1 Satz 1 des Bundesnaturschutzgesetzes genannten Beschränkungen für die Erteilung der Ein- oder Ausfuhrgenehmigung gelten nicht für die in Anlage 1 Spalte 2 mit einem Kreuz (+) bezeichneten Arten.

(2) Die Ein- oder Ausfuhrgenehmigung darf, wenn in Anlage 1 Spalte 3 eine entsprechende Beschränkung vermerkt ist, nur in den dort bezeichneten Fällen erteilt werden.

§ 4

Zusätzliche Unterschutzstellung

(zu § 20e Abs. 1 Satz 1 und 2 und Abs. 3 Satz 3 BNatSchG)

Die in Anlage 2 Spalte 2 mit einem Kreuz (+) bezeichneten wildlebenden Tier- und Pflanzenarten werden zusätzlich zu den in § 20e Abs. 3 Satz 1 des Bundesnaturschutzgesetzes genannten Arten unter besonderen Schutz gestellt. Vom Aussterben bedroht sind neben den in § 20e Abs. 3 Satz 2 des Bundesnaturschutzgesetzes genannten Arten die in Anlage 2 Spalte 3 mit einem Kreuz (+) bezeichneten Arten.

§ 5

Zusätzliche Ein- und Ausfuhrbeschränkungen

(zu § 21a Abs. 1 Satz 1 Nr. 1 und § 21b Abs. 1 Satz 2 BNatSchG)

(1) Für Tiere und Pflanzen der in Anlage 2 Spalte 4 mit einem Kreuz (+) bezeichneten Arten ist bei der Ein- oder Ausfuhr zusätzlich zu den gemeinschaftsrechtlich vorgeschriebenen Dokumenten eine Genehmigung nach § 21b des Bundesnaturschutzgesetzes erforderlich.

(2) Die in § 21b Abs. 1 Satz 1 des Bundesnaturschutzgesetzes genannten Beschränkungen für die Erteilung der Ein- oder Ausfuhrgenehmigung gelten nicht für die in Anlage 2 Spalte 5 mit einem Kreuz (+) bezeichneten Arten.

(3) Die Ein- oder Ausfuhrgenehmigung darf, wenn in Anlage 2 Spalte 6 eine entsprechende Beschränkung vermerkt ist, nur in den dort bezeichneten Fällen erteilt werden.

Dritter Abschnitt
Nicht besonders geschützte und nicht der Verordnung (EWG) Nr. 3626/82 unterliegende Tier- und Pflanzenarten

§ 6

Ein- und Ausfuhrbeschränkungen

(zu § 21a Abs. 1 Satz 1 Nr. 2 und 3 und § 21b Abs. 1 Satz 2 BNatSchG)

(1) Tiere und Pflanzen der in Anlage 3 Spalte 1 aufgeführten Arten dürfen nur mit einer Genehmigung nach § 21b des Bundesnaturschutzgesetzes ein- oder ausgeführt werden.

(2) Die in § 21b Abs. 1 Satz 1 des Bundesnatur-

schutzgesetzes genannten Beschränkungen für die Erteilung der Ein- oder Ausfuhrgenehmigung gelten nicht für die in Anlage 3 Spalte 2 mit einem Kreuz (+) bezeichneten Arten.

(3) Die Ein- oder Ausfuhrgenehmigung darf, wenn in Anlage 3 Spalte 3 eine entsprechende Beschränkung vermerkt ist, nur in den dort bezeichneten Fällen erteilt werden.

. . . .

§ 9

Kennzeichnungspflicht

(zu § 26 Abs. 3 Satz 1 Nr. 2 BNatSchG)

(1) Wer

1. lebende oder im wesentlichen vollständig erhaltene tote Wirbeltiere der besonders geschützten Arten oder
2. Teile von Wirbeltieren der besonders geschützten Arten oder aus ihnen gewonnene Erzeugnisse

in den Verkehr bringt, hat diese vorher zu kennzeichnen. Satz 1 gilt nicht für lebende Greifvögel heimischer Arten, die nach § 3 Abs. 2 und 3 der Bundeswildschutzverordnung gekennzeichnet sind.

(2) Zur Kennzeichnung sind vom Bundesminister für Umwelt, Naturschutz und Reaktorsicherheit festgelegte und von der nach Landesrecht zuständigen Stelle ausgegebene Kennzeichen zu verwenden. Die ausgebende Stelle kann verlangen, daß die Kennzeichnung unter ihrer Aufsicht vorzunehmen ist. Die Kennzeichen müssen

1. dauerhaft und unverwechselbar und so beschaffen sein, daß sie nur einmal verwendet werden können und
2. mit dem abgekürzten Namen des Landes, in dem die Kennzeichnung vorgenommen wird, der Bezeichnung der ausgebenden Stelle und einer fortlaufenden Nummer aus einem in jedem Land einzurichtenden Nummernsystem beschriftet sein.

(3) Ist die Kennzeichnung nach Absatz 2 wegen der Beschaffenheit der Tiere nicht möglich, so stellt die nach Landesrecht zuständige Behörde statt dessen eine zur Identitätskontrolle geeignete Bescheinigung aus. Sind Tiere in Vollzug des Washingtoner Artenschutzübereinkommens zu kennzeichnen, so ist eine Kennzeichnung nach dieser Verordnung nicht erforderlich.

(4) Die Kennzeichnung und deren Beschriftung (Absatz 2 Satz 3 Nr. 2) sind in den zum Besitz berechtigenden Dokumenten fälschungssicher einzutragen.

§ 10

Halten von Wirbeltieren besonders geschützter Arten

(zu § 26 Abs. 2 Nr. 1 und Abs. 3 Satz 1 Nr. 2 und 4 BNatSchG)

(1) Wirbeltiere der besonders geschützten Arten, ausgenommen Greifvögel heimischer Arten, dürfen nur gehalten werden, wenn sie keinem Besitzverbot unterliegen und der Halter

1. die erforderliche Zuverlässigkeit und ausreichende Kenntnisse über die Haltung und Pflege der Tiere hat und
2. über die erforderlichen Einrichtungen zur Gewährleistung einer den tierschutzrechtlichen Vorschriften entsprechenden Haltung der Tiere verfügt.

Das Vorliegen der Anforderungen nach Satz 1 Nr. 1 und 2 ist der nach Landesrecht zuständigen Behörde auf Verlangen nachzuweisen.

(2) Wer Wirbeltiere der besonders geschützten Arten einschließlich deren Hybridformen hält, hat diese nach Maßgabe des § 9 Abs. 2 zu kennzeichnen. Für die Kennzeichnung von Greifvögeln und Eulen sind Fußringe zu verwenden; die nach Landesrecht zuständige Behörde kann im Einzelfall eine andere Kennzeichnung zulassen, wenn diese den Anforderungen des § 9 Abs. 2 Satz 3 entspricht. Im übrigen gilt für die Kennzeichnung der Tiere § 9 Abs. 3 entsprechend.

(3) Wer Tiere der in Absatz 2 Satz 1 genannten Arten hält, hat der nach Landesrecht zuständigen Behörde spätestens bis zum 1. Juli 1987, bei späterem Beginn der Haltung binnen vier Wochen nach Begründung des Eigenbesitzes, den Bestand der Tiere und nach der Bestandsanzeige jeweils unverzüglich den Zu- und Abgang von Tieren schriftlich anzuzeigen; die Anzeige muß Angaben enthalten über Zahl, Art, Alter, Geschlecht, Herkunft, Verbleib, Standort, Ver-

wendungszweck und Kennzeichen der Tiere. Die Verlegung des regelmäßigen Standorts der Tiere ist ebenfalls unverzüglich anzuzeigen. Das durch den Tod eines Tieres freigewordene Kennzeichen ist mit der Anzeige über den Abgang zurückzugeben.

(4) Die Absätze 1 bis 3 gelten nicht für zoologische Einrichtungen juristischer Personen des öffentlichen Rechts. Die nach Landesrecht zuständige Behörde kann für andere zoologische Einrichtungen Ausnahmen von den Absätzen 1 bis 3 zulassen, sofern Belange des Artenschutzes nicht entgegenstehen.

§ 11
Zucht
(zu § 26 Abs. 2 Nr. 1 BNatSchG)

Tiere der besonders geschützten Arten dürfen nur gezüchtet werden, wenn

1. die Elterntiere in Übereinstimmung mit den Vorschriften zum Schutz der betreffenden Art
   a) im Geltungsbereich dieser Verordnung der Natur entnommen oder dort gezüchtet worden oder
   b) in den Geltungsbereich dieser Verordnung gelangt sind,
2. der Züchter ausreichende Kenntnisse über die Zucht der Tiere hat und
3. die Haltung der Tiere und der Elterntiere dem § 10, bei Greifvögeln heimischer Arten dem § 3 der Bundeswildschutzverordnung entspricht.

Das Vorliegen der Anforderungen nach Satz 1 Nr. 2 ist der nach Landesrecht zuständigen Behörde auf Verlangen nachzuweisen.

§ 12
Vermarktung gezüchteter Tiere
(zu § 26 Abs. 2 Nr. 2 BNatSchG)

(1) Abweichend von § 20g Abs. 1 Satz 1 des Bundesnaturschutzgesetzes dürfen gezüchtete Wirbeltiere der besonders geschützten Arten nicht verkauft, zum Verkauf vorrätig gehalten, angeboten oder befördert oder zu kommerziellen Zwecken zur Schau gestellt werden.

(2) Absatz 1 gilt nicht für Tiere der in Anlage 6 aufgeführten Arten.

(3) Die nach Landesrecht zuständige Behörde kann im Einzelfall weitere Ausnahmen von den Verboten des Absatzes 1 zulassen,

1. wenn der Verkauf oder das Vorrätighalten, Anbieten oder Befördern zum Verkauf für Zwecke der Forschung oder Lehre, zur Nachzucht für einen dieser Zwecke oder zur Nachzucht für die Ansiedlung in der freien Natur erforderlich ist,
2. wenn die Elterntiere in der Gefangenschaft gezeugt und geboren worden sind,
3. für Tiere der nicht unter die Verordnung (EWG) Nr. 3626/82 fallenden Arten, die vor dem 1. Januar 1987 in Übereinstimmung mit den Vorschriften zum Schutz der betreffenden Art gezüchtet worden sind,
4. für Greifvögel heimischer Arten, die in Übereinstimmung mit der Bundeswildschutzverordnung gehalten werden,

sofern Belange des Artenschutzes nicht entgegenstehen.

. . . .

§ 14
Ordnungswidrigkeiten
(zu § 30 Abs. 2 BNatSchG)

Ordnungswidrig im Sinne des § 30 Abs. 2 Nr. 1 Buchstabe a, b, c, e oder f des Bundesnaturschutzgesetzes handelt, wer vorsätzlich oder fahrlässig

1. entgegen § 5 Abs. 1 oder § 6 Abs. 1 ein Tier oder eine Pflanze ohne die erforderliche Genehmigung ein- oder ausführt,
2. einer Vorschrift des § 8 Abs. 1 Satz 1, Abs. 3, 4 oder 5 über die Führung, Form, Aushändigung oder Aufbewahrung von Aufnahme- und Auslieferungsbüchern oder Belegen zuwiderhandelt,
3. entgegen § 9 Abs. 1 Satz 1, § 9 Abs. 2 Satz 1, auch in Verbindung mit § 10 Abs. 2 Satz 1, oder § 10 Abs. 2 Satz 2 ein Tier nicht, nicht richtig, nicht in der vorgeschriebenen Weise oder nicht rechtzeitig kennzeichnet,
4. einer Vorschrift des § 10 Abs. 3 über die Anzeigepflicht oder die Pflicht zur Rückgabe eines Kennzeichens zuwiderhandelt oder
5. entgegen § 13 Abs. 1 in der dort bezeichneten Weise einem wildlebenden Tier nachstellt, es anlockt, fängt oder tötet.

Erläuterungen zu den Anlagen 1 und 2

1. Die in diesen Anlagen aufgeführten Arten werden bezeichnet
   a) mit dem Namen der Art oder
   b) als Gesamtheit der einem höheren Taxon (Ordnungsstufe der Systematik) oder einem bestimmten Teil derselben angehörenden Arten.
2. Die Abkürzung »spp.« wird zur Bezeichnung aller Arten eines höheren Taxons verwendet.
3. Sonstige Bezugnahmen auf höhere Taxa als Arten dienen nur der Information oder Klassifikation.
4. Durch Aufnahme einer Art in die Anlagen 1 und 2 werden auch Bastarde dieser Art mit anderen Arten erfaßt. Sind beide an der Bastardierung beteiligten Ausgangsarten geschützt, so richtet sich der Schutz nach den für die am strengsten geschützte Art geltenden Vorschriften.
5. »Europäisch« ist eine wildlebende Tier- oder Pflanzenart, die ihr Verbreitungsgebiet oder regelmäßiges Wanderungsgebiet ganz oder teilweise
   a) in Europa hat oder in geschichtlicher Zeit hatte oder
   b) auf natürliche Weise nach Europa ausdehnt.

   Europa umfaßt im Osten und Südosten jenen Teil Eurasiens, der vom Uralgebirge und der Kaspisee, dem Kaukasus, dem Schwarzen Meer, dem Bosporus, dem Marmarameer und den Dardanellen begrenzt wird, dazu alle Ägäischen Inseln und Kreta; im Süden und Südwesten Malta, Sizilien, die Balearen und die Iberische Halbinsel; im Westen die Britischen Inseln und im Norden Skandinavien mit Island, sowie Spitzbergen, Franz-Joseph-Land und Nowaja Semlja.

Anlage 1 (zum Ersten Abschnitt)
Nicht der Verordnung (EWG) Nr. 3626/82 unterliegende besonders geschützte Arten

Besonders geschützte Arten Vom Aussterben bedrohte Arten sind durch Fettdruck hervorgehoben (zu § 1)		Besondere Bestimmungen für die nach § 21 Abs. 5 BNatSchG erforderliche Ein- oder Ausfuhrgenehmigung Die Beschränkungen des § 21b Abs. 1 Satz 1 BNatSchG für die Erteilung der Ein- oder Ausfuhrgenehmigung gelten nicht (zu § 3 Abs. 1)	Die Ein- oder Ausfuhrgenehmigung darf nur im Falle der nachstehenden Nummern des § 21b Abs. 1 Satz 1 BNatSchG erteilt werden (zu § 3 Abs. 2)
1		2	3
Fauna			
Reptilia	**Kriechtiere**		
Ablepharus kitaibelli	**Johannisechse**		
Algyroides marchi	**Spanische Kieleidechse**		
Amphibolurus spp.	Bartagamen – alle Arten	+	
Aprasia parapulchella	Schmuckflossenfuß		
Chlamydosaurus kingili	Kragenechse	+	
Ctenotus lancelini	Lancelin-Streifenskink		
Coluber hippocrepis	**Hufeisennatter**		
Cyrtodactylus kotschyi	**Ägäischer Nacktfingergecko**		
Diplodactylus spp.	Australische Geckos – alle Arten	+	
Egernia spp.	Stachelskinke – alle Arten	+	
Elaphe longissima	**Äskulapnatter**		
Elaphe quatuorlineata	**Vierstreifennatter**		
Elaphe situla	**Leopardnatter**		
Emys orbicularis	**Europäische Sumpfschildkröte**		
Enhydris spp.	Choury-Schlangen – alle Arten		
Gallotia atlantica	Atlantische Kanareneidechse		

Anlage 1 (zum Ersten Abschnitt)
Nicht der Verordnung (EWG) Nr. 3626/82 unterliegende besonders geschützte Arten

Besonders geschützte Arten Vom Aussterben bedrohte Arten sind durch Fettdruck hervorgehoben (zu § 1)		Besondere Bestimmungen für die nach § 21 Abs. 5 BNatSchG erforderliche Ein- oder Ausfuhrgenehmigung	
		Die Beschränkungen des § 21 b Abs. 1 Satz 1 BNatSchG für die Erteilung der Ein- oder Ausfuhrgenehmigung gelten nicht (zu § 3 Abs. 1)	Die Ein- oder Ausfuhrgenehmigung darf nur im Falle der nachstehenden Nummern des § 21 b Abs. 1 Satz 1 BNatSchG erteilt werden (zu § 3 Abs. 2)
1		2	3
Gallotia galloti	Kanareneidechse		
Gallotia simonyi	Hierro-Rieseneidechse		
Gallotia stehlini	**Riesen-Kanareneidechse**		
Gehyra australis	Australischer Hausgecko	+	
Homalopsis spp.	Boa-Wassertrugnattern – alle Arten	+	
Lacerta lepida	**Perleidechse**		
Lacerta parva	**Zwerg-Zauneidechse**		
Lacerta princeps	**Zagros-Eidechse**		
Lacerta viridis	**Smaragdeidechse**		
Lerista lineata	Australischer Skink	+	
Mauremys caspica	**Spanische Sumpfschildkröte**		
Moloch horridus	Dornteufel	+	
Natrix tesselata	**Würfelnatter**		
Nephrurus spp.	Knopfschwanz-Geckos – alle Arten	+	
Oedura spp.	Samtgeckos – alle Arten	+	
Ophidiocephalus taeniatus	Australischer Flossenfuß		
Phrynosoma spp. [7]	Krötenechsen – alle Arten		
Phyllurus spp.	Blattschwanzgeckos – alle Arten	+	
Physignathus lesueurii	Gewöhnlicher Wasserdrachen	+	
Podarcis filfolensis	**Malta-Eidechse**		
Podarcis lilfordi	**Balearen-Eidechse**		
Podarcis muralis	**Mauereidechse**		
Podarcis pityensis	**Pityusen-Eidechse**		
Podarcis sicula	**Ruinen-Eidechse**		
Pseudemoia palfreymani	Australischer Skink		
Terrapene spp. [8]	Dosenschildkröten – alle Arten		
Tiliqua spp.	Blauzungenskinke – alle Arten	+	
Trachydosaurus rugosus	Tannenzapfenechse		
Underwoodisaurus spp.	Rübenschwanzgeckos – alle Arten	+	
Vermicella annulata	Australische Giftnatter		
Vipera ammodytes	**Sandotter**		
Vipera aspis	**Aspisviper**		
Vipera berus	**Kreuzotter**		
Vipera kaznakovi	**Kaukasus-Otter**		
Vipera latasti	**Stülpnasenotter**		
Vipera lebetina	**Levante-Otter**		
Vipera ursinii	**Wiesenotter**		
Vipera xanthina	**Bergotter**		
Reptilia spp. [2]	Kriechtiere – alle europäischen Arten, soweit nicht im einzelnen aufgeführt		

[2] Nicht erfaßt werden die der Verordnung Nr. 3626/82 (EWG) unterliegenden Arten.
[7] Nicht erfaßt wird Phrynosoma coronatum blainvillei als eine der Verordnung (EWG) Nr. 3626/82 unterliegende Art.
[8] Nicht erfaßt wird Terrapene coahulla als eine der Verordnung (EWG) Nr. 3626/82 unterliegende Art.

Anlage 2 (zum Zweiten Abschnitt)
Zusätzliche Vorschriften für der Verordnung (EWG) Nr. 3626/82 unterliegende Tier- und Pflanzenarten

Der Verordnung (EWG) Nr. 3626/82 unterliegende Arten, für die zusätzliche Vorschriften gelten (zu § 4)		Zusätzlich besonders geschützter Arten (zu § 4 Satz 1)	Zusätzlich vom Aussterben bedrohte Arten (zu § 4 Satz 2)	Die Ein- oder Ausfuhr ist nur mit einer zusätzlichen Genehmigung nach § 21 b BNatSchG zulässig (zu § 5 Abs. 1)	Die Beschränkung des § 21 b Abs. 1 Satz 1 BNatSchG für die Erteilung der Ein- oder Ausfuhrgenehmigung gelten nicht (zu § 5 Abs. 2)	Die Ein- oder Ausfuhrgenehmigung darf nur im Falle der nachstehenden Nummern des § 21 b Abs. 1 Satz 1 BNatSchG erteilt werden (zu § 5 Abs. 3)
1		2	3	4	5	6
	Fauna					
Reptilia	**Kriechtiere**					
Chamaeleo chamaeleon[1]	Gewöhnliches Chamäleon		+	+		
Chamaeleonidae spp.	Chamäleons – alle Arten, soweit nicht im einzelnen aufgeführt			+		
Crocodilurus lacertinus[3]	Krokodilschwanzechse			+	+	
Crocodylus intermedius	Orinoko-Krokodil			+		3
Dracaena guianensis[3]	Krokodilteju			+	+	
Geochelone yniphora	Madagassische Schnabelbrustschildkröte			+		3
Cerberus rhynchops[4]	Hundskopf-Wassertrugnatter	+		+	+	
Iguana spp.[5]	Grüne Leguane			+	+	
Naja naja[4]	Brillenschlange	+		+	+	
Phrynosoma coronatum blainvillei	Texaskröte			+		3

Anlage 2 (zum Zweiten Abschnitt)
Zusätzliche Vorschriften für der Verordnung (EWG) Nr. 3626/82 unterliegende Tier- und Pflanzenarten

Der Verordnung (EWG) Nr. 3626/82 unterliegende Arten, für die zusätzliche Vorschriften gelten (zu § 4)		Zusätzlich besonders geschützter Arten (zu § 4 Satz 1)	Zusätzlich vom Aussterben bedrohte Arten (zu § 4 Satz 2)	Die Ein- oder Ausfuhr ist nur mit einer zusätzlichen Genehmigung nach § 21 b BNatSchG zulässig (zu § 5 Abs. 1)	Die Beschränkung des § 21 b Abs. 1 Satz 1 BNatSchG für die Erteilung der Ein- oder Ausfuhrgenehmigung gelten nicht (zu § 5 Abs. 2)	Die Ein- oder Ausfuhrgenehmigung darf nur im Falle der nachstehenden Nummern des § 21 b Abs. 1 Satz 1 BNatSchG erteilt werden (zu § 5 Abs. 3)
1		2	3	4	5	6
Ptyas mucosus [4]	Rattennatter	+		+	+	
Testudo graeca	Maurische Landschildkröte		+	+		
Testudo hermanni	Griechische Landschildkröte		+	+		
Testudo horsfieldii	Vierzehen-Landschildkröte			+		
Testudo marginata	Breitrandschildkröte		+	+		
Tupinambis spp. [6]	Großtejus		.	+	+	
Vipera russellii [4]	Kettenviper	+		+	+	
Xenochrophis piscator [4] (Natrix piscator)	Fischnatter	+		+	+	

[1] Nur europäische Populationen.
[3] Nur Populationen von Brasilien und Guyana.
[4] Nur Populationen von Indien, Bangladesch, Thailand und Indonesien.
[5] Nur Populationen von Mittelamerika und Guyana.
[6] Nur Populationen von Argentinien und Guyana.

Tierschutzgesetz

in der Bekanntgabe der Neufassung vom 18.8.1986 (BGBl. I, S.1319). (Auszug – Punktzeilen bedeuten ausgelassene Abschnitte).

§ 2

Wer ein Tier hält, betreut oder zu betreuen hat,

1. muß das Tier seiner Art und seinen Bedürfnissen entsprechend angemessen ernähren, pflegen und verhaltensgerecht unterbringen,
2. darf die Möglichkeit des Tieres zu artgemäßer Bewegung nicht so einschränken, daß ihm Schmerzen oder vermeidbare Leiden oder Schäden zugefügt werden.

§ 2a

(1) Der Bundesminister für Ernährung, Landwirtschaft und Forsten (Bundesminister) wird ermächtigt, durch Rechtsverordnung mit Zustimmung des Bundesrates, soweit es zum Schutz der Tiere erforderlich ist, die Anforderungen an die Haltung von Tieren nach § 2 näher zu bestimmen und dabei insbesondere Vorschriften zu erlassen über Anforderungen

1. hinsichtlich der Bewegungsmöglichkeit oder der Gemeinschaftsbedürfnisse der Tiere,
2. an Räume, Käfige, andere Behältnisse und sonstige Einrichtungen zur Unterbringung von Tieren sowie an die Beschaffenheit von Anbinde-, Fütterungs- und Tränkvorrichtungen,
3. hinsichtlich der Lichtverhältnisse und des Raumklimas bei der Unterbringung der Tiere,
4. an die Pflege einschließlich der Überwachung der Tiere; hierbei kann der Bundesminister auch vorschreiben, daß Aufzeichnungen über die Ergebnisse der Überwachung zu machen, aufzubewahren und der zuständigen Behörde auf Verlangen vorzulegen sind.

(2) Der Bundesminister wird ermächtigt, im Einvernehmen mit dem Bundesminister für Verkehr und, soweit die Beförderung mit der Deutschen Bundespost berührt wird, mit dem Bundesminister für das Post- und Fernmeldewesen durch Rechtsverordnung mit Zustimmung des Bundesrates, soweit es zum Schutz der Tiere erforderlich ist, ihre Beförderung zu regeln. Er kann hierbei insbesondere

1. bestimmte Transportmittel und Versendungsarten für die Beförderung bestimmter Tiere, insbesondere die Versendung als Nachnahme, verbieten oder beschränken,
2. bestimmte Transportmittel und Versendungsarten für die Beförderung bestimmter Tiere vorschreiben,
3. vorschreiben, daß bestimmte Tiere bei der Beförderung von einem Betreuer begleitet werden müssen,
4. Vorschriften über das Verladen, Entladen, Unterbringen, Ernähren und Pflegen der Tiere erlassen.

§ 3

Es ist verboten,

. . . .

3. ein im Haus, Betrieb oder sonst in Obhut des Menschen gehaltenes Tier auszusetzen oder es zurückzulassen, um sich seiner zu entledigen.
4. ein gezüchtetes oder aufgezogenes Tier einer wildlebenden Art in der freien Natur auszusetzen oder anzusiedeln, das nicht auf die zum Überleben in dem vorgesehenen Lebensraum erforderliche artgemäße Nahrungsaufnahme vorbereitet und an das Klima angepaßt ist; die Vorschriften des Jagdrechts und des Naturschutzrechts bleiben unberührt.

. . . .

Register

Die *kursiven* Seitenzahlen verweisen auf Abbildungen